Haz más con menos ofrece ideas valiosas para los líderes de negocios que se enfrentan a tal desafío: cómo hacer más con menos y generar un valor sustentable para los clientes, accionistas y la sociedad. Para poder seguir siendo importantes en un mundo cada vez más digital, las organizaciones deberán adoptar una metodología de innovación frugal para mejorar la productividad y agilidad, crear ventajas competitivas y, al final del día, impulsar el crecimiento.

PIERRE NANTERME,
expresidente y director ejecutivo de Accenture

Prabhu, Granados, Symmes y Radjou muestran los beneficios de ver las limitaciones de recursos como una oportunidad. En nuestro mundo, donde estas condiciones son cada vez mayores, los consumidores exigen productos asequibles de alta calidad que sean ecológicamente responsables y socialmente inclusivos, y muchos innovadores ya están satisfaciendo sus expectativas. *Haz más con menos* explica con lucidez cómo las empresas occidentales pueden evolucionar para capturar las oportunidades presentadas por la creciente economía de "innovar más con menos".

DOMINIC BARTON,
socio director general global emérito,
McKinsey & Company

Haz más con menos es una lectura obligatoria para los líderes corporativos en todo el mundo, quienes enfrentan la presión de crear productos de alta calidad utilizando recursos limitados. Prabhu, Granados, Symmes y Radjou nos muestran de manera convincente que las empresas pueden "innovar más con menos".

TANGO MATSUMOTO,
vicepresidente ejecutivo, vicepresidente de negocio
de plataforma de servicios, Fujitsu Limited

En un entorno con cada vez más limitaciones de recursos, las empresas tienen que innovar. Abordar de manera frugal los puntos débiles y los anhelos de los clientes requiere enfocarse en la simplicidad y la agilidad. Este libro proporciona muchas sugerencias sobre cómo hacerlo bien.

SOPHIE VANDEBROEK,
vicepresidenta de asociaciones tecnológicas
emergentes, IBM

En *Haz más con menos*, Prabhu, Granados, Symmes y Radjou muestran cómo las lecciones aprendidas en países en desarrollo comienzan a tener un impacto real en los procesos de innovación de las empresas establecidas en Occidente. Este libro describe muy bien estas transformaciones y algunas de las dificultades encontradas, y enumera soluciones prácticas para las empresas que desean innovar mejor con menos, sin importar en qué parte del mundo se encuentren.

HENRY CHESBROUGH,
director de la facultad, Centro Garwood para la
Innovación Corporativa en la Escuela de Negocios Haas
de UC Berkeley, y autor de *Open Innovation*
(Innovación abierta)

HAZ
MÁS
CON
MENOS

JAIDEEP PRABHU · CRISTIAN GRANADOS
FELIPE SYMMES · NAVI RADJOU

HAZ MÁS CON MENOS

LOS 6 PRINCIPIOS
DE INNOVACIÓN FRUGAL

PAIDÓS EMPRESA

Título original: *Frugal Innovation. How to do more with less*

© 2024, Jaideep Prabhu, Cristian Granados, Felipe Symmes, Navi Radjou

D.R. © Ediciones Culturales Paidós S.A. de C.V. y del Instituto Tecnológico
y de Estudios Superiores de Monterrey, 2024

Publicado en colaboración con el Instituto Tecnológico y de Estudios
Superiores de Monterrey.

Traducido por: Daniel Ochoa López
Diseño de interiores: Sandra Elena Ferrer Alarcón
Diseño de portada: Planeta Arte & Diseño / Genoveva Saavedra / aciditadiseño
Ilustración de portada: © iStock

Coeditores:

© 2024, Instituto Tecnológico y de Estudios Superiores de Monterrey
Avenida Eugenio Garza Sada 2501 Sur, Colonia Tecnológico, C.P. 64700,
Monterrey, Nuevo León, México

© 2024, Ediciones Culturales Paidós, S.A. de C.V.
Bajo el sello editorial PAIDÓS M.R.
Avenida Presidente Masarik núm. 111,
Piso 2, Polanco V Sección, Miguel Hidalgo
C.P. 11560, Ciudad de México
www.planetadelibros.com.mx
www.paidos.com.mx

Primera edición en formato epub: febrero de 2024
ISBN Tec de Monterrey: 978-607-501-784-6
ISBN Paidós: 978-607-569-641-6

Primera edición en esta presentación: febrero de 2024
ISBN Tec de Monterrey: 978-607-501-782-2
ISBN Paidós: 978-607-569-631-7

Impreso en los talleres de Impresora Tauro, S.A. de C.V.
Av. Año de Juárez 343, Col. Granjas San Antonio,
Iztapalapa, C.P. 09070, Ciudad de México
Impreso y hecho en México / *Printed in Mexico*

Para las personas y organizaciones que buscan, incansablemente,
innovar en toda circunstancia y contexto

Índice

Prólogo

La pandemia ha sacudido al mundo como pocos fenómenos lo han hecho en las últimas décadas. Cambió de manera profunda a la sociedad y también la forma de hacer negocios, replanteando prioridades e introduciendo retos a los que las empresas nunca nos habíamos enfrentado. Principalmente, aceleró la necesidad de innovar y transformar nuestras organizaciones en pos de un impacto positivo. Sin duda, vivimos como nunca en un mundo VICA: volátil, incierto, complejo y ambiguo. Aun así, lo que se mantiene en la sociedad es su exigencia por soluciones de alta calidad, que solventen sus necesidades de mejor forma y más asequible. Y a la vez, que promuevan valores que consideramos importantes, como la justicia social y el cuidado del medio ambiente. Esto ha generado presión, en todas las industrias, para desarrollar nuevos productos y servicios de forma más rápida, sustentable y barata.

México, tal como otros países de la región latinoamericana, ha sido especialmente removido y obligado a replantear su forma de hacer negocios. Es una de las economías emergentes, con una creciente población joven, pero también con uno de los números más altos de personas trabajando en la economía informal y con un 75% de la población perteneciente a la base de la pirámide. Traer a estas personas hacia la economía formal involucra desarrollar soluciones asequibles para ellos. Por ejemplo, servicios financieros, telecomunicaciones, salud, transporte o alimentación. México representa un mercado plagado de oportunidades para innovar desde distintas trincheras. Sin embargo, es un país donde la innovación no ha sido una prioridad. Las causas son múltiples y complejas. Al menos en parte, se puede decir que se debe a la suposición de las empresas de que la innovación es costosa y compleja.

El concepto de *innovación frugal* puede ayudar a salir de esta encrucijada; ofrece un enfoque fresco para que compañías y *start-ups* desarrollen novedosas y asequibles soluciones a grandes retos de la región, como por ejemplo la educación, la pobreza, el cambio climático y la pandemia. A través de seguir los principios de la innovación frugal, las empresas podrán moverse hacia procesos de innovación ligeros y menos costosos. Este libro nos brinda una hoja de ruta para dicho propósito.

Innovar más con menos no es una estrategia de corto plazo para ahorrar recursos. Es, más bien, una estrategia que permite usar recursos de manera eficiente para florecer en el largo plazo. Este excelente libro nos ofrece un enfoque integral para dicho reto. Prabhu, Granados, Symmes y Radjou nos demuestran cómo la innovación frugal es un concepto aplicado en empresas y *start-ups* en Europa, Asia, México y otros países en América Latina. A través de diversos casos, nos proveen de evidencia que muestra cómo, con recursos limitados y mucha creatividad, cualquier organización puede innovar.

El libro se centra alrededor de tres grandes aspectos: **valor, sustentabilidad** y **propósito**. Primero, el **valor**. Hoy más que nunca, la gente está dispuesta a pagar por soluciones que agreguen valor a su vida y que no solo sean novedosas. Esto significa que, si las empresas desean innovar, deben poner más atención en aquellos aspectos que sus usuarios consideran de valor, dejando de lado los que no lo son y que, por tanto, hacen el proceso ineficiente. Crear un nuevo empaque de leche con atributos de alto diseño, para un mercado que valora la nutrición, el sabor y la refrigeración, no sería la mejor idea. Pero lanzar una leche de producción local, que conserve sus nutrientes y su sabor sin necesidad de refrigeración prolongada, sería una estrategia frugal mucho más prometedora.

Segundo, **sustentabilidad**. Hoy en día, la sociedad espera soluciones que no solo sean sustentables en lo ambiental, sino también en lo social. En un país inmensamente diverso como México, la supervivencia y florecimiento de millones de personas depende de trabajos de calidad, de acceder a productos y servicios asequibles que mejoren su vida. Sin embargo, esto no puede suceder a expensas de dañar los ambientes naturales. La innovación debe de hacer un uso adecuado de recursos escasos.

Finalmente, **propósito**. La sociedad espera que las empresas innoven de forma que aborden los grandes retos sociales, económicos y ambientales a los que nos enfrentamos, no que se dediquen a productos o servicios irrelevantes. Por ejemplo, parte de la estrategia de Femsa ha sido abordar diversos Objetivos de Desarrollo Sostenible (ODS) a través del impulso a proyectos de innovación en áreas como las energías renovables, la movilidad sostenible, la gestión del agua, la economía circular y el desarrollo de productos sustentables. Prabhu, Granados, Symmes y Radjou nos demuestran que los negocios tienen la oportunidad de usar su capacidad de innovación para desarrollar soluciones a dichos retos.

Uno de los mayores aprendizajes de este libro, tal vez, es la necesidad de aplicar principios de la innovación frugal que nos permitan desarrollar mejores y más asequibles productos o servicios para países como México, donde la pobreza y la desigualdad están muy presentes. Como los autores recalcan, combinando la frugalidad y creatividad que se da en países emergentes con los procesos de investigación y desarrollo que se dan en países avanzados, las empresas pueden crear productos de alta calidad que son asequibles, sustentables y benéficos para la sociedad en su conjunto.

¡La innovación frugal ha llegado a México para cambiar la forma en la cual innovamos, emprendemos y hacemos negocios para el bien de nuestras comunidades!

JOSÉ ANTONIO FERNÁNDEZ,
miembro del Consejo de Femsa y del MIT

Introducción

La pandemia de COVID-19 ha cambiado vidas en todos los rincones del planeta. Ha hecho evidente las crisis sistemáticas que enfrentamos como especie de una manera muy vívida. Durante el siglo XX, la globalización trajo consigo cada vez más desarrollo para millones de personas. Les permitió a los países enfocarse en sus ventajas competitivas, dedicarse al comercio y la colaboración. Como predijo Adam Smith y otros que le siguieron, los mercados libres se encontraban al centro de esta paz y prosperidad. Sin embargo, un resultado imprevisto fue que la globalización no solo acelera el colapso ambiental, sino que también nos conecta en términos de nuestras crisis. Una persona infectada con COVID-19 en China puede propagar el virus de manera exponencial en todo el mundo en pocos días cambiando radicalmente la forma en la que trabajamos o vivimos. Más aún, es capaz de cambiar nuestra forma de entender y experimentar el mundo. De improviso, nos encontramos encerrados en nuestros hogares por varios meses, mientras que las instituciones democráticas y de mercado, que imponen el comportamiento de la sociedad, se vieron debilitadas. Los gobiernos ganaron poder y legitimidad para establecer límites a la libertad. Las cadenas de valor globales, que son el soporte de la actual economía global, enfrentaron barreras para funcionar. El gobierno de Estados Unidos ha gastado millones en la economía y la inflación ha llegado a cifras que no se habían visto en cuarenta años. También los países en desarrollo han sufrido cambios drásticos. Por ejemplo, Chile y Perú incentivaron a sus ciudadanos a tomar recursos económicos de sus pensiones individuales para enfrentar la pandemia. En México, la economía sufrió un retroceso considerable y aún no se ha recuperado, poniendo a más de cuatro millones de personas por debajo del umbral de pobreza. La peor noticia es que la pandemia no es la única crisis sistemática que enfrentamos. Nuestras mayores crisis, como el cambio climático o la pobreza crónica, exigen que cambiemos nuestra perspectiva y comportamiento; requieren nuestra innovación exponencial para crear nuevas soluciones a problemas complejos e imprevistos. En un mundo conectado, ya no podemos hablar de problemas de países desarrollados o en vías de desarrollo de manera separada.

La buena noticia es que la búsqueda y aplicación de una nueva perspectiva para crear soluciones a esta situación se remonta a antes de la pandemia. Por ejemplo, en marzo de 2012, los autores Radjou, Prabhu y Ahuja publicaron *Jugaad Innovation: Think Frugal, Be Flexible, Generate Breakthrough Growth* (Innovación *jugaad*: pensar frugal, ser flexible, generar un crecimiento reformador), un libro sobre cómo los países en desarrollo, como India, eran líderes en un método de *innovación frugal*, flexible e inclusiva, impulsada por las limitaciones de recursos (*jugaad* es una palabra hindi que significa un "arreglo innovador" o una "solución improvisada", nacida del ingenio y la astucia). Esta obra llevó a los lectores a los laboratorios de innovación de ese y otros países emergentes como China, Brasil y Kenia para examinar las raíces de esta mentalidad frugal. Su

texto mostró cómo los emprendedores y empresas de los mercados emergentes, con recursos limitados, confeccionan ingeniosas
soluciones frugales: un refrigerador que no consume electricidad; una bicicleta que convierte los baches en energía y aceleración para ir más rápido; o un servicio basado en móviles que
permite a usuarios enviar y recibir dinero sin tener una cuenta
bancaria.

Para el deleite de los autores, el libro fue bien recibido en
esos países y otros lugares. Esto no fue del todo sorprendente, dado que se enfocó en las naciones emergentes y en vías de
desarrollo. Sin embargo, lo que sorprendió a los autores fue el
interés que la innovación frugal provocó en los países desarrollados. Desde la publicación de *Jugaad Innovation*, ha habido
una explosión de interés en la innovación frugal para economías desarrolladas. Los líderes corporativos y legisladores de
Estados Unidos, Europa y Japón están ansiosos por entender
cómo *innovar más con menos*. Esto los ha llevado a replantearse principalmente su forma de operar, construir y suministrar
productos o servicios; de interactuar con clientes o con la ciu-
dadanía; de crear más valor para sí mismos y para la sociedad,
mientras se preserva el medio ambiente.

Países latinoamericanos, como México, comparten muchas
similitudes con India, China y otros mercados emergentes.
Mientras el índice de pobreza de México es de 43.9% y la economía informal abarca 56% del producto interno bruto (PIB),
los emprendedores y las empresas mexicanas han mostrado su
capacidad de innovar siendo frugales en términos del uso de recursos. Cada vez está más claro que para que la innovación sea
una fuerza que contribuya a aumentar el bienestar, en contextos
latinoamericanos como el mexicano, tiene que ser frugal. Esto
lo han mostrado millones de emprendedores, que han prosperado gracias a sus iniciativas impulsadas por la necesidad en
contextos muy difíciles, caracterizados por la pobreza y el mal

funcionamiento de las instituciones formales. Además, en países como México, nueve de cada diez empresas son familiares y necesitan una nueva perspectiva sobre cómo la innovación puede ayudarles a generar un cambio positivo. Por lo general, los directivos de las empresas familiares se han mostrado poco dispuestos a innovar por considerarlo demasiado costoso. La innovación frugal es una perspectiva que puede resultarles atractiva.

Las multinacionales situadas en países en desarrollo también necesitan innovar desde una perspectiva frugal. Las empresas de todos los tamaños se ven presionadas para aumentar su competitividad, ya que no solo se enfrentan a la competencia nacional; en la era digital no existen fronteras físicas. Como ocurre con los taxis y Uber, o los hoteles y Airbnb, no se conoce ni el sector ni la ubicación del próximo competidor. Como señaló Peter Drucker, hace más de veinte años, en su libro *La gerencia en la sociedad futura*, los directivos de empresas de distintos tamaños necesitan saber acerca de la gestión en un escenario transnacional. La distancia física ya no es relevante. Grandes empresas como Femsa, Cemex, Unilever y Accenture, igual que las empresas emergentes (*start-ups*) como Kavak, Iluméxico, Algramo y otras, analizadas en este libro, están demostrando que América Latina y México en particular pueden ser buenos practicantes de la innovación frugal.

La innovación frugal es la capacidad de *innovar más con menos*, es decir, de crear un valor empresarial y social significativamente mayor, minimizando el uso de recursos como la energía, el capital y el tiempo. Se trata, por consiguiente, de un cambio de mentalidad que se aplica tanto en los países desarrollados como en los países en desarrollo. En esta "era de escasez", las empresas se enfrentan a la creciente presión de clientes, empleados y gobernantes conscientes de los costos y del medio ambiente, quienes demandan productos asequibles, sostenibles y de alta calidad. La innovación frugal es, por tanto, una estrategia de negocios que cambia las reglas del juego y puede impactar al mundo. Pero es más que solo estrategia, porque, por medio de esa nueva mentalidad, las restricciones de recursos se ven como una oportunidad y no como un obstáculo.

La innovación frugal está cambiando los discursos, prácticas y conocimientos sobre quién, dónde y cuándo se genera la innovación. Los países en desarrollo, como México y otros países latinoamericanos, parecen tener más experiencia en hacerlo con pocos recursos y, por lo tanto, pueden desarrollar una mejor posición en la economía global, adoptando una perspectiva de innovación frugal. El giro que esta propone es que los países desarrollados necesitan aprender de las experiencias de innovación de los países en desarrollo. Un síntoma de ello es que, en 2013, una versión traducida de *Jugaad Innovation* se convirtió en un éxito de ventas en Francia. Muchas grandes empresas francesas —como Renault-Nissan (que en 2015 lanzaría el Kwid, un automóvil compacto de cinco puertas, con un precio de 150 000 (1 800 dólares), diseñado y fabricado en la India)— se convirtieron en campeonas del *jugaad*.

A partir de 2013, nos dimos cuenta de que también *startups* y consumidores franceses adoptaban soluciones frugales que antes eran exclusivas del mundo en desarrollo. En 2017, por ejemplo, el operador de telecomunicaciones Orange lanzó en Francia un banco exclusivamente móvil, basado en el éxito probado de dicho servicio en África. Además, Orange cree que su banco 100% móvil atraerá a los consumidores de bajos ingresos y a los jóvenes.

Del mismo modo, en Estados Unidos, empresas, emprendedores y grupos de expertos se han mostrado dispuestos a adoptar soluciones frugales de otros lugares para resolver problemas irritantes en su propio país. Por ejemplo, el Global Lab for Health, creado por el New England Healthcare Institute

(NEHI), pretende desarrollar una metodología formal que permita a las instituciones de salud estadounidenses identificar, analizar y adoptar, de forma sistemática, innovaciones sanitarias asequibles y de alto valor, procedentes de países en desarrollo.

En 2017, el Commonwealth Fund, una importante fundación estadounidense centrada en el fomento de la atención médica, publicó un informe histórico titulado "Global Lessons in Frugal Innovation to Improve Healthcare Delivery in the United States" (Lecciones mundiales en innovación frugal para mejorar la prestación de salud en los Estados Unidos). El informe argumentaba que las innovaciones frugales en el cuidado de la salud de los países en desarrollo pueden ayudar a los Estados Unidos a reducir sus costos en esta materia, los cuales se estima que alcancen casi seis billones de dólares para el 2027, mientras se mejora la calidad.

Asimismo, hace una década, las unidades de salud de General Electric (GE) fueron pioneras en innovación frugal al desarrollar dispositivos médicos en México. GE Infrastructure Querétaro (GEIQ) es uno de los complejos de ingeniería y diseño tecnológico más importantes de la empresa y se dedica al diseño de turbomaquinaria y sistemas de generación de energía. Además, es el centro de ingeniería más grande para el negocio de aviación de la empresa y el segundo más grande para su negocio de energía. Emplea a casi 1 700 ingenieros, que colaboran con equipos globales en problemas que van desde el diseño de componentes hasta el software. GEIQ ha generado patentes 100% hechas en México: alrededor de 24 solicitudes de patentes y más de doscientas innovaciones diferentes que luego son exportadas al mundo.

Algunas organizaciones están llevando el argumento un poco más lejos y han demostrado que el contexto de los países en desarrollo muestra oportunidades de negocio mucho más prometedoras que el de los desarrollados. Por ello, unas pocas instituciones estadounidenses están aprendiendo a cocrear productos y servicios frugales con los países en desarrollo. Por ejemplo, el Programa de Biodiseño Stanford-India —lanzado en 2008 por la Universidad de Stanford, el Instituto Indio de Tecnología (IIT) de Delhi y el Instituto Panindio de Ciencias Médicas (AIIMS)— pretende combinar la frugalidad de los ingenieros, médicos y diseñadores indios con el espíritu emprendedor de Silicon Valley, para codesarrollar dispositivos médicos asequibles para su uso en todo el mundo. Este programa ha evolucionado hasta convertirse en la Escuela Internacional de Biodiseño, con sede en Nueva Delhi. Su objetivo continúa orientado a la creación de un ecosistema mundial de innovaciones médicas frugales.

En América Latina, VIVA Idea —un centro de investigación-acción fundado por Stephan Schmidheiny (fundador de la cumbre de Río de Janeiro, en 1993, sobre el cambio climático y desarrollo sustentable) en el año 2013— se enfoca en la investigación de vanguardia, en áreas pobres e informales de los países en desarrollo, mediante alianzas con escuelas de negocios como el Egade del Tecnológico de Monterrey, en México, o el Incae Business School, en Costa Rica. De esta manera, se transforma el conocimiento teórico en metodologías de acción y se impulsan colaboraciones sistemáticas enfocadas al desarrollo sustentable en el hemisferio sur. El objetivo de VIVA Idea es causar impacto a través de acción basada en investigación creativa y rigurosa sobre inclusión social, visibilizando las realidades de los países en desarrollo, que por lo general sufren de instituciones formales disfuncionales, y el papel central de las comunidades y el mercado para crear valor sustentable en estos contextos.

El interés en la innovación frugal no está únicamente impulsado por las presiones negativas de los ingresos reales en declive y los gastos gubernamentales. También hay factores positivos, como la creciente preocupación por el medio ambiente

y el hecho de que cada vez más personas puedan lograr, con
recursos limitados, lo que antes solo podían hacer las grandes
empresas. Herramientas predominantes como los teléfonos inteligentes, la computación en la nube, las impresoras 3D, el *crowdfunding* y las redes sociales han dado lugar a la innovación y el
emprendimiento de base, que pueden otorgar una posición
privilegiada a países antes excluidos de procesos de desarrollo
económico, como los de América Latina. Incluso figuras públicas y defensores del desarrollo sustentable han enfatizado la
importancia de aprender de las innovadoras organizaciones
latinoamericanas, llevando este interés a acciones concretas. Tal
es el caso de Leonardo di Caprio, quien ha invertido en organizaciones como Kingo, dedicada a suministrar electricidad solar
a comunidades rurales pobres y aisladas de Guatemala.

Los países desarrollados y en desarrollo se pueden impulsar con la innovación frugal en una genuina alianza innovadora. Ahora la pregunta para Latinoamérica es: ¿Cómo deben
de responder para impulsar la innovación frugal? Octavio Paz,
autor mexicano que recibió el Premio Nobel de Literatura en
1991, argumentaba que México y América Latina eran un lugar
sin tierra ni tiempo. Decía que, para los latinoamericanos, "el
presente real no estaba en nuestros países: era el tiempo que vivían los otros, los ingleses, los franceses, los alemanes. El tiempo de Nueva York, París, Londres". Las empresas no han sido
una excepción a la idealización de perspectivas y soluciones ex-
tranjeras que suelen estar fuera de contexto y no han sido suficientes para construir sociedades más inclusivas y prósperas
en nuestra región. Ha sido común que las prestigiosas escuelas
de negocios y universidades, de México y del resto de América
Latina, impongan de manera excesiva las teorías y modelos de
los países desarrollados en sus contextos multiculturales, llenos
de pobreza e informalidad. La innovación frugal puede dar a
estos países una guía sobre cómo proporcionar una forma más

contextualizada de comprender los negocios y la innovación, de manera concreta. Los altos índices de pobreza e informalidad se pueden evaluar a través de una perspectiva más positiva con la innovación frugal, y es algo que el resto del mundo puede aprender. Esto puede ayudar a nuestros países a dejar atrás los populismos o la violencia, y encabezar el desarrollo de soluciones innovadoras para "problemas sin fronteras". Estos, como el cambio climático, la desigualdad, la desnutrición o la seguridad alimentaria, son complejos, y afectan a todos los habitantes del planeta, independientemente de su sexo, raza o ingresos.

Convencidos de esta realidad, hemos decidido actualizar y relanzar *Haz más con menos* en México, que se publicó en inglés bajo el nombre de *Frugal Innovation*, en 2015. En concreto, en esta nueva edición queremos destacar cómo México y otros países de América Latina pueden posicionarse como un terreno fértil para desarrollar "soluciones frugales sin fronteras" y hacerlo siendo pioneros en tres megatendencias que pueden reinventar de manera fundamental la forma en que todos consumimos, trabajamos y vivimos.

Para lograr ganancias espectaculares en eficiencia de costos, velocidad y agilidad, las empresas necesitan reconstruir sus motores de innovación. Esto planteará distintos retos a las diferentes industrias y empresas, pero hay seis principios generales que son relevantes para todas; los analizaremos a lo largo de este libro. Identificamos las mejores prácticas extraídas de nuestros estudios de pioneros frugales en el mundo desarrollado, en regiones como Estados Unidos, Europa y Japón, así como en países emergentes como la India. También nos enfocamos en ejemplos de América Latina, con un énfasis en México, a través de diferentes sectores como la manufactura, venta al consumidor, servicios financieros, cuidado la salud y educación. Esta obra lleva a sus lectores al interior de negocios e industrias del mundo desarrollado y en desarrollo que ya están cosechando los beneficios de la innovación frugal. Estos pioneros aprovechan las metodologías de vanguardia para crear soluciones socialmente inclusivas y ecológicas para mercados locales y globales. Además, conoceremos la naturaleza disruptiva de una estrategia frugal cuando se implementa en una empresa multinacional tradicional, acostumbrada a operar en países desarrollados. También podremos ver por qué esto se relaciona con tantas otras empresas y *start-ups* en países desarrollados y en desarrollo, como México, que se ven obligados a seguir el mismo camino de la innovación frugal.

¡Bienvenidos a la experiencia de la innovación frugal!

Capítulo 1

INNOVACIÓN FRUGAL:
UNA ESTRATEGIA DE CRECIMIENTO
TRANSFORMADORA

La mejor forma de predecir tu futuro es crearlo.

PETER DRUCKER

En 1999, Jean-Marie Hurtiger, alto directivo de la fábrica de automóviles francesa Renault, recibió lo que parecía una tarea casi imposible. Su jefe, Louis Schweitzer, el director general de Renault, le pidió que creara un automóvil moderno, confiable y cómodo que se vendiera a seis mil dólares. Dos años antes, Schweitzer había visitado Rusia, donde descubrió, para su desaliento, que el Lada, un automóvil de fabricación local con ese precio, se vendía rápidamente, mientras que los autos más lujosos de Renault, que costaban el doble que el Lada, tenían menos compradores. Schweitzer recuerda: "Al ver aquellos autos anticuados, me pareció inaceptable que el progreso tecnológico nos impidiera hacer un buen automóvil por seis mil dólares. Elaboré una lista de especificaciones en tres palabras: moderno, confiable y asequible, y añadí que todo lo demás era negociable". Schweitzer le dio la orden a Hurtiger, ingeniero con experiencia en gestión internacional, de construir el automóvil con tales especificaciones, incluido el precio al cliente final.[1]

Técnicamente, Hurtiger podría haber diseñado una versión simplificada de otro automóvil por ese precio. Pero, así como el Lada, este automóvil sería tosco e incómodo, y los clientes cuestionarían su seguridad. Renault tenía una reputación de elegancia y calidad que debía proteger; lanzar un producto mediocre sería una forma de suicidio de la marca. Por lo tanto, Hurtiger se dio cuenta de que lo que su jefe le había pedido era no solo crear un auto barato, sino uno que uniera lo asequible con la alta calidad.

Esta propuesta de "más con menos" estaba en conflicto con la vasta experiencia de Hurtiger. Los ingenieros de investigación y desarrollo (I+D) de los países desarrollados aprenden a ampliar los límites de la tecnología automotriz mediante la adición de funciones a productos ya existentes. De hecho, las empresas automovilísticas invierten miles de millones en I+D para crear productos cada vez más sofisticados, con el fin de diferenciar sus marcas de las de la competencia y cobrar más a los clientes por ese privilegio. La propuesta de Schweitzer de "más con menos" parecía contradecir el modelo empresarial convencional de "más por más" que había resultado tan lucrativo en las economías desarrolladas, impulsadas por el consumo, durante las cinco décadas anteriores.

Tanto Hurtiger como Schweitzer reconocieron que primero tendrían que cambiar la forma de pensar de los empleados de Renault. Crear un coche de seis mil dólares requería no solo un nuevo modelo de negocio, sino un nuevo modelo mental. Esto supondría un inmenso cambio cultural en una empresa que tenía más de cien años y que durante décadas había diseñado coches de alta calidad, algunos para el mercado de gama alta, destinados principalmente a los consumidores de clase media de los países desarrollados. Todos los ingenieros franceses habían crecido en una economía relativamente estable, con riqueza de recursos y con una filosofía de I+D de "cuanto más grande, mejor". Schweitzer y Hurtiger necesitaban una nueva clase de ingenieros, con un panorama diferente, que pudieran innovar bajo fuertes limitaciones y convertir la adversidad en oportunidad.

Tomaron una valiente decisión. En lugar de construir el auto en Francia, lo harían en un país en desarrollo, donde los trabajadores estuvieran familiarizados con un entorno de recursos limitados. El lugar obvio era Rumanía, donde, en 1999, Renault había adquirido una empresa automovilística local llamada Dacia. Hurtiger reunió un equipo multicultural formado por diseñadores franceses e ingenieros de manufactura rumanos. Los franceses aportaron al proyecto su sensibilidad por el diseño de gama alta y los rumanos su sensibilidad por los costes. Los ingenieros rumanos de Renault habían crecido en un duro entorno comunista. *Hacer más con menos* era su instinto; tenían tanto la motivación como el ingenio para triunfar.

Y lo consiguieron. Crearon un coche que utilizaba un 50% menos de piezas que un vehículo típico de Renault y contaba con una arquitectura más sencilla. Pero también era espacioso. Para satisfacer las necesidades de la población rural rumana, el diseño original pedía un vehículo que pudiera transportar "cuatro adultos, un cerdo, un fregadero y cien kilos de papas". Para conseguir más con menos, los ingenieros diseñaron espejos retrovisores simétricos (para que pudieran utilizarse a ambos lados del coche), un parabrisas más plano de lo habitual (los parabrisas curvos crean más defectos y cuestan más) y un salpicadero fabricado con una sola pieza moldeada por inyección. Todo ello redujo el uso de materias primas y evitó costosas herramientas en el taller. Los ingenieros también limitaron el número de componentes electrónicos caros, lo que facilitó y abarató la producción y reparación del coche. El resultado fue un sedán robusto, con un diseño minimalista y moderno, que cumplía estrictas normas de calidad y seguridad. En 2004, Schweitzer presentó, con orgullo, el Logan: un coche sin grandes lujos, con un precio de cinco mil euros (seis mil dólares en ese año).

Para Renault, el Logan no solo fue un éxito técnico, sino también comercial. En un principio, el fabricante tenía previsto vender este sedán económico a los consumidores de los países en desarrollo de Europa del Este y Oriente Medio. Para sorpresa de Renault, el Logan también encontró un mercado en la opulenta Europa occidental. Especialmente tras la recesión de 2008, los consumidores de los países desarrollados, preocupados por su presupuesto, comenzaron a reclamar productos asequibles que ofrecieran una mejor relación calidad-precio, como el Logan. En 2010, un informe del Observatoire Cetelem, que estudia las tendencias de comportamiento de los consumidores europeos, reveló que, en promedio, el 29% de estos (y el 39% en el Reino Unido) estaban dispuestos a comprar un coche de bajo coste.

Para aprovechar esta creciente demanda, Renault desarrolló una línea de productos de gama de entrada completamente nueva bajo la marca Dacia. Además del sedán Logan, esta incluye la furgoneta Logan, la camioneta Logan, el Sandero con puerta trasera, el SUV (vehículo utilitario deportivo) Duster y la miniván Lodgy. Estos productos generan márgenes superiores a la media para Renault, gracias a una estricta política de venta minorista sin descuentos. Además, los productos Dacia son ecológicos: el 95% de las piezas de cada auto son reciclables. Con el exitoso lanzamiento del Logan y posteriormente de otros vehículos de la marca Dacia, Renault creó un nuevo segmento de "vehículos de bajo coste" en la industria automotriz, que combinan calidad y accesibilidad. Con ello, se erigió como pionera de la innovación frugal.

Sin embargo, Renault no podía dormirse en los laureles, ya que se enfrentaba a dos grandes desafíos. En primer lugar, el enorme éxito comercial de los vehículos básicos de Renault había despertado el apetito de rivales como Volkswagen y Opel (filial de General Motors [GM]), que pretendían lanzar sus propias marcas de bajo coste. En segundo lugar, Renault necesitaría ampliar su segmento de entrada con vehículos aún más asequibles que su línea Dacia, para satisfacer las necesidades de cientos de millones de compradores de coches primerizos en grandes mercados emergentes y en desarrollo, como India, China, Brasil y México.

Carlos Ghosn, sucesor de Schweitzer, no se dejó intimidar por estos desafíos. A diferencia de la mayoría de los directores generales de los países desarrollados, él tenía un trasfondo multicultural y un historial de enfrentarse a lo insuperable. Ghosn, nacido en Brasil y de ascendencia libanesa, se dio a conocer a principios de la década de 1990 al transformar Nissan, un fabricante de automóviles japonés casi en bancarrota, antes de convertirse en director general de Renault-Nissan en 2005.

Ghosn creía que la única manera de que Renault pudiera competir en el segmento de los vehículos de gama de entrada, tanto en los mercados desarrollados como en desarrollo, era innovando siempre más que sus rivales. En concreto, quería que Renault aprendiera técnicas de innovación rentables de los mercados en desarrollo, que pudieran servir a la empresa también en su mercado nacional. Tras varias visitas a India (donde Renault y Nissan tenían empresas conjuntas con socios locales), Ghosn quedó intrigado por la capacidad india de innovar más rápido, mejor y más barato. Impresionado, acuñó el término *ingeniería frugal* para describir la capacidad de innovar rápidamente y a bajo costo, con fuertes limitaciones de recursos, una habilidad ingeniosa que era normal en varios mercados emergentes.

Ghosn se dio cuenta de que, incluso tras el éxito del Logan, los ingenieros de sus países desarrollados necesitaban dominar por completo el arte de la ingeniería frugal si querían seguir produciendo coches cada vez más asequibles, que ofrecieran mayor valor a menor costo. También se dio cuenta de que esto no iba a ser posible con una perspectiva formada por mercados desarrollados, estables y ricos en recursos. Así que, en 2012, Ghosn envió a Gérard Detourbet, quien dirigía el segmento de gama de entrada de Renault, a Chennai, en el sur de la India, para escribir el segundo capítulo del viaje de innovación frugal de la empresa. En Chennai, Detourbet dirigió un equipo de I+D para construir una plataforma automotriz completamente nueva, denominada Common Module Family-Affordable (CMF-A), que compartirían Renault y Nissan para desarrollar una amplia gama de vehículos de ultra bajo costo y alto desempeño, destinados a la India y otros mercados emergentes. La CMF-A ofrece un ahorro espectacular: reduce el costo de entrada y el gasto en I+D hasta un 40% y el de piezas hasta un 30% por modelo. Además, su desarrollo costó entre dos o tres veces menos que el costo medio de desarrollo de un auto nuevo, y todo el proyecto se completó en tan solo tres años.

A finales de 2015, Renault presentó en la India el Kwid, el primer coche compacto desarrollado con la plataforma CMF-A; para julio de 2017, era la marca occidental de automóviles más vendida en la India. Ese mismo año, más adelante, se inició la producción de una versión actualizada del modelo en Brasil, para el mercado sudamericano. También en China se presentó un coche eléctrico de bajo costo, el Kwid EV, diseñado por sus ingenieros indios y basado en la plataforma CMF-A. En México, no tuvo éxito debido, principalmente, a problemas de importación. Sin embargo, ahora el más barato es el Sandero, fabricado en Argentina. Esto demuestra que la lógica de la innovación frugal puede aplicarse en los países latinoamericanos y no solo en países como India.

El objetivo final de Renault es llevar los principios del pensamiento frugal, adquiridos y perfeccionados en países con recursos limitados como India, México o Argentina, a su sede de París, y utilizarlos para desarrollar una nueva generación de vehículos asequibles y de alta calidad para los consumidores de todo el mundo. Con ello, Renault lidera una revolución frugal a la que también se apuntan otras empresas y sectores. Por ejemplo, en 2021, la marca Dacia era una de las tres primeras marcas de automóviles al por menor en Europa Occidental.

Antes de examinar el *cómo* de la innovación frugal, es decir, las herramientas y técnicas para aplicar una estrategia frugal, según se analizan en los capítulos siguientes, consideremos primero el *qué* y el *porqué*. En concreto: ¿Cuáles son las características especiales de la innovación frugal? ¿Por qué se ha convertido en el problema de gestión más urgente de la actualidad?

El ascenso de la economía frugal

Varios cambios económicos profundos explican el auge de la innovación frugal en el mundo desarrollado. En primer lugar, las economías avanzadas han entrado en una era de austeridad en la que los conceptos de vida y consumo frugales se están generalizando. En las dos últimas décadas, las clases medias de Estados Unidos, Canadá, Europa, Japón, Australia y otros países han visto cómo se estancan sus ingresos y se reduce su poder adquisitivo. Como consecuencia de estas presiones económicas, los consumidores norteamericanos y europeos se preocupan cada vez más por obtener una buena relación calidad-precio y optan por productos más baratos. Por ejemplo, casi un tercio de los consumidores europeos, especialmente los jóvenes, quienes han conocido la recesión apenas en su vida adulta, están ahora más interesados en comprar un coche de bajo costo que uno de gama alta. Estos cambios han llegado para quedarse. El economista francés Thomas Piketty predice que la desigualdad de ingresos en las economías desarrolladas aumentará en las próximas décadas, ya que las tasas de crecimiento anual a largo plazo siguen estancadas por debajo del 2%.[2] Con la inflación superando sus ingresos desde 2007 (y que incluso ha empeorado después de la pandemia de COVID-19), el 76% de los adultos estadounidenses creen ahora que sus hijos estarán económicamente peor que ellos en el futuro. Booz & Company (ahora Strategy&), una consultora de gestión global, denomina a estos compradores frugales "consumidores susceptibles al valor de manera permanente".

No solo los consumidores se han vuelto más conscientes de los costes, sino que los gobiernos de todo el mundo desarrollado también están cuidando sus centavos. El envejecimiento de la población, el aumento vertiginoso de los costos de la atención médica, la carga de las pensiones y la enorme deuda y déficit desde 2008, que han aumentado recientemente debido a la pandemia del COVID-19, han conspirado para introducir un nuevo espíritu de austeridad en países y regiones desarrollados como Estados Unidos, Europa y Japón.

Sin embargo, la revolución de la innovación frugal va más allá de la austeridad económica. Cada vez se preocupan más por valores como la armonía social, la degradación ecológica y el agotamiento de los recursos naturales, y quieren que las empresas contribuyan a mejorar el mundo. Según el Barómetro de Confianza Edelman de 2014 —un estudio mundial anual sobre las actitudes de los consumidores—, el 84% de los encuestados cree que las empresas pueden perseguir el interés propio al mismo tiempo que realizan una buena labor para la sociedad. Como afirma Carol Cone, directora general de la agencia Carol Cone On Purpose y antigua responsable de la práctica empresarial social de Edelman: "Para aumentar los niveles de confianza de los consumidores y ganarse la 'licencia para liderar', las empresas deben aprender a crear más valor operativo y social, a la vez que afectan menos al medio ambiente. Los 'consumidores ciudadanos' votarán con sus carteras por las marcas socialmente inclusivas y ecológicamente activas".[3]

De hecho, hoy, el 71% de los consumidores estadounidenses tienen en cuenta el medio ambiente cuando compran, frente a un 66% que lo hacía en 2008. En cuanto a los europeos, más del 80% creen que el impacto medioambiental de un producto es un elemento fundamental en sus decisiones de compra. Y lo que es más preocupante para las empresas: el 90% de los milénial (personas de entre 20 y 40 años, que en el caso de Estados Unidos suman cerca de setenta millones), que gastan 180 000 millones de dólares al año, están dispuestos a cambiar a marcas más responsables desde el punto de vista social y medioambiental. A pesar de sus presupuestos ajustados, los consumidores milénial también esperan que los productos sean sustentables y de alta calidad. Para ganarse la confianza de estos consumidores conscientes, Cone cree que las empresas deben "ir más allá del pensamiento transaccional, hacia una mejor comprensión de las acciones tangibles, necesarias para resolver problemas sociales críticos para el beneficio mutuo". Como buenas prácticas, Cone cita la medida de cvs Health de dejar de vender productos de tabaco a partir de 2014; el aumento del salario mínimo de The Gap a sus empleados; y la oferta de Starbucks de reembolsar la colegiatura a sus empleados estudiantes si trabajan al menos veinte horas semanales.

Los gobiernos de todo el mundo desarrollado también están desempeñando un papel en este proceso. Las nuevas normativas exigen a las empresas un uso eficiente de los recursos. Una nueva ley estadounidense, promovida por el expresidente Obama, exige a los fabricantes de automóviles estadounidenses que mejoren la eficiencia del combustible: de la media actual de

27.5 millas por galón (11.7 km por litro) a 54.5 millas por galón (23.2 km por litro) para 2025. Tras la salida de Donald Trump de la presidencia, Joe Biden ha impulsado ambiciosas normas reguladoras para incentivar a las empresas a promover el desarrollo sustentable y desempeñar su papel en la prevención del cambio climático inducido por el hombre.

Por su parte, en 2012, el Parlamento Europeo aprobó una ley de reciclaje más estricta, que obliga a los proveedores y minoristas de productos eléctricos o electrónicos a recoger, y potencialmente reciclar, el 85% de la chatarra eléctrica o electrónica que generan. A principios de 2014, el Parlamento votó a favor de que, para 2030, se exija a los Estados miembros que cumplan objetivos nacionales vinculantes más estrictos, para hacer frente al cambio climático. Esto incluye una reducción del 40% de los gases de efecto invernadero (en comparación con los niveles de 1990) y que al menos el 30% de la energía proceda de fuentes renovables. El excomisario europeo del Medio Ambiente, Janez Potočnik, señaló: "En estos tiempos de inestabilidad económica y aumento de precios de las materias primas, la eficiencia en el uso de los recursos es el punto de encuentro entre los beneficios medioambientales y las oportunidades de crecimiento innovadoras".[4]

Y lo que es más importante; los valores de los consumidores están cambiando dando más importancia a la calidad que a la cantidad. Los estudios muestran que entre el 15 y el 28% de los estadounidenses han reducido, voluntariamente, sus posesiones materiales en favor de una mayor autosuficiencia, con el objetivo de llevar una vida más sencilla y plena. En Japón, un país conocido por sus largas jornadas laborales, la mitad de los consumidores de todas las generaciones pasan ahora más tiempo en casa, una tendencia conocida como *sugomori* o "polluelos en el nido". En todo el mundo desarrollado, desde Nueva York a París, pasando por Tokio, los consumidores ven ahora la frugalidad como un medio para mejorar su calidad de vida, no empeorarla. Como señala Simon Mainwaring, autor de *We First* (Nosotros primero): "Los consumidores quieren un mundo mejor, no solo dispositivos".[5] El lado positivo de la crisis es que la búsqueda de un estilo de vida más equilibrado por parte de los ciudadanos está ayudando a crear un nuevo sistema económico: la economía frugal. Esta economía representa una mejora de los aspectos más desmesurados del consumo excesivo y el despilfarro del siglo XX. El modelo de consumo "cuanto más grande, mejor" puede estar compartiendo espacio lentamente con un sistema de valores de consumo "lo pequeño es hermoso".

En este proceso, lo que es importante destacar es que los países desarrollados tienen mucho que aprender de los países en desarrollo si quieren tener éxito en el cambio. Estos últimos están acostumbrados a altos índices de pobreza e informalidad y, por tanto, a innovar de forma frugal. Según el libro *Rethinking the informal economy* (Repensar la economía informal), en América Latina, Asia y África, entre el 50 y el 72% de la mano de obra no agrícola es informal, y entre el 30 y el 66% de la producción económica procede de la actividad del mercado informal. En estos contextos, las empresas y los emprendedores están acostumbrados a elegir y crear acuerdos innovadores con la mayor utilidad percibida para hacer frente a contextos y condiciones extremas.

Hernando de Soto, en su libro seminal y disruptivo *El otro sendero: la revolución informal*, publicado en 1989, definió y explicó las reacciones innovadoras de las empresas, *start-ups* y emprendedores en contextos de pobreza —en los países en desarrollo de América Latina—, frente a las regulaciones exageradamente restrictivas de los Estados mercantilistas dominantes, los cuales conceden la participación en la economía solo a una pequeña élite. Las empresas y los emprendedores latinoamericanos siempre han abordado la innovación de forma frugal, ya que se enfrentan a un escenario muy difícil en términos de falta de recursos e instituciones formales fallidas. Un enfoque que considere este planteamiento frugal como algo positivo podría ser un camino enriquecedor para comprender la ventaja competitiva que economías en desarrollo pueden tener en un mundo globalizado.

Entonces, ¿cuáles son los rasgos que definen a esta nueva economía frugal que está cambiando el panorama mundial y que es común en los países desarrollados y en desarrollo?

Reciclaje a lo largo de la cadena de valor

Los nuevos métodos de diseño, producción y distribución permiten la reutilización continua de piezas o componentes, mientras se reducen los residuos y se crea la así llamada *economía circular*. A diferencia de la economía lineal tradicional, en la que los productos se diseñan, construyen, venden, consumen y acaban en los vertederos, la economía circular reutiliza los materiales, incluso los residuos. McKinsey & Company y la Fundación Ellen MacArthur calculan que, adoptando los principios de la economía circular, para 2030, Europa puede conseguir 1.8 billones de euros en valor económico, mientras que China puede ahorrar cinco billones de dólares, e India, para 2050, puede cosechar 624 000 millones de dólares en beneficios anuales. La Comisión Económica para América Latina y el Caribe (Cepal) pronosticó, en 2020, que la gestión estratégica de los residuos sólidos tiene el potencial de tener efectos económicos y sociales positivos en América Latina. De hecho, si el sector de los residuos y el reciclaje se desarrollara hasta convertirse en un sector clave, y tuviera una tasa de reciclaje de residuos municipales equivalente a la de Alemania, podría contribuir a una reactivación económica ecológica: se crearían casi 450 000 puestos de trabajo y el PIB de la región aumentaría un 0.35%. Según la Comisión Global sobre Economía y Clima, una transición audaz hacia una economía baja en carbono desencadenará 26 billones de dólares en beneficios económicos y generará más de 65 millones de nuevos empleos "verdes" en todo el mundo para el 2030.

Personalización masiva

El siglo XX dio lugar al nacimiento de tres grandes innovaciones organizativas: el laboratorio corporativo de I+D (creado por Thomas Edison, fundador de GE); la producción en serie (perfeccionada por Henry Ford); y las tiendas de superficie y la distribución masiva (desarrollada por Sam Walton, fundador de Walmart). Los tres buscaban centralizar las funciones corporativas, desde I+D y compras, hasta la manufactura, ventas y marketing, con el objetivo de generar economías de escala. Aunque este enfoque centralizado ayuda a la producción en masa, reduciendo así los costes unitarios, también consume mucha energía y su mantenimiento se ha encarecido. Peor aún, reduce a los consumidores a pasivos usuarios de productos y servicios, excluyéndolos de un proceso de producción que suele transcurrir lejos de donde viven. Sin embargo, los consumidores están evolucionando de manera rápida y drástica para convertirse en productores creativos de productos y servicios personalizados. Gran parte de ello se debe a la impresión en 3D y a plataformas de bricolaje (DIY, por sus siglas en inglés) como Techshop y Fablab, que reducen los costos de producción. Una nueva era de manufactura distribuida consumirá menos recursos, ofrecerá productos o servicios de mayor calidad, personalizados en masa, asequibles y sustentables.[6]

Compartir, no comprar

En su libro *La era del acceso*, Jeremy Rifkin, pensador económi- co, considera que las nuevas tecnologías, internet incluido, eli- minan gradualmente los conceptos de *propiedad* y *posesión*. La posesión de objetos físicos —predice— se verá como un alba- tros alrededor del cuello de los consumidores, ya que la gente preferirá el acceso y la experiencia a la propiedad.[7] Esta *econo- mía colaborativa*, que predijo Rifkin [en 2020], ya está aquí. Un ejemplo es Zipcar (y sus equivalentes en todo el mundo), un servicio de vehículos compartidos, barato y muy popular entre los estadounidenses de zonas urbanas. Es fácil de usar, cómo- do y mejor para la comunidad local y el medio ambiente. ¿Por qué poseer un coche, dicen sus clientes, si puedes conseguir ruedas cuando las necesitas? En la actualidad, casi diez mi- llones de personas están a menos de diez minutos a pie de un Zipcar. Del mismo modo, ¿por qué pagar cuatrocientos dóla- res por una noche en un hotel de Nueva York, cuando Airbnb te encuentra un sofá donde dormir en dicha ciudad (o en otras 81 000 que cubre el sitio web) por solo cuarenta dólares? Este cambio, de una economía de consumo basada en la propiedad, a una sociedad de intercambio, está impulsando el crecimiento de un modelo económico entre iguales, basado en la frugalidad que implica compartir, hacer trueques, intercambiar, alquilar o comerciar. Los consumidores colaborativos no codician los productos más novedosos y extravagantes, sino que prefieren soluciones suficientes, que satisfagan las necesidades básicas. El *consumo colaborativo*, un concepto popularizado por Rachel Botsman en su libro *What's Mine Is Yours* (Lo que es mío es tuyo), amenaza con desestabilizar muchas industrias.[8]

Más rápido, mejor y más barato...
en beneficio de todos

Para fabricar productos asequibles y sustentables, las empresas deben desarrollar un sistema de innovación más rápido, mejor y más barato. El método frugal es disruptivo; su intensidad puede medirse en términos de la siguiente fórmula:

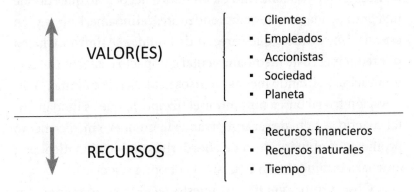

VALOR(ES)
- Clientes
- Empleados
- Accionistas
- Sociedad
- Planeta

RECURSOS
- Recursos financieros
- Recursos naturales
- Tiempo

Analicemos esta fórmula. En su nivel básico, exige que las empresas maximicen simultáneamente el valor para todas las partes interesadas en su ecosistema, al tiempo que minimizan el uso de recursos. Pero la innovación frugal es algo más que un concepto de gestión que busca la eficiencia y puede ayudar a las empresas a *hacer más con menos*. Tiene un noble propósito: las compañías deben esforzarse por crear valor para la sociedad y el planeta, al mismo tiempo que deben luchar por *innovar más con menos*.

Como señala Paul Polman, antiguo director general de Unilever, multinacional anglo-holandesa de bienes de consumo: "Las empresas no pueden sobrevivir en una sociedad que fracasa, así que es absurdo pensar que una empresa puede quedarse al margen de un sistema que le da vida en primer lugar". Polman cree que las iniciativas de innovación frugal de Unilever, muchas de las cuales se describen en este libro, no son altruistas, sino simplemente de sentido común. En la misma línea, el empresario y pensador suizo Stephan Schmidheiny sostenía, desde los años ochenta, que "no hay empresas exitosas en sociedades fracasadas".

Centrémonos en el denominador de la fórmula. La innovación frugal busca reducir el costo de desarrollo de nuevos productos y servicios. Además, también ayuda a reducir el costo de lanzamiento y escalamiento de un nuevo negocio lo que supone una gran ayuda para los emprendedores latinoamericanos y, en especial, mexicanos, que carecen de liquidez. Asimismo, lucha por reducir el coste medioambiental o impacto ecológico de una innovación utilizando menos recursos naturales. Por último, la innovación frugal busca minimizar el tiempo, lo que es fundamental cuando se trata de sacar rápidamente un nuevo medicamento prometedor al mercado o de abordar el cambio climático, una amenaza inminente para nuestra economía y sociedad.

Observemos que hemos puesto *planeta* en el numerador de la fórmula. Dada la urgencia del cambio climático, solo tenemos hasta 2030 para limitar el aumento de la temperatura global a 1.5 °C; ya no basta con que las empresas reduzcan su huella de carbono. Deben rediseñar modelos de negocio y cadenas de suministro enteras para ampliar su *huella ecológica positiva*, generando valor positivo para el planeta (el capítulo 4 muestra cómo pueden hacerlo).

Además, las empresas deben aplicar el principio de *hacer más cosas buenas*, en lugar de limitarse a *hacer menos daño*, incluso a sus clientes y empleados. Por ejemplo, las empresas de alimentos y bebidas deben inventar productos asequibles que no solo contengan menos grasas y calorías, sino que además utilicen ingredientes naturales que mejoren la vitalidad de los clientes sin efectos secundarios negativos. Del mismo modo, no basta con que los fabricantes de ropa de los países desarrollados mejoren las condiciones laborales en las fábricas de sus subcontratistas en Asia y América Latina para que sus empleadas sufran menos. En su lugar, deben encontrar formas frugales de mejorar el bienestar y los medios de subsistencia de estas mujeres, proporcionando asistencia sanitaria de bajo costo a sus familias y una educación asequible a sus hijos. Por lo tanto, la innovación frugal tiene una fuerte dimensión moral: se trata de *hacer lo correcto* dentro de las empresas, así como de influir y educar a clientes, empleados y socios para que hagan lo que es mejor para la sociedad y el planeta. Como tal, la innovación frugal ayuda a dar forma a nuevos valores positivos en la sociedad.

Estos no pueden ser algo abstracto. Las empresas y emprendedores deben encontrar formas de poner en práctica sus valores para crear valor económico, social y ecológico. Aquí es donde la innovación frugal es de gran utilidad. La innovación frugal es el arte y la ciencia de *cocrear valor a partir de valores*. Los ganadores en el mundo empresarial del siglo XXI serán los innovadores frugales capaces de generar diez, cien o incluso mil veces más valor con menos recursos.

Con estas ideas adicionales, revisemos la fórmula de la innovación frugal y para añadirle un orden de magnitud. Intentemos cuantificar el *más* y el *menos* en la expresión *innovar más con menos*. Ahora podemos presentar la innovación frugal como:

Podemos presentar esta fórmula de manera incluso más concisa: como **10x/10x**. Esta es más ambiciosa que prescriptiva.

De hecho, 10x/10x es un reto autoimpuesto que los innovadores frugales, ya sean emprendedores o empresas consolidadas, aceptan de buen grado. Intentan generar al menos diez veces más valor económico, social y ecológico, al tiempo que reducen los costos y el uso de recursos naturales en al menos un factor de diez respecto a las soluciones existentes. (Por supuesto, el cielo es el límite: los innovadores frugales pueden aspirar a mejoras de 100x/100x o incluso 1000x/1000x).

Desde este punto de vista, la innovación frugal es una estrategia empresarial verdaderamente disruptiva que puede revolucionar la industria y construir sociedades inclusivas y sustentables. De hecho, no se trata simplemente de una técnica de gestión —como Six Sigma y la gestión de la calidad total (TQM, por sus siglas en inglés), cuyo objetivo es reducir los costes y los residuos—. Más bien, la innovación frugal utiliza la eficiencia de costes como medio para lograr el objetivo más amplio: un mayor valor para el cliente. Por ejemplo: computadoras de treinta dólares, tabletas de cuarenta dólares, aparatos de electrocardiograma (ECG) de ochocientos dólares y coches de seis mil dólares.

También es posible que las empresas sean frugales a la hora de desarrollar y comercializar nuevos productos y servicios, al tiempo que ejercen discreción sobre si trasladan o no estos ahorros a los consumidores. Y así, las prácticas de innovación frugal pueden coexistir con las marcas de gama alta, e incluso mejorarlas. Por ejemplo, Fujitsu, una empresa tecnológica japonesa, ha aplicado la innovación frugal en sus procesos de fabricación para construir una de las supercomputadoras más avanzadas del mundo. Esto también diferencia la innovación frugal de la *innovación de bajo coste*, un enfoque que permite a una empresa desarrollar y comercializar productos y servicios de calidad media a precios bajos. La innovación frugal genera productos que no son necesariamente baratos ni de la máxima calidad. Se trata más bien de productos bien diseñados, de buena calidad, que se desarrollan de forma rentable y se venden a precios asequibles para ofrecer el mejor valor al cliente.

¿Qué significa *valor* para el cliente? Los innovadores frugales se esfuerzan por crear productos y servicios con una puntuación alta en cuatro atributos aparentemente contradictorios e irreconciliables, que los clientes valoran cada vez más: *asequibilidad, sencillez, calidad* y *sustentabilidad*. Un producto de alta calidad (por ejemplo, un coche con un diseño atractivo y una ingeniería excesiva, pero que consume mucha gasolina) suele ser caro y no siempre sustentable. Por ello, los clientes —especialmente los de las generaciones Y y Z— esperan obtener soluciones sencillas, también de alta calidad, pero sin pagar más (por ejemplo, compartiendo un coche en lugar de comprarlo y poseerlo). La simplicidad crea una interrogante para las empresas, que durante mucho tiempo han asociado la complejidad con la innovación: deben aprender a simplificar sus productos mediante la eliminación, en lugar de la adición de funciones y hacer que estas soluciones sean fáciles de usar para los consumidores. Del mismo modo, los clientes quieren *productos verdes*, de origen sostenible y fáciles de reciclar, pero no están dispuestos a pagar más por ellos. Las empresas tienen la obligación de innovar a fondo, de modo que encuentren formas frugales de diseñar, fabricar y vender nuevos productos o servicios de alta calidad, que sean a la vez asequibles, sencillos y sustentables.

En lugar de buscar un equilibrio o tratar cada uno de los cuatro atributos de forma independiente, la innovación frugal trata de integrarlos de forma holística. Por ejemplo, más del 70% de los costes del ciclo de vida de un producto y de su huella medioambiental se determinan durante su fase de diseño. Por tanto, en lugar de abordar la calidad y la sustentabilidad más adelante en el proceso de fabricación o distribución, cuando hacerlo resulta más costoso, la innovación frugal incorpora estos aspectos en una fase temprana de la I+D. Cuando Renault desarrolló su Logan de seis mil dólares, su equipo de I+D incorporó el diseño elegante, la fiabilidad, la seguridad, la comodidad y la eficiencia de combustible en una fase temprana del desarrollo. El resultado fue un vehículo muy vendido, atractivo, fiable, de bajo consumo y asequible.

Innovar más con menos

Como ya se ha mencionado, la innovación frugal no consiste solo en *innovar más con menos*, sino en *innovar mejor con menos*, es decir, encontrar formas de reducir la complejidad en todos los aspectos de la empresa al tiempo que se apoya a la sociedad y se preserva el planeta. Si se hace bien, las empresas descubrirán que están mejor situadas para hacer lo siguiente:

Captar mercados desatendidos en la base de la pirámide

En su libro *La oportunidad de negocios en la base de la pirámide*, el gurú de la gestión, C. K. Prahalad, afirmaba que las personas con bajos ingresos, en economías en desarrollo como India, África y Brasil, representan de manera colectiva un enorme mercado sin explotar. Pero la base de la pirámide también existe en las economías desarrolladas y no es nada despreciable. Según la multinacional de consultoría y servicios de gestión Accenture, los europeos con bajos ingresos representan un mercado sin explotar de 220 000 millones de euros (280 000 millones de dólares).[9] Históricamente, las empresas de los países desarrollados los han ignorado, centrándose, en cambio, en los consumidores de altos ingresos o de clase media. Por ejemplo, según la Federal Deposit Insurance Corporation (FDIC), más de

68 millones de estadounidenses —casi una cuarta parte de la población de Estados Unidos— tienen poco o ningún acceso a servicios financieros. Las instituciones tradicionales no satisfacen adecuadamente sus necesidades específicas. Sin embargo, según el Centro de Innovación de Servicios Financieros (CFSI), los estadounidenses sin suficiente cobertura bancaria tienen, en conjunto, ingresos anuales de alrededor de un billón de dólares y representan un mercado sin explotar de casi 90 000 millones de dólares. Con productos frugales, se podría llegar a ellos. Como dice Vianney Mulliez, miembro del Consejo de Administración de Auchan Holding, grupo minorista internacional francés: "Hay muchos 'mercados emergentes' dentro de las economías desarrolladas a los que estamos dispuestos a servir".[10]

Cumplir las nuevas normativas destinadas
a fomentar el crecimiento inclusivo

Los gobiernos de Norteamérica y Europa están impulsando nuevas medidas y normativas destinadas a reducir la desigualdad social y promover el crecimiento inclusivo. En Estados Unidos, donde 50 millones de ciudadanos carecen de seguro médico, el expresidente Obama defendió la Ley de Cuidado de Salud Asequible en un esfuerzo por frenar los costos del cuidado de la salud. Adoptando modelos de negocio frugales, los fabricantes de medicamentos y dispositivos médicos, así como las organizaciones de mantenimiento de la salud (HMO) podrían hacer sus productos y servicios más asequibles o accesibles para más estadounidenses, mientras mantienen los mismos niveles de calidad. En las economías en desarrollo se están haciendo los mismos esfuerzos. Por ejemplo, según *Forbes México*, el sistema mexicano de salud pública no cumple las normas de calidad que esperan los pacientes. En muchos casos, la experiencia de acudir a un centro médico público puede ser caótica, pero acceder al sistema privado resulta excesivamente caro. El dilema es enorme y, por ello, los hospitales y centros de atención médica (bajo escrutinio por los riesgos de contagio debido al COVID-19) se han convertido en soluciones de último recurso. Hoy, los pacientes buscan alternativas a distancia. Algunas *start-ups* mexicanas ya han emprendido este camino, como es el caso de Vitau, una empresa que, tras recibir inversión y operar correctamente, ha adelantado sus planes de expansión bajo un modelo de negocio que vende medicamentos en línea, aprovechando estas oportunidades para progresar bajo la nueva normalidad.

Hacer frente al envejecimiento de la fuerza laboral

Los trabajadores de 55 años o más representarán, a partir del 2024, al menos el 25% de la fuerza laboral estadounidense; en el año 2000 eran solo el 13%. Mientras tanto, más de una cuarta parte de los trabajadores alemanes y japoneses del sector manufacturero se jubilaron en 2020. Los grandes países industriales pronto tendrán que adoptar procesos frugales para hacer frente a una fuerza laboral cada vez más reducida. En América Latina, según la Cepal, un porcentaje significativo de personas mayores sigue vinculado al mercado laboral, a pesar de haber superado el límite de edad establecido para la jubilación. Las razones de esta mayor permanencia o de la reintegración de los mayores a la fuerza laboral es, principalmente, su falta de ingresos, en un contexto de menor presencia de hogares multigeneracionales y debilidad de los sistemas de pensiones. Además, los mejores niveles de salud, el interés por los contenidos o aspectos sociales y económicos del trabajo, y la expectativa de una vida más larga pueden estimular el interés de las personas mayores por seguir vinculadas al mercado laboral. Entre 2002 y 2016, la tasa de empleo del colectivo de mayores de 60 años registró un incremento del 34.2 al 35.4%.

Atraer y retener al personal más joven

La mayoría de los jóvenes del mundo desarrollado prefiere trabajar en empresas que manifiestan responsabilidad social y ambiental. La innovación frugal puede impulsar el compromiso y la productividad del personal. Según un estudio de 2012, financiado por la Fundación John y Catherine T. MacArthur, los trabajadores que pueden proyectar un impacto social o medioambiental en el trabajo están el doble de satisfechos y motivados que los que no. Esta tendencia va en aumento. Esto es especialmente cierto en el caso de los milénial, que son más escépticos con las grandes empresas y menos leales a sus empleadores, en comparación con generaciones anteriores. Más de la mitad de los milénial encuestados por Deloitte, una de las cuatro grandes empresas de servicios profesionales, creen que la innovación y el desarrollo social, en lugar de maximizar los beneficios y el valor para el accionista, deberían ser el objetivo principal de las empresas. Sin embargo, la mayoría también cree que las empresas son colectivamente las más capacitadas para resolver problemas sociales acuciantes. La generación Z, que representa aproximadamente el 32% de la población mundial, es aún más frugal que los milénial, ya que se vio profundamente afectada por la crisis económica de 2008 y la crisis del COVID-19. La generación Z también se ve más directamente afectada por el cambio climático y, por tanto, es más sensible a este, o a cuestiones sociales como la desigualdad de género y de ingresos. Las grandes empresas frugales, conscientes de sus valores, disponen ahora de un medio para atraer tanto a los milénial como a la generación Z. Nada de esto sugiere que la transformación vaya a ser fácil.

Al intentar adoptar la innovación frugal, es probable que las empresas se encuentren con procesos e ideologías muy arraigados. Por ejemplo, directivos y líderes empresariales suelen temer que *a)* los productos frugales dañen la marca de la empresa; *b)* se coman a sus productos más caros e incluso destruyan sus líneas de productos más rentables; *c)* puedan hundir el precio de sus acciones si empiezan a producir productos y servicios más frugales, y *d)* les obliguen a implementar la sostenibilidad más allá de estrategias de responsabilidad social. Referente a este último punto, las empresas rara vez tienen una visión equilibrada de la sustentabilidad: o es algo que "está bien hacer" o es un costo de cumplimiento. La innovación frugal combina estas dos perspectivas. Es una fuente de ventaja competitiva, pero también proporciona a una empresa una licencia para operar, la cual es esencial para el éxito en el mercado. Sin embargo, cambiar la mentalidad existente sobre la sustentabilidad puede ser una tarea muy laboriosa.

Competidores frugales inusuales

A pesar de estos obstáculos, las empresas no pueden permitirse el lujo de esperar y observar. Los competidores frugales ya están en el mercado.

Rivales de los mercados emergentes y en desarrollo

Las empresas de los mercados emergentes y en desarrollo ya están influyendo en los mercados de las economías desarrolladas. Haier, un fabricante chino de electrodomésticos, es ahora uno de los principales proveedores de Estados Unidos de refrigeradores para vino, que antes eran un producto de gama alta para los sectores privilegiados. Los fabricantes chinos de electrónica Lenovo y Huawei ya han hecho grandes incursiones en Estados Unidos y Europa, donde gozan de un importante reconocimiento de marca. Los siguientes son los gigantes chinos de internet Alibaba y Tencent, que están invirtiendo a gran escala en los mercados occidentales para reforzar su presencia en ellos. Alibaba ha comprado o tiene participaciones en muchas empresas estadounidenses, como Lyft, Jet.com, Snapchat y Verifone, con lo que se ha afianzado en una amplia gama de sectores, como el transporte, los servicios financieros, el comercio electrónico y las redes sociales. Del mismo modo, Tencent planea expandir globalmente su aplicación de mensajería Wechat (que es tremendamente popular en China, con mil millones de usuarios activos mensuales, y se utiliza incluso para videoconsultas con médicos) y sus plataformas de juegos en Occidente. Además, los países desarrollados se enfrentan al reto de basar su cadena de valor en los países en desarrollo. Muchas empresas no confían únicamente en los países asiáticos, sino que países como México y Brasil, en América Latina, pueden ser realmente importantes para la fiabilidad y viabilidad de sus productos y servicios.

Disruptores digitales

El iPhone 4 contenía más tecnología que la nave espacial Apolo, de la década de 1970. Facebook tiene más de 2 900 millones de usuarios activos mensuales. Esta enorme potencia informática y de comunicación, literalmente al alcance de todos, está generando una plataforma virtual de I+D activa de forma perpetua. Los aspirantes a empresarios —a los que Forrester Research denomina "disruptores digitales"— utilizan ahora esta plataforma de I+D en línea, casi gratuita, para innovar más rápido, mejor y más barato; crean productos y servicios asequibles, que aprovechan las tecnologías móviles y de redes sociales.[11] Al hacerlo, estas *start-ups* están perturbando los lucrativos modelos de negocio de empresas tradicionales bien establecidas.

Por ejemplo, la Khan Academy, fundada por Sal Khan, ofrece cursos gratuitos de matemáticas y ciencias en forma de pequeños videos, a través de YouTube, lo que ha sembrado el pánico entre las editoriales académicas que cobran una fortuna por los libros de texto. O el caso de Banking Up (antes conocida como Plastyc), una empresa emergente que afirma poner "el poder de un banco en tu móvil", proporcionando cuentas bancarias virtuales aseguradas, con acceso asequible las 24 horas del día, desde cualquier computadora o dispositivo móvil con internet. Estas cuentas están vinculadas a tarjetas Visa de prepago; los consumidores no pueden quedar en sobregiro y no incurren en comisiones de demora. Estos servicios bancarios en línea de Banking Up, de bajo costo y sin lujos, atraen a los casi 70 millones de estadounidenses que no tienen acceso a los servicios bancarios tradicionales y no pueden permitirse pagar grandes comisiones bancarias.

En Francia, Compte Nickel está revolucionando el sector bancario. Cobrando solo una cuota de mantenimiento de veinte euros al año, permite a la gente entrar en una tienda de la esquina y, en solo cinco minutos, activar un servicio que ofrece dos valiosos productos: un número de cuenta bancaria internacional y una tarjeta de débito internacional. Los clientes pueden enviar y recibir dinero por internet y pagar con tarjeta de débito, todo ello sin comisiones adicionales. Se trata de un banco de bajo costo, ¡pero sin banco! En 2021, Compte Nickel atendió a más de dos millones de clientes en Francia, a través de más de cuatro mil pequeñas tiendas familiares. Cabe destacar que el 75% de sus clientes son personas de clase media que no pueden permitirse comisiones bancarias elevadas. No sorprende que, en abril de 2017, BNP Paribas, uno de los principales bancos internacionales franceses, adquirió el 95% de Compte Nickel, que sigue operando con su propia marca.

En la economía colaborativa, empresas como Airbnb (casas compartidas), Relayrides (coches compartidos) y Parkatmyhouse (lugares de estacionamiento compartido) aprovechan internet y las redes sociales para permitir a los ciudadanos monetizar sus activos familiares inactivos. Muchas de estas empresas digitales disruptivas están siendo lanzadas por los milénial (conocidos popularmente como *la generación de la recesión*), que pueden reunir capital en sitios de *crowdfunding* como Kickstarter, Kisskissbankbank, Ulule y Medstartr. Aunque la economía colaborativa se vio afectada por la pandemia de COVID-19, está mostrando una resistencia cada vez mayor y vio una rápida recuperación en 2022 y 2023.

Los disruptores digitales no son todos jóvenes emprendedores liderando *start-ups*. Los pesos pesados de la tecnología, como Apple, Google, Cisco e IBM, están invirtiendo mucho en coches sin conductor, redes inteligentes, hogares conectados y dispositivos médicos de consumo. Parece inminente una sacudida masiva en los sectores automotrices, de la construcción, energía, la salud y otras industrias maduras. Por ejemplo, cuando se le preguntó quién sería el principal competidor de su empresa dentro de cinco años, un alto ejecutivo de una gran empresa industrial estadounidense respondió: "Google".

Prosumidores ingeniosos

Disuadidos por los altos precios de los productos y servicios comerciales, y facultados por las nuevas herramientas, muchos consumidores se están convirtiendo en *prosumidores*, es decir, consumidores que producen los bienes y servicios que necesitan, desencadenando así una revolución del bricolaje.

En *Jugaad Innovation*, los autores presentan el perfil de varios ingeniosos macgyvers (en alusión al nombre de un personaje de la televisión estadounidense, conocido por su capacidad de improvisación) de mercados emergentes. Los macgyvers son pequeños emprendedores que encuentran soluciones frugales para satisfacer las necesidades de las comunidades locales. Este fenómeno de innovación ascendente, habitual en países en desarrollo, como México y otros de América Latina, está arraigando ahora en Estados Unidos y Europa.

Un gran ejemplo de este ingenio puede ser Rupert Plumridge, quien no estaba dispuesto a invertir en un monitor para bebés de marca de trecientos dólares cuando nació su hija Lily. Así que construyó el suyo utilizando dispositivos Android de Google, una cámara web de visión nocturna y plataformas de código abierto. Su invento costó ochenta dólares. Miles de europeos y estadounidenses también se arremangan la camisa y construyen productos en sus cocinas. En su libro *Makers: la nueva revolución industrial*, Chris Anderson —antiguo editor de [la revista] *Wired*— relata esta macgyverización o jugaadización de la economía estadounidense, que está arraigando gracias a la proliferación de inventos como las impresoras 3D y eventos como la Maker Faire (Feria de creadores), que celebran el ingenio de la gente ordinaria.

Minoristas de superficie

Walmart, multinacional minorista estadounidense con 140 millones de clientes semanales, se está convirtiendo rápidamente en uno de los principales proveedores de servicios financieros asequibles. Ha abierto cientos de Centros Financieros Walmart (Walmart Money Centers) en Estados Unidos para atender las necesidades financieras básicas de los consumidores de bajos ingresos.

Del mismo modo, Costco, un club de almacenes estadounidense al que solo pueden ingresar los socios con membresía, vende ahora dispositivos médicos de marca propia a un precio muy inferior al de los productos de marca. Las prótesis auditivas de Costco tienen un precio de quinientos dólares, una cuarta parte del costo del competidor de marca; es una opción especialmente atractiva para los *baby boomers* que se jubilan y que salieron perdiendo en la crisis financiera.

A finales de 2018, cvs, una gigantesca cadena de farmacias, adquirió la aseguradora de salud Aetna por 69 000 millones de dólares. cvs planea convertir sus diez mil farmacias en un destino de atención médica, que ofrezca una gama de servicios médicos asequibles a las comunidades locales, en todo Estados Unidos.

En México, Oxxo sigue el mismo camino ofreciendo a sus clientes, además de sus productos minoristas, depósitos en cuentas bancarias, pagos con tarjeta y depósitos en cuentas de teléfonos móviles.

Capítulo 2

PRIMER PRINCIPIO:
COMPROMETERSE E ITERAR

> Un cliente es el visitante más importante de nuestras
> instalaciones. No depende de nosotros. Nosotros
> dependemos de él. No es una interrupción en
> nuestro trabajo. Es el objetivo de este. No es un
> extraño en nuestro negocio. Forma parte de él. No le
> hacemos un favor sirviéndole. Él nos hace un favor
> dándonos la oportunidad de hacerlo.
>
> MAHATMA GANDHI,
> en un discurso de 1890 en Sudáfrica

En 1983, Scott Cook, quien había trabajado en marketing en la multinacional de productos de consumo Procter & Gamble, co-fundó Intuit, una *start-up* que pretendía sustituir la contabilidad personal de papel y lápiz por aplicaciones informáticas que pudieran ejecutarse en computadoras personales. Cook se animó a lanzar las aplicaciones después de oír a su mujer quejarse de lo engorroso que resultaba controlar y liquidar las facturas domésticas. Pero no se puso inmediatamente a buscar una solución.

En lugar de eso, primero investigó los retos a los que otros se enfrentaban con sus finanzas. La cuñada de Cook le ayudó a realizar cientos de encuestas telefónicas. Estos conocimientos de los clientes le permitieron diseñar el primer producto de Intuit, Quicken, un programa de finanzas personales asequible, fácil de usar y basado en ordenador, que se lanzó en 1984.

En aquel momento, ya existían en el mercado 46 programas rivales, pero todos eran complejos de utilizar. Cook decidió no competir en características tecnológicas, sino centrarse en la facilidad de uso. En muchos sentidos, el principal rival de Quicken era el lápiz. En lugar de crear y satisfacer nuevas necesidades, Cook quería abordar la necesidad existente y bien definida de reducir las molestias de la contabilidad. Quería ofrecer una solución sencilla cuyo valor residiera en ahorrar un tiempo precioso haciendo las cosas rápidamente (de ahí el nombre del producto). Quicken se diseñó con una interfaz familiar, al estilo de un talonario de cheques, y sus funciones intuitivas resultaban fáciles incluso para los usuarios de computadora novatos. Para demostrarlo, Cook reclutó a la Junior League de Palo Alto como los usuarios beta de Intuit. Gracias a su precio asequible, Quicken se convirtió en un éxito de ventas arrollador: a los dos años de su lanzamiento había pasado del puesto 47 al primero en el mercado de software de finanzas personales.

Pero Cook no se detuvo ahí. Sabía que las necesidades de los clientes nunca son estáticas y que sus productos debían seguir evolucionando para ser relevantes. Así que se le ocurrió una idea ingeniosa para hacer un seguimiento de los requisitos cambiantes e identificar las necesidades insatisfechas. Empezó a visitar las tiendas de artículos de oficina Staples [donde entonces se vendía Quicken] y se ofreció a acompañar a los clientes a casa para observar cómo utilizaban el software realmente. El objetivo de esta estrategia de "Sígueme a casa" era identificar los retos a los que se enfrentaban los clientes al instalarlo y utilizarlo, y encontrar formas de mejorar su experiencia.

En 2021, Intuit tenía unos ingresos anuales de 96 000 millones de dólares y su capitalización bursátil superaba los 160 000 millones de dólares. Bajo el liderazgo de Brad Smith, quien ocupó el cargo de director general desde 2008 hasta finales de 2018, la empresa aceleró sus esfuerzos de innovación y la calificaron como una *start-up* de 35 años.[1] La empresa todavía utiliza esa estrategia: cada empleado cubre diez mil horas al año de "Sígueme a casa", para desarrollar y mejorar sus productos. Mientras era director general, el propio Smith realizaba entre sesenta y cien horas al año. Smith explica: "Lo que obtienes de un 'Sígueme a casa' no lo puedes obtener de una secuencia de datos. Tienes que mirar a alguien a los ojos y sentir la emoción".

Casi cuarenta años después, esta innovación, impulsada por sus clientes, sigue siendo la forma en la que Intuit descubre problemas importantes y sin resolver. De hecho, la empresa reúne a sus empleados en torno al mantra: "Enamórate del problema, no de la solución". Brad Smith lo explica así: "Si nunca pierdes de vista el problema del cliente, la forma de atacar la solución puede ser más flexible e iterativa y, en última instancia, tener más probabilidades de éxito".[2]

La empresa también ha sido pionera en un método llamado *diseño para deleitar* (Design for Delight, D4D), para crear mejores formas de ofrecer lo que es más importante para los clientes. Scott Cook afirma: "El D4D es nuestra arma secreta número uno en Intuit. No existe la número dos". D4D engloba una profunda empatía con el cliente, una amplia gama de ideas antes de reducirlas, y una rápida iteración con los clientes actuales o potenciales.

Estas interacciones con los clientes pueden ser experiencias de humildad. A veces es desmoralizador descubrir, por ejemplo, que el producto al que has dedicado más tiempo en desarrollar deja fríos a los clientes o que las características de las que tu equipo de I+D se siente más orgulloso tienen poco valor para los usuarios. Pero estas interacciones también pueden ser enriquecedoras. Identificar los verdaderos retos de los clientes y luego desarrollar las soluciones adecuadas puede ser inspirador y motivador. La fórmula del éxito de Intuit, según Cook, que sigue activo en la empresa y preside el Comité Ejecutivo, es: "Tanto la parte de ingeniería como la de negocio infundieron los mismos principios en el desarrollo de productos. Cuando diseñamos y fabricamos productos, empezamos por el cliente y nos centramos en él".[3]

Cook es un innovador frugal. En concreto, es frugal en su enfoque. En lugar de dispersar sus energías (y los limitados recursos de su joven empresa) en resolver muchos grandes problemas, canalizó todos sus esfuerzos en resolver un único problema bien definido: hacer menos tediosas las finanzas personales. Consiguió ese enfoque quirúrgico no sentándose en un laboratorio aislado de I+D, sino relacionándose con clientes reales, en su entorno natural, para identificar sus necesidades reales. También perfeccionó ese enfoque iterando continuamente el diseño de su software para adaptarlo a las cambiantes necesidades de sus clientes. Como dice el gurú de la gestión Tom Peters: "Las empresas excelentes no creen en la excelencia, sino en la mejora y el cambio constantes".[4] Intuit ha llegado a ser excelente, porque su modelo de innovación no se basa en imponer nuevas tecnologías a los clientes, sino en partir de la información de los clientes y buscar formas de resolver sus problemas reales. Este es el *principio de participación e iteración* (Engage and Iterate, E&I).

E&I es el primero y quizá el más fundamental de los seis principios de la *innovación frugal*. Esto se debe principalmente a que su objetivo es aportar mayor valor a los clientes, así que lo hace de forma iterativa y en continua evolución. En el mundo pospandémico, las organizaciones se enfrentarán a presiones aún mayores para innovar, con el fin de adaptar sus productos o procesos a un contexto cambiante y, al hacerlo, impulsar el crecimiento y el empleo. Ya sabemos que innovar de forma frugal es fundamental para las organizaciones en tiempos de crisis. Por ejemplo, un estudio realizado por McKinsey reveló que las organizaciones que innovaron durante la crisis de 2008-2009 obtuvieron, al cabo de tres años, ingresos 30% mayores a los de las empresas que no lo hicieron. En aquella crisis, las empresas innovadoras encontraron tendencias, necesidades y cambios nuevos en los mercados, que podían resolver con productos o servicios innovadores, pero frugales.

Como se argumenta en este capítulo, no hay excusa para que las organizaciones no encuentren oportunidades de innovar, y no hay mejor forma de crear valor que centrándose en los clientes. Este capítulo también muestra cómo las empresas pueden desaprender las prácticas de I+D aisladas y costosas, que se han basado en ciclos de desarrollo largos y lineales, con poca participación del cliente o, en el mejor de los casos, con una participación muy limitada. En concreto, muestra cómo las empresas pueden hacer frugal su proceso de innovación con actividades de I+D más centradas en el mercado, rentables y ágiles, ahorrando valioso tiempo en el proceso. También se analizan nuevas técnicas para mantener la participación de los clientes en todas las fases del ciclo de vida del producto o servicio. En resumen, pasar del "empuje tecnológico" al "tirón del mercado" dinámico puede ayudar a las empresas a innovar más rápido, mejor y más barato. En países latinoamericanos, como México, esta filosofía tiene sentido, porque el mercado está lleno de necesidades insatisfechas que esperan ser resueltas por organizaciones y emprendedores frugales.

Un modelo de I+D rígido y costoso

Durante el siglo XX, grandes empresas como General Motors (GM), General Electric (GE) y AT&T invirtieron enormes sumas en laboratorios de I+D que pretendían industrializar el proceso de innovación. Estos laboratorios contrataron a miles de ingenieros y científicos encargados de ampliar los límites tecnológicos para inventar "el próximo gran avance". El dominio del sector por parte de estas empresas les permitió imponer sus nuevos productos y servicios a clientes relativamente pasivos. Empleaban grandes fuerzas de ventas y gastaban mucho en marketing masivo, especialmente en televisión y prensa, para estimular la demanda. Aunque este modelo tuvo éxito durante décadas, su vida útil está llegando a su fin. El modelo de I+D industrial, basado en la ciencia y el impulso tecnológico, se adapta cada vez peor a la vertiginosa economía digital del siglo XXI. En un mundo de crecientes restricciones financieras, escasez de recursos y aumento de la competencia, en el que participan clientes muy empoderados, conscientes de los costos y del medio ambiente, hay varias razones por las que el modelo de I+D industrial está perdiendo su eficacia.

Alta inversión por poco valor

Según Strategy& —la rama de consultoría estratégica global de PwC—, las mil empresas que más gastan en I+D en el mundo invirtieron en esto una cifra récord en 2018: 782 000 millones de dólares, lo que supuso un 11.4% más de lo que gastaron en 2017.[5] Aunque el 90% se produce en los mercados más tecnológicamente avanzados del mundo, como Norteamérica, Europa y Japón, muchas empresas occidentales luchan por generar innovaciones con éxito comercial. En el sector de los productos de consumo, por ejemplo, el 80% de los nuevos lanzamientos fracasan. En la industria mundial de las ciencias biológicas, el costo de desarrollo de un nuevo medicamento aumentó un 18% en los últimos años, hasta los 1 300 millones de dólares. Como consecuencia, las empresas biofarmacéuticas mundiales aumentaron el gasto de I+D un 4%, hasta 184 000 millones de dólares en 2020. Y, sin embargo, según la consultora de gestión Oliver Wyman, el valor generado por las inversiones farmacéuticas en I+D ha caído más de un 70% en los últimos años. Uno de sus informes muestra que la industria solo generó 75 millones de dólares en ventas al quinto año, por cada mil millones que gastó en I+D.[6] Y el rendimiento de la inversión en I+D ha seguido cayendo. Esto se debe, entre otras cosas, a un mayor número de fracasos en las últimas fases de los ensayos, que han costado 243 000 millones de dólares a las 12 principales empresas de ciencias biológicas, y a un mayor número de fármacos "yo también", que no logran destacar en un mercado supercompetitivo. En palabras de Jerry Cacciotti —coautor del influyente informe de Oliver Wyman y actual socio del departamento de salud de A. T. Kearney—: "La mayoría [de las empresas farmacéuticas] han mantenido niveles sólidos de ingresos netos. Pero en la actividad que más cuenta, la comercialización de nuevos medicamentos valiosos, la industria está en peor forma de lo que se ha reconocido públicamente".[7] A pesar de todos sus esfuerzos, las empresas farmacéuticas han sido incapaces de subvertir esta alarmante tendencia.

I+D lenta e inflexible

Los proyectos de I+D de gran costo en industrias que utilizan muchos activos —como la farmacéutica, la de semiconductores, la aeroespacial y la automovilística— tienen ciclos de desarrollo largos. Pueden tardar hasta 15 años en desarrollar un nuevo medicamento; más de cinco años en diseñar y construir un nuevo avión, o tres años, en promedio, en concebir y lanzar un automóvil. Esto se debe a procesos de I+D lineales y secuenciales, que no colaboran entre las funciones empresariales. Por desgracia, cuanto más tarda una empresa en desarrollar un nuevo producto, más dinero desperdicia. Peor aún, un retraso en el lanzamiento puede significar perder una oportunidad de mercado demasiado breve. Además, los procesos inflexibles son incapaces de adaptarse a las cambiantes necesidades de los clientes, lo que socava aún más el valor de un nuevo producto. Por ejemplo, el CEO de un gran conglomerado industrial europeo señaló cómo su empresa perdió un contrato gubernamental para construir sistemas de transporte público, porque sus ingenieros de I+D tardaron demasiado en desarrollar una solución. Como llevaban varios meses de retraso y cientos de millones por encima del presupuesto, el gobierno canceló el acuerdo. Empresas internacionales, con operaciones en México y Latinoamérica, suelen tardar más de un año en desarrollar nuevas soluciones. Esto se debe a la burocracia interna, y a la falta de agilidad y mentalidad frugal. Según colaboradores del departamento de innovación de empresas que hemos entrevistado, esta situación ha provocado, en muchas ocasiones, la pérdida de excelentes oportunidades de negocio.

Premiar la cantidad de innovación
por encima de la calidad

Referente al sector farmacéutico, Cacciotti comenta: "Ahora que la industria ha entrado claramente en una era diferente (de austeridad y atención basada en el valor), la I+D necesita una nueva mentalidad para el desarrollo de fármacos". Su opinión se aplica a la mayoría de las industrias de Estados Unidos, Europa y Japón. Las empresas deben replantearse cómo perciben, miden y valoran la innovación.

Hoy en día, las funciones de I+D suelen medirse y recompensarse por la cantidad de sus aportaciones (es decir, su gasto) y resultados (número de patentes y nuevas características de los productos), en lugar de por la calidad de estas aportaciones (conocimiento del cliente) y resultados (valor para el cliente). Sin embargo, el éxito de una empresa no depende de cuánto gaste en I+D, sino de lo bien que utilice sus inversiones en este campo. Como dice Barry Jaruzelski, socio principal de Strategy&: "Cuando se trata de innovación, es mucho más importante *cómo* se gasta que cuánto se gasta".[8]

Productos complejos, caros y poco respetuosos
con el medio ambiente

Los ingenieros de I+D del mundo desarrollado están capacitados para asociar complejidad con calidad. Tratan de superar los límites científicos y tecnológicos diseñando productos sofisticados, con características y funciones complejas que los clientes realmente no necesitan. Por ejemplo, la mayoría de la gente solo utiliza el 10% de las funciones de aplicaciones de productividad ricas en ellas, como Microsoft Word, y el 90% de los clientes solo utiliza entre el 10 y el 15% de las funciones de los dispositivos de redes informáticas. Esta complejidad resulta cara, tanto para las empresas como para sus clientes, porque más del 70% de los costos totales del ciclo de vida de un producto se derivan de las decisiones de diseño de I+D. Cuanto más complejo es su diseño, más costoso resulta fabricar, vender y mantener un producto. Esto, a su vez, hace que el producto sea más caro de comprar, usar y mantener para el cliente. Además, los productos se diseñan con obsolescencia programada, lo que obliga a los clientes a actualizarlos continuamente, una propuesta cara —en el mejor de los casos—. Los teléfonos móviles, por ejemplo, están diseñados para que sean difíciles de desmontar. Esta complejidad y la obsolescencia programada suponen un costo para los clientes; además, aumentan los residuos en el medio ambiente. Atiborrar los coches con más microchips, por ejemplo, los hace más pesados y menos eficientes en el consumo de combustible. Los consumidores estadounidenses suelen sustituir sus teléfonos móviles cada dos años, lo que puede alegrar a Apple y a los operadores de telefonía móvil, pero 125 millones de teléfonos obsoletos acaban cada año en los vertederos.

Alienar a los clientes

Si preguntamos a los directores generales de las empresas norteamericanas, europeas o japonesas si sus compañías se involucran con sus clientes, la mayoría responderá rotundamente con un "sí" y señalará las enormes sumas que gastan en campañas de marketing y redes sociales. Y, sin embargo, los clientes rara vez se sienten involucrados con estas empresas o sus productos. Según una encuesta realizada por la empresa de análisis de redes sociales Netbase, el 93% de los clientes considera que los anuncios de marketing (en todos los canales de comunicación) son engañosos. También creen que, lejos de involucrarse con los clientes y tratar de comprender realmente sus necesidades, las empresas se limitan a imponerles productos. Asimismo, más del 80% de los clientes dice que es más probable que compre productos y servicios de marcas que lo escuchan activamente y diseñan productos teniendo en cuenta su opinión; el 32% no tiene ni idea de si las marcas lo están escuchando.

Siendo justos, las compañías de empresa-a-consumidor (B2C), de las economías avanzadas, encomiendan estudios de mercado y grupos de discusión, en un intento de identificar las necesidades del mercado. Por desgracia, estas herramientas tradicionales suelen ser ineficaces. Un informe de Forrester Research, empresa líder en investigación tecnológica, señalaba que son "demasiado sesgados, caros, lentos, imprecisos y, a menudo, están mal orientados". Por ejemplo, los estudios de mercado que preguntan a los clientes por su interés en nuevos productos pueden obtener respuestas poco útiles, ya que las preguntas se formulan fuera de contexto y no toman en cuenta dónde o cómo se comprarán y utilizarán esos productos. Por ejemplo, basándose en estudios de mercado iniciales, Kimberly-Clark, la empresa estadounidense de cuidado personal, invirtió cien millones de dólares en desarrollar las toallitas húmedas en rollo Cottonelle Fresh Rollwipes. Sin embargo, el producto fracasó en su lanzamiento porque los clientes consideraron que las toallitas eran poco prácticas.

La prueba de concepto es otra técnica cara y engañosa, ya que pide a los clientes que validen una idea de producto existente, en lugar de descubrir necesidades no cubiertas para un producto potencial. Como dice Arun Prabhu, director global de marcas de Arla Foods, una de las principales empresas lácteas del mundo:

> Las pruebas de concepto son una pérdida de tiempo y dinero. ¿Por qué pedimos a los consumidores que decidan sobre el producto por nosotros? ¿No tiene usted, como responsable de marketing, la experiencia necesaria para tomar esa decisión por sí mismo? No debería buscar la aprobación de los clientes para que le digan lo inteligente que es. En lugar de eso, debería intentar ponerse en sus zapatos para identificar sus necesidades reales y utilizar esa información para crear nuevas soluciones con ellos.

En el sector empresa-a-empresa (B2B), para identificar nuevas necesidades del mercado, las compañías no suelen recurrir a grupos de discusión, sino a sus departamentos de ventas y atención al cliente. Sin embargo, el personal de estos departamentos no recibe formación ni se le anima a "extraer" nuevas necesidades de los clientes, sino a utilizar cada interacción con ellos para "imponerles" más productos o servicios. Y cuando obtienen información crucial de los clientes, a menudo no llega al equipo de I+D, de forma oportuna y viable, debido a la desconectada naturaleza de los departamentos de las grandes empresas. O, incluso cuando esa información está disponible, el equipo de I+D puede no confiar en ella ni valorarla porque procede del campo, o porque el equipo carece de los incentivos o herramientas para actuar rápidamente sobre la información, por ejemplo, rediseñando con rapidez un producto existente.

En resumen, no extraña que el modelo industrial de I+D, que sostuvo el crecimiento de las empresas durante el siglo xx, trasladando a los clientes innovaciones tecnológicas cada vez más complejas y costosas, esté empezando a desmoronarse en el siglo xxi. El crecimiento de las nuevas fuerzas del mercado —incluidos los consumidores conscientes de los costos y de la ecología, los competidores ágiles y las tendencias pospandémicas— están revelando rápidamente las deficiencias del antiguo sistema. Cada vez resulta más costoso, exige bastantes recursos y, lo que es más importante, está demasiado desconectado de las realidades del mercado y de las necesidades de los clientes. Para diseñar y lanzar, de manera sistemática, soluciones asequibles y ecológicas, de valor para los clientes, a menor costo, las empresas deben reconstruir su motor de I+D para poder innovar más rápido, mejor y más barato. Lo que las empresas necesitan es un modelo de I+D rápido y centrado en el mercado.

Un modelo de I+D ágil y orientado al mercado

Como ya se ha señalado, el modelo industrial de I+D tiene, al menos, tres puntos débiles inherentes:

- Es ciego al mercado y excluye a los clientes del proceso de innovación.
- Se basa en procesos de desarrollo rígidos y lentos.
- Valora las soluciones perfectas por encima de la utilidad general.

Para superar estos puntos débiles y convertirse en el principal impulsor de la innovación frugal en las empresas, la función de I+D debe cultivar varias capacidades nuevas.

Involucrar a los clientes a lo largo
de todo el ciclo de vida del producto

En lugar de basarse en datos de mercado de segunda mano o en los resultados de los grupos de discusión de otros, los ingenieros y científicos deben involucrarse directamente con los clientes, en concreto, en sus entornos naturales, hogares, fábricas y oficinas, para descubrir necesidades nuevas o no cubiertas. Además de con los clientes actuales, los equipos de I+D deben interactuar con los usuarios de nuevos segmentos de mercado, integrándolos activamente en los procesos de diseño de nuevos productos y haciendo un seguimiento del uso que hacen de ellos después de comprarlos. Enfocarse en las necesidades del cliente permitirá a I+D sustituir su costoso y disperso enfoque del desarrollo de productos por una inversión más eficiente y enfocada en el usuario.

Como ejemplo, uno de nosotros realizó una investigación etnográfica con una consultora mexicana para comprender las dificultades que experimentan los dermatólogos cuando intentan diagnosticar el cáncer de piel en los pacientes. En lugar de basarse en datos secundarios, el equipo recopiló información mediante entrevistas y observaciones en hospitales de Monterrey. Esta rica información de primera mano, recopilada directamente de los usuarios, permitió al equipo conocer sus necesidades más importantes, lo que, a su vez, permitió diseñar soluciones adecuadas y eficaces. En concreto, encontraron una forma de utilizar la ia y las tecnologías relacionadas para ayudar a los médicos a detectar el cáncer de piel de una forma más fácil y barata. Lo que es más importante, el proceso que condujo a la solución fue, en sí mismo, rápido y barato.

Adaptarse rápidamente a los cambios inesperados

En el impredecible entorno empresarial actual, las exigencias de los clientes cambian constantemente y surgen nuevos competidores, aparentemente de la nada, al igual que nuevas tecnologías y oportunidades de mercado. Los equipos de I+D, con sus rígidos y lentos procesos de diseño y desarrollo, no están preparados para hacer frente a lo inesperado. Pero al adoptar técnicas dinámicas de gestión de carteras y procesos ágiles de diseño, pueden volver a priorizar proyectos o reasignar recursos con frecuencia; por tanto, pueden anticiparse y responder mejor a los cambios del mercado. Este enfoque nuevo y ágil de innovación e improvisación ayudará a las empresas a mejorar constantemente las soluciones que ya existen, así como a desarrollar otras nuevas.

En México, la *start-up* de gafas Ben & Frank cambió su estrategia y pasó de vender gafas únicamente a través del comercio electrónico a abrir boutiques oftalmológicas donde los consumidores pueden probarse sus productos y decidir sus compras finales, entregándoselas a través de servicios digitales. Este cambio se produjo gracias al uso de procesos ágiles, para probar rápidamente distintas estrategias y realizar adaptaciones en función de los resultados. Incluso los precios sufrieron varios cambios para adaptarse rápidamente a las necesidades y expectativas de los consumidores.

Buscar soluciones más baratas
y suficientemente buenas

Con demasiada frecuencia, los equipos de I+D reinventan la rueda y acaban creando productos de ingeniería excesiva (con un gran costo para la empresa) que son demasiado complejos para los clientes. Sin embargo, a los clientes les impresionan más los productos que resuelven sus problemas que las meras proezas tecnológicas. La I+D debe guiarse, en primer lugar, por el conocimiento del cliente y producir ofertas fáciles de usar, que sean lo suficientemente buenas, sin necesidad de ornamentos, en especial si tienen un precio más bajo. Además, un enfoque suficientemente bueno también será más sencillo y barato para las empresas, sin mencionar su reducido impacto medioambiental.

No es una transición fácil. Las empresas tendrán que reorganizar todo su proceso de innovación, tanto en la fase inicial, donde se identifican las oportunidades de mercado y se conciben, financian y prueban los productos, como en la fase final, donde se desarrollan las ideas prometedoras y se prueban en el mercado. Según un estudio de Strategy&, las empresas desarrolladas, que más gastan en I+D, tienden a invertir poco en la fase inicial (a menudo considerada un arte difuso) y a dedicar demasiado tiempo, esfuerzo y dinero a la fase final, más estructurada y medible, del proceso de innovación. Como resultado, las grandes empresas se han vuelto muy eficientes a la hora de ejecutar las ideas equivocadas más rápido, de una mejor manera y más barato, y lanzar productos que los clientes no quieren ni necesitan. Las empresas deben reconocer primero la naturaleza estratégica de la fase inicial de su proceso de innovación. Las decisiones tomadas en esta fase pueden influir enormemente en el costo global, así como en la velocidad de desarrollo y comercialización de nuevos productos, a lo largo de su ciclo de vida. Esta parte del proceso también puede gestionarse metódicamente y los clientes pueden participar en ella de forma sistemática.

Tomemos el caso de Unilever México. Buscando inspiración para soluciones que reduzcan el plástico y contribuyan a los esfuerzos más amplios para crear un México libre de residuos, se les ocurrió la idea de las estaciones de recarga para Sedal, una de sus marcas de champú. Según la empresa, en lugar de pasar meses ideando la solución perfecta, diseñaron un prototipo suficientemente bueno, que probaron en diez tiendas Walmart de Ciudad de México. El prototipo permitía a los consumidores llenar botellas de aluminio reutilizables con champú Sedal, en lugar de comprar el producto en las habituales botellas de plástico.[9] Gracias a este prototipo, suficientemente bueno y barato, y a la rapidez de las pruebas, la empresa introdujo varios cambios, hasta dar con una solución que resultó popular entre los consumidores mexicanos.

Involucrar a los clientes desde el principio

Si los clientes participan activamente en la fase inicial de la innovación, es probable que obtengan productos que ellos prefieran, lo que aumentará su fidelidad y reducirá la duración del ciclo de producción y los residuos. Sin embargo, un estudio de Strategy& calcula que solo el 8% de los presupuestos de I+D de las grandes empresas se invierte en herramientas digitales que, entre otras cosas, hacen un seguimiento de las necesidades cambiantes de los clientes y ayudan a las empresas a trabajar con ellos para crear soluciones conjuntas.[10] Es una forma obvia de mejorar el rendimiento de la innovación en la fase inicial y, gracias a la caída de costos tecnológicos, ahora existen herramientas y técnicas digitales asequibles para mejorar la profundidad y amplitud de interacción con el cliente.

Utilizar el crowdsourcing *y las redes sociales*

El *crowdsourcing* es una técnica rentable para reunir las ideas de los clientes y determinar sus necesidades específicas y explícitas. Por ejemplo, el sitio en línea Soapbox, con sede en Toronto, ofrece a las empresas una plataforma para que los particulares hablen de sus ideas y evalúen las reacciones iniciales del público, a través de su sistema de votación con el pulgar hacia arriba o hacia abajo. Las ideas que obtienen suficiente apoyo se empaquetan con datos de apoyo y se envían a los directivos pertinentes, quienes, a su vez, comunican su opinión sobre su potencial a los ejecutivos responsables de llevarlas adelante. La multinacional Cisco, diseñadora y fabricante de equipos de redes, ha utilizado Soapbox en su proyecto Smart + Connected Communities para identificar los problemas más frecuentes de los ciudadanos y ayudar a los líderes municipales a comprender y responder a las necesidades más urgentes de sus votantes. Por su parte, la empresa farmacéutica GSK Canada ha utilizado Soapbox para apoyar una iniciativa interna de generación de ideas para mejorar la atención sanitaria. La herramienta también ha proporcionado a los empleados una forma de expresar sus preocupaciones a la alta dirección.

Las redes sociales, en las que los clientes revelan y comparten sus preferencias, también pueden aportar una gran cantidad de información sobre el mercado. Por ejemplo, Smartscan, de FGI Research, utiliza la minería de redes sociales para ayudar a las empresas a comprender mejor a sus consumidores. Smartscan recopila contenidos generados por los usuarios en noticias, blogs y redes sociales como Facebook, Twitter y YouTube, y los utiliza para "detectar necesidades insatisfechas, problemas desconocidos hasta ahora y áreas que requieren una investigación más profunda", así como para "descubrir reacciones a productos, precios, campañas de marketing o decisiones empresariales recién lanzados".

Utilizar técnicas de inmersión
para identificar necesidades latentes

En muchos casos, los clientes pueden no ser conscientes de lo que quieren o ser incapaces de articular sus necesidades. Las empresas pueden estudiar a los clientes en su entorno natural para desenterrar estas necesidades latentes. Por ejemplo, investigación etnográfica permite a los equipos de I+D identificar los *puntos débiles* de los clientes y diseñar las soluciones más adecuadas para cada situación.

En Japón, Tomihiro Yamazaki y Daisuke Kawai, dos ingenieros de I+D de Fujitsu, siguieron este camino y se ensuciaron las manos (y los pies) trabajando estrechamente con los agricultores de mandarinas de Sawa Orchards, en Wakayama. Pasaron días en el campo, compartiendo tareas con ellos. Su objetivo era encontrar formas de aumentar el rendimiento de las mandarinas. La mano de obra agrícola japonesa está envejeciendo (actualmente tiene una media de 75 años), así que Fujitsu decidió investigar si las tecnologías como los teléfonos móviles y los sensores inalámbricos podían aumentar la productividad o el rendimiento, y captar los conocimientos tácitos de los agricultores sobre las prácticas agrícolas, con el fin de transmitirlos a las generaciones futuras.[11] Las cosas comenzaron mal para los dos ingenieros. Realizaban un trabajo manual agotador y eran incapaces de entender los términos técnicos utilizados por los agricultores. Sin embargo, al cabo de varias semanas, empezaron a empatizar con estos. Se dieron cuenta de que la tecnología existente era demasiado compleja e inadecuada para la vida real. Por ejemplo, los agricultores que llevaban guantes gruesos no podían manejar los *smartphones*; no podían ver la pantalla cuando hacía sol; y eran inútiles cuando llovía si no eran teléfonos resistentes al agua. Yamazaki recuerda: "Siempre estaba cansado cuando llegaba a casa, después de trabajar todo el día en la granja. Pensé que los agricultores odiarían tener que dedicar otros diez o veinte minutos a introducir datos cuando volvían a casa del trabajo". Además, los agricultores utilizaban indicadores que a menudo eran difíciles de cuantificar a la hora de realizar determinadas tareas. "Basan sus decisiones en cosas como la blandura del suelo o el color de las hojas", explica Yamazaki. Los agricultores dependían del papel para planificarlo todo, incluido cuándo y dónde plantar los cultivos y cuánta agua utilizar. Estas decisiones podían afectar directamente tanto la cantidad como el sabor de las mandarinas producidas.

Armados con estos conocimientos y su experiencia personal, Yamazaki y Kawai crearon un sistema de ayuda para la toma de decisiones, fácil de usar. Se basa en datos precisos, recogidos regularmente de múltiples fuentes, incluidos sensores de temperatura, de precipitaciones y de niveles de humedad del suelo en los huertos de Sawa. Los datos se comparan con los registros de observación del productor. A continuación, se aconseja a los agricultores cuánta agua deben utilizar y durante cuánto tiempo deben realizar determinadas tareas agrícolas. El sistema calcula el coste real de producir mandarinas, lo que a su vez ayuda a los agricultores a fijar el precio de su fruta con mayor precisión. También recoge la intuición y los conocimientos de los agricultores experimentados para compartirlos con las generaciones futuras. Con la misma mano de obra, los huertos de Sawa aumentaron considerablemente su producción y optimizaron el uso del agua en función de la estación. Y lo que es más importante, las mandarinas sabían mejor. Yamazaki y Kawai se convencieron de que solo sumergiéndose en el entorno eran capaces de apreciar plenamente los problemas y, junto con los agricultores, desarrollar una solución fácil de utilizar.

Por supuesto, los equipos de I+D no siempre tienen que someterse a jornadas de 14 horas de trabajo agotador para sentir el dolor de sus compradores. A veces, las nuevas herramientas y tecnologías les permiten experimentar a distancia los retos de sus clientes. Por ejemplo, el Grupo de Diseño Inclusivo de la Universidad de Cambridge ha desarrollado herramientas extraordinarias con este fin, como gafas que reproducen la visión de los discapacitados visuales; o guantes pesados que imitan las dificultades que experimentan las personas artríticas al manejar herramientas cotidianas, como abrelatas.

Compartir prototipos con los usuarios finales

En lugar de desarrollar productos con ingeniería excesiva en sus torres de marfil, ahora los equipos de I+D pueden diseñar con rapidez prototipos lo suficientemente buenos como para compartirlos con los clientes, y luego adaptarlos en función de los primeros comentarios de estos. Las nuevas herramientas digitales permiten crear prototipos interactivos en línea, lo que aumenta el alcance, pero reduce el costo y el tiempo de los esfuerzos de participación. Por ejemplo, Affinnova, una empresa de estudios de mercado en línea, utiliza una plataforma tecnológica, basada en algoritmos de optimización y análisis predictivos, para ayudar a las empresas a optimizar sus diseños a partir de las opiniones y validaciones de los clientes en línea. En concreto, el Iddea (Interactive Discovery & Design by Evolutionary Algorithms) de la empresa es un método cuantitativo que genera y presenta una serie de opciones de diseño a los clientes. Estos indican sus preferencias, las cuales se utilizan para generar nuevos diseños mediante un programa informático que explota una técnica computacional genética o evolutiva. El proceso puede repetirse rápidamente durante tantos ciclos como sea necesario. Marcas tan conocidas como Procter &

Gamble, Nestlé y Unilever utilizan estas herramientas digitales de Affinova. Nielsen adquirió esta empresa y ahora ofrece a sus clientes globales su software de pruebas de concepto y proyección como parte del servicio *Innovation Practice*.

No todas las categorías de productos se prestan al debate en línea. A menudo, una interacción de alta calidad con el cliente debe producirse en el mundo físico. Los laboratorios de inmersión de clientes —como el laboratorio de demostraciones a clientes de Caterpillar, fabricante estadounidense de equipos de construcción y minería— invitan a estos a jugar con nuevos prototipos o modelos, y a dar su opinión al instante, directamente a los equipos de I+D. A diferencia de las pruebas conceptuales, que exigen que las personas expliquen a los investigadores de forma detallada lo que necesitan y quieren, los laboratorios de inmersión permiten a los investigadores observar a los clientes mientras juegan con los prototipos, e inferir lo que hay que hacer para mejorar el diseño del producto y la experiencia del usuario.

Aprovechar el análisis de big data

Los productos industriales y de consumo de todo tipo están cada vez más conectados a internet. Los teléfonos móviles y el internet de las cosas (identificadores de distintos objetos físicos) permiten a los investigadores recopilar grandes cantidades de datos detallados para predecir las necesidades de los clientes y responder con soluciones a la medida. Este enfoque, denominado análisis predictivo, tiene especial potencia en contextos industriales. Signify (antes conocida como Philips Lighting), que fabrica sistemas de iluminación comercial para grandes instalaciones, es un buen ejemplo de sus capacidades. La empresa (con permiso del cliente) instala, en cada luminaria, interruptores con sensores y detectores de movimiento que recopilan datos, como las horas utilizadas y los niveles de atenuación, que envían a un sistema de información basado en la nube. Estos datos permitirán que las lámparas led, conectadas de forma inalámbrica, detecten cuánta luz entra del exterior y cuánta actividad hay en la habitación, y ajusten su brillo de forma proactiva. Y lo que es mejor, Signify imagina una "iluminación inteligente centrada en el ser humano", en la que las lámparas led repercutirán de manera positiva en su bienestar ofreciéndole un ajuste óptimo de la luz en función de si usted desea leer un libro, concentrarse en la pantalla de su computadora portátil, relajarse o sentirse con energía. La India está a punto de convertirse en el mayor mercado mundial de "iluminación limpia" y ya produce más de mil millones de lámparas led. La empresa Elcoma (Electric Lamp and Component Manufacturers) estima que las soluciones de iluminación inteligentes y conectadas, apoyadas en el análisis de *big data*, pueden ayudar a la India a reducir el porcentaje de iluminación en su consumo total de energía, del 18 a menos del 13%.[12]

El análisis predictivo también puede ayudar a las empresas de servicios a anticipar y mitigar riesgos. Por ejemplo, Aetna, una de las principales aseguradoras de salud del mundo, y Newtopia, un proveedor de asesoramiento médico personalizado, han puesto a prueba un sistema que utiliza el perfil genético único de una persona para evaluar sus riesgos de salud, como el síndrome metabólico, que puede desembocar en diabetes, derrames o cardiopatías coronarias. A partir de esta evaluación, se ofrece asesoría personalizada para reducir los factores de riesgo. Del mismo modo, los operadores de redes móviles utilizan la herramienta de análisis predictivo de Alteryx para identificar a los clientes de alto valor con alto riesgo de abandono, y tomar medidas de marketing proactivas para satisfacer sus necesidades insatisfechas y retenerlos. Otro ejemplo es la *start-up* mexicana Alephri. Esta empresa utilizó la analítica para prevenir los riesgos de seguridad derivados de la delincuencia, una cuestión de gran importancia para empresas y gobiernos. Alephri identificó las "zonas calientes" de la delincuencia y diseñó rutas logísticas más seguras. El resultado fue una disminución sustancial de los costos derivados de robos y asaltos.

En resumen, las empresas disponen de numerosas formas de involucrar a los clientes en el proceso de I+D para identificar las necesidades del mercado, de manera sistemática. Sin embargo, aunque es crucial hacerlo desde el principio, esto no basta por sí solo para garantizar que las empresas puedan aportar soluciones más rápidas, baratas y mejores. Para ello, las empresas también deben renovar la fase final, o de ejecución, de sus procesos de innovación.

Innovación en la fase final: mejorar la agilidad de ejecución

Como en un convoy, el *front-end* (fase inicial) y el *back-end* (fase final) de la innovación deben avanzar a un ritmo similar. Por desgracia, el *back-end* de la innovación en las empresas no suele seguir el ritmo, y la I+D necesita herramientas que le ayuden en su camino. En concreto, la I+D debe pasar de la búsqueda de la eficiencia a la búsqueda de una mayor flexibilidad. Las empresas pueden lograr una mayor agilidad en el *back-end* de varias maneras.

Utilizar herramientas dinámicas de gestión de carteras

Dados sus limitados recursos, los equipos de I+D pueden beneficiarse del uso de herramientas de gestión de carteras para identificar y priorizar las ideas de productos que merezcan más atención y financiación en distintos momentos. A medida que cambian los mercados, es necesario gestionar continuamente la cartera de proyectos de I+D, asignando los recursos en función de qué proyectos son más relevantes para los clientes en cada momento. Esto se aplica incluso a las industrias de base científica, como la química y la farmacéutica. Dupont, empresa química estadounidense, llevó este proceso de validación del mercado un paso más allá. Como parte de su proceso de innovación impulsada por el mercado, sus proyectos de investigación científica a largo plazo eran revisados periódicamente por los responsables de las unidades de negocio; estos modificaban las prioridades de las aplicaciones potenciales y alteraban el alcance del proyecto para reflejar las nuevas realidades del mercado. El 31 de agosto de 2017, Dupont se fusionó con Dow Chemical, formando una nueva entidad, Dowdupont. En mayo de 2018, el director general de Dowdupont, Ed Breen, anunció su plan de acabar con los *moonshots* (costosos proyectos de I+D con resultados poco claros) y centrarse en proyectos de innovación científica más pequeños y bien definidos, que no cuesten más de 30 millones de dólares y sean menos arriesgados.

Otro ejemplo es Coppel, un banco y minorista mexicano. Ya en 2013 Agustín Coppel (CEO) decidió crear una unidad de innovación para "abordar algunas oportunidades y amenazas que Coppel podría enfrentar en el corto, mediano y largo plazo, con un fuerte enfoque en los consumidores, no en las tecnologías". La empresa, en lugar de limitarse a innovar, definió una cartera dinámica basada en siete retos que debían gestionarse en diferentes momentos. También dividieron la unidad de innovación en equipos a corto, medio y largo plazo.[13] Gracias a este enfoque, Coppel ha pasado de ser solo una empresa minorista, a ser uno de los bancos más importantes del mercado mexicano con seiscientos millones de pesos en ventas netas, en 2021, compitiendo directamente con Walmart.

Utilizar el diseño "justo a tiempo"

En lugar de aplicar ingeniería excesiva a los productos con funciones "por si acaso", las empresas deberían adoptar el diseño "justo a tiempo". Esto comienza con un producto suficientemente bueno, al cual se van añadiendo nuevas características en función de los comentarios de los clientes. Enfoques como la metodología de desarrollo ágil y la puesta en marcha esbelta, que enseñan a las empresas a fracasar rápido, pronto y barato, pueden permitir ese diseño justo a tiempo en grandes empresas con grandes equipos de I+D.[14]

Cuidado con las limitaciones de la cadena de suministro

Los retrasos y la escalada de costos en los proyectos de innovación suelen deberse a que los equipos de I+D diseñan los productos sin tener en cuenta las capacidades de la cadena de suministro. Como resultado, los nuevos productos se diseñan a menudo con componentes difíciles de encontrar, demasiado costosos o complejos de fabricar y mantener. Estas realidades de la cadena de suministro obligan a los equipos de I+D a volver a la mesa de trabajo para rediseñar el producto original. Pero si se utilizan herramientas de visibilidad de la cadena de suministro, que revelen los requisitos importantes de fabricación y mantenimiento, los equipos de I+D pueden diseñar productos que salgan al mercado más rápido, de mejor y más barata manera, y cuyo mantenimiento sea rentable. En última instancia, la mejora de los procesos de fase inicial y fase final debe fusionarse en un sistema único y bien integrado. Esto, a su vez, permitirá a un ágil equipo de I+D captar sistemáticamente a los clientes. Pero para que esto ocurra, las empresas también necesitan una estrategia empresarial centrada en el mercado y un modelo de negocio que pueda integrarse plenamente con las iniciativas de I+D. Las empresas no pueden transformar la I+D sin tener en cuenta al resto de la empresa, y aquí es donde los directores generales deben aplicar un cambio fundamental en todas las organizaciones.

Recomendaciones para directivos

Los directores generales y los altos directivos tienen un importante papel que desempeñar para que toda la empresa sea más ágil y esté más orientada al mercado. Los siguientes lineamientos pueden ayudarles.

Alinear la estrategia de I+D con la estrategia corporativa

La estrategia de I+D de una empresa refleja su estrategia corporativa, y los directores generales deben asegurarse de que ambas estén alineadas. Cuando Andrew Witty asumió el cargo de director general de Glaxosmithkline (GSK), lo primero que hizo fue desviar la atención de la obsesión de la industria por crear medicamentos de alta demanda. Instó a sus investigadores a buscar "muchos más fármacos potenciales, tanto pequeños como grandes", para dotar a la empresa de una cartera de productos más confiable. En segundo lugar, alejó a la empresa de su enfoque en los medicamentos de prescripción del mundo desarrollado y fomentó una fuente de ingresos más diversificada, en particular en los mercados emergentes, que hasta entonces se habían considerado más como una obra de caridad que como un negocio. En tercer lugar, exigió que la empresa trabajara más estrechamente con los clientes y las aseguradoras, preguntándoles por qué productos estarían dispuestos a pagar en el futuro.

Dividir los programas de I+D costosos

Una estrategia de I+D centrada no significa invertir en un único gran proyecto. De hecho, desde el punto de vista de la gestión del riesgo financiero, puede ser más prudente invertir en varios proyectos prometedores de menor alcance, que puedan reducirse con el tiempo, en lugar de concentrar toda la inversión en I+D de la empresa en unos pocos proyectos de gran alcance, con grandes beneficios, pero de alto riesgo. Por ejemplo, Witty intentó convertir los esfuerzos de GSK en materia de descubrimiento de fármacos en "una ágil flota de destructores, en lugar de dos o tres acorazados vulnerables", reduciendo la exposición de la empresa a "torpedos repentinos" como demandas judiciales y medidas reguladoras.

Salir del aislamiento
y reducir la burocracia

El antiguo modelo industrial de I+D se basa en la existencia de grandes equipos especializados que trabajan por separado: I+D, desarrollo empresarial, marketing y ventas son funciones diferentes, cada una con sus propios incentivos, cultura y valores. Esta configuración impide una innovación eficaz y ágil. Quizá la mejor manera de fomentar la integración multidisciinaria sea crear equipos más pequeños y conectados en red. Una vez más, GSK ofrece un ejemplo útil. Preocupado porque la cultura de I+D de la empresa se parecía a la de un Estado policial, Witty dirigió una transformación cultural para pasar de un enfoque excesivamente regimentado a una cultura más sencilla, que confía en que el personal haga lo correcto. Esta transformación se vio respaldada por la nueva estructura de I+D. En México, empresas como Roche, Coppel y la universidad Tecnológico de Monterrey, han empezado a crear equipos con más libertad y menos burocracia para explorar ideas o resolver problemas de forma más ágil y frugal. Uno de nosotros trabajó con el Grupo Infra (uno de los mayores conglomerados industriales de México) para ayudarles a darse cuenta de lo importante que es romper el aislamiento y reducir la burocracia para mejorar la innovación en las empresas. Mediante la creación de equipos ejecutivos con libertad y utilizando métodos ágiles, estos fueron capaces de llegar, en menos de un mes, a soluciones rentables para problemas que la empresa había experimentado durante al menos dos años. Al final de esta experiencia, los ejecutivos se dieron cuenta de lo poderoso que podía ser un enfoque de este tipo. Actualmente, las empresas están trabajando en un programa más amplio para romper el aislamiento y crear más equipos ágiles en toda su organización.

Integrar el diseño técnico y empresarial

Una forma específica de integración multidisciplinaria crucial para la innovación es la que se da entre el diseño técnico y el empresarial. Las invenciones de I+D, pioneras o no, que no estén respaldadas por modelos de negocio sólidos, tienen más probabilidades de ser rechazadas por los directivos que buscan el crecimiento. Para convertir a los altos directivos escépticos en patrocinadores, los equipos de I+D deben perfeccionar sus habilidades de desarrollo empresarial para cuantificar el valor de mercado de su invención y ofrecer una estrategia de orientación al mercado rentable. Por ejemplo, los equipos de I+D de empresas como Yahoo, Google y Microsoft cuentan con microeconomistas que les ayudan a diseñar modelos de negocio, estrategias de precios y alianzas para innovaciones disruptivas. Y con el auge de economías emergentes como India, China y México, las soluciones de I+D deben ajustarse para satisfacer las condiciones únicas del mercado y las necesidades de los clientes en las distintas regiones. Ningún modelo de negocio es inamovible. Cada modelo debe ajustarse continuamente en función de las cambiantes necesidades de los clientes y las condiciones del mercado.

Cambiar el sistema de incentivos

Del mismo modo que las *start-ups* optan por acciones para alinear el trabajo del personal de innovación a los resultados financieros de la empresa, las grandes empresas pueden vincular las bonificaciones del personal de innovación a los avances en el mercado, en lugar de limitarse a los descubrimientos científicos. Las empresas deben pensar en el tipo de resultados que quieren fomentar y, a continuación, diseñar los incentivos adecuados para ello. Por ejemplo, si las empresas quieren impulsar las ventas tempranas de un nuevo producto, podrían pensar en qué tipo de incentivos podrían lograr ese objetivo.

Crear nuevas tareas
y funciones para la captación de clientes

Una forma eficaz de cambiar comportamientos arraigados es crear nuevas funciones y cargos, centrados específicamente en la captación de clientes. Esto puede hacerse con el personal existente o con personal nuevo. Debe colocársele en puestos importantes dentro de I+D, donde puedan efectuar el cambio. Las empresas también pueden crear nuevos equipos multidisciplinarios, que ayuden a cambiar las prácticas existentes en I+D. Esto podría implicar la creación de equipos con conocimientos técnicos y de marketing para reducir las barreras tradicionales entre I+D, ventas y clientes.

Buscar inspiración en las start-ups

Del mismo modo que las grandes empresas pueden buscar en los mercados emergentes una manera de innovar de forma frugal, también pueden inspirarse en las *start-ups* de sus mercados nacionales. Beth Comstock, exvicepresidenta de GE, dirigió los esfuerzos de este conglomerado industrial para encontrar nuevas oportunidades de crecimiento mediante la transformación digital y la asociación con ágiles *start-ups*.[15] Bajo el liderazgo de Comstock, GE ha aprendido cuatro lecciones principales de las *start-ups*:

- Simplificar las cosas. Aunque GE pueda parecer complicada desde fuera, su enfoque preciso en su actividad principal, la tecnología, da a la empresa un sentido unificado de propósito.
- Trabajar rápido. GE se ha inspirado en el espíritu de las empresas emergentes para desarrollar.
- Fastworks. Un conjunto de herramientas y principios que ayudan a la empresa a hacer las cosas con mayor rapidez y eficacia (véase el capítulo 7).
- Encontrar soluciones a través de múltiples asociaciones y preguntar a la comunidad en general cuando la empresa carece de la experiencia necesaria.

En México, empresas como Bimbo (con su programa Bimbo Eleva) y Cemex (con sus Cemex Ventures) siguen el mismo camino: colaboran con *start-ups* para desarrollar productos o servicios innovadores de forma más rápida y barata.

Capítulo 3

SEGUNDO PRINCIPIO:
FLEXIBILIZAR SUS RECURSOS

> El superpetrolero de Nestlé no podía ser más rápido
> y grande. Así que la única manera era dividirlo
> en una flota muy ágil de barcos independientes,
> con una posterior cadena de suministro común.
> El reto es cómo gestionarlo sin perder la coherencia
> y la dirección estratégica.[1]
>
> PETER BRABECK-LETMATHE,
> presidente emérito de Nestlé

Volkswagen, uno de los mayores fabricantes de automóviles del mundo, está reequipando todas sus fábricas mediante un proceso denominado Modularer Querbaukasten (MQB), que puede traducirse al español como "conjunto de herramientas transversales modulares" o "matriz transversal modular". Este proceso exige técnicas de producción más estandarizadas para que las fábricas individuales puedan elaborar varios modelos utilizando la misma línea de montaje. En lugar de mantener unas pocas plantas grandes y centralizadas con demasiadas líneas de producción dedicadas (que añaden costos energéticos y logísticos), MQB permite operar múltiples plantas, más pequeñas, pero más ágiles, con capacidades de producción versátiles. Cuando esté totalmente implantado en sus fábricas de Estados Unidos, Europa y China, Volkswagen podrá elaborar cualquier vehículo que deseen los clientes locales, cerca de donde viven, más rápido, mejor y de forma más rentable. Así, la marca espera hacer honor a su nombre, el "auto del pueblo", ofreciendo lo que la gente quiere, de manera asequible. Nissan, Toyota y otros están siguiendo su ejemplo. MQB es el precursor de la fabricación frugal.

Novartis, una empresa farmacéutica mundial, también está invirtiendo mucho en técnicas de fabricación de nueva generación. Ha participado en la financiación de un centro de 85 millones de dólares, en el Instituto Tecnológico de Massachusetts (MIT), dedicado a la investigación de la manufactura continua (MC) y dirigido por Bernhardt Trout. El proceso de MC representa un gran salto tecnológico para la industria farmacéutica. Permite producir medicamentos en volúmenes más pequeños, en un flujo continuo, en una instalación pequeña y totalmente integrada, del tamaño de un contenedor. Sustituye el fabricarlos en masa, en grandes lotes, mediante un proceso de varios pasos y distribuido en muchas fábricas de gran tamaño. En comparación con el sistema tradicional por lotes, el proceso integral de MC permite a las empresas producir píldoras mucho más rápido (diez veces más rápido en el laboratorio experimental del MIT), aumentar y reducir rápidamente la producción para hacer frente a una demanda incierta y utilizar el mismo equipo para fabricar varios medicamentos. Para las empresas farmacéuticas, la MC aporta velocidad y agilidad; reduce los gastos de capital y operación hasta un 50%, aumentando la eficacia de los activos operativos; reduce el uso de recursos naturales, lo que disminuye la huella ambiental hasta un 90%; y mejora la calidad, al disminuir la posibilidad de que los productos se salgan de las especificaciones. Todo ello permitirá a estas empresas suministrar medicamentos de mayor calidad a los consumidores con mayor rapidez y a menor precio.

En un proyecto piloto, Novartis pudo aprovechar el proceso de MC, desarrollado en el MIT, para producir Diovan, un medicamento para la presión arterial y la insuficiencia cardíaca; lo hizo en solo seis horas, en lugar de los 12 meses que se tarda con el método convencional por lotes. Trout cree que Novartis podría aprovechar la plataforma de MC tanto para reforzar su actual modelo de negocio, produciendo fármacos tradicionales más rápido, mejor y más barato, como para fabricar y suministrar medicina personalizada —el santo grial de la atención médica— de forma rentable y a largo plazo. Los rivales de Novartis, como Pfizer, Amgen, Genzyme y GSK, también están invirtiendo mucho en MC. Sin embargo, la temprana participación de Novartis y su firme compromiso a nivel de alta dirección, para reinventar toda su cadena de valor de desarrollo de fármacos con el fin de apoyar la MC, le dieron una importante ventaja como pionera. Novartis abrió su primera planta de MC a escala comercial en Basilea, Suiza.[2] Novartis cree que la miniaturización de la producción farmacéutica con MC revolucionará no solo cómo se fabrican los medicamentos, sino también cómo se descubren. Markus Krumme, director de la unidad de MC de Novartis, explica: "Las técnicas de flujo continuo permiten acceder a reacciones químicas muy peligrosas en el mundo del procesamiento por lotes. A largo plazo, creemos que este espacio químico ampliado dará a los químicos la oportunidad de encontrar compuestos que antes habrían sido muy difíciles de encontrar".[3] Bienvenidos a la era de la *química creativa*.

Con la adopción de MQB y MC, Volkswagen y Novartis, respectivamente, están remodelando la manufactura del siglo XXI.

La era industrial del siglo xx se caracterizó por la producción en masa, en la que los fabricantes se centraron en elaborar más de lo mismo, a costos cada vez más bajos, y en lograr economías de escala cada vez mayores. Este objetivo se vio reforzado por el hecho de que las fábricas y almacenes de las empresas eran literalmente activos fijos y se dedicaban a hacer una sola cosa a la vez, repetidamente. Durante muchas décadas, este sistema rígido y monolítico de producción en masa funcionó bien; los recursos eran abundantes y las necesidades de los clientes, bastante homogéneas.

Hoy, sin embargo, el mundo se enfrenta a una creciente escasez de recursos, a la diversidad demográfica y a una gran incertidumbre debido a la pandemia. Esta nueva realidad está poniendo al descubierto las limitaciones de la producción en masa. El viejo modelo se ha vuelto inflexible y derrochador por tres razones: requiere fábricas gigantes, hambrientas de energía y construidas con un diseño específico; enormes inventarios para alimentar estas plantas gigantescas; y una costosa infraestructura logística para transportar los productos a miles de tiendas minoristas en todo el mundo. El sistema está mal equipado para satisfacer, de forma flexible y eficiente en el uso de los recursos, las diversas necesidades de una clientela cada vez más heterogénea.

Este capítulo muestra cómo los enfoques frugales pueden aplicarse a todos los aspectos de una empresa, incluida su manufactura, distribución, servicios y personal. Esto puede lograrse mediante el sencillo proceso de aprovechar al máximo los activos existentes. Mostraremos cómo empresas y *start-ups,* internacionales y mexicanas, como Banco Azteca, Tec Milenio, Unima, Ubits, Prothesia y Bimbo, han flexionado sus activos de diferentes maneras, con el fin de aportar al mercado soluciones que son mejores, más asequibles o limpias.

El ascenso de la manufactura frugal

A pesar de la recesión, los clientes del mundo desarrollado buscan cada vez más variedad y personalización en sus compras. Estos clientes no forman un grupo homogéneo, por lo que sus necesidades son diversas. Algunas empresas las están satisfaciendo. Cautivados por el servicio de entrega en el mismo día de Amazon, por ejemplo, los clientes quieren ahora que sus productos y servicios lleguen a la puerta de su casa con un simple clic del ratón. Esta tendencia se ha acelerado aún más en los dos últimos años debido a la pandemia. Y estos clientes quisquillosos parecen tener poca lealtad a las marcas. Su lealtad es cada vez mayor hacia las empresas que pueden satisfacer sus necesidades cambiantes más rápido, de mejor forma y más barato. Esto hace que algunos fabricantes ya estén cambiando a un nuevo modelo de fabricación frugal, que permite la personalización masiva a menor costo y con menos recursos. Sus fábricas de nueva generación aprovechan varias innovaciones tecnológicas revolucionarias. Utilizan fábricas "limpias" y nuevos materiales, como fibras de carbono y nanopartículas, para recortar costos, mejorar el rendimiento y reducir los residuos simultáneamente. Utilizan nuevas herramientas de fabricación, como robots, software asistido por computadora e impresión en 3D, que permiten la personalización masiva a una fracción del coste normal. Y están adoptando nuevos enfoques, como la manufactura social, el procesamiento continuo y la producción descentralizada.

Nuevas herramientas para la manufactura

Las impresoras 3D son responsables de un gran avance en la manufactura. Los costos de esta se pueden reducir drásticamente cuando aquellas se combinan con el diseño asistido por computadora y otras herramientas digitales, al tiempo que aumentan la capacidad de personalizar los productos. Prothesia, una pequeña pero prometedora *start-up* ubicada en la ciudad de Monterrey, en México, está utilizando la impresión 3D y software de escaneado para desarrollar prótesis mucho más asequibles para varias partes del cuerpo. Estas innovaciones permitirán que las personas con discapacidad y escasos recursos accedan a soluciones de calidad que mejoren sus vidas. Este es solo un ejemplo de cómo las nuevas herramientas de manufactura pueden ayudar a las empresas a flexibilizar sus activos y actividades.

Las impresoras 3D cuentan con otras capacidades importantes. Trabajan con una gama cada vez más amplia de materiales, como plástico, acero inoxidable, cerámica y vidrio. Pueden imprimir objetos mecánicos con piezas móviles, produciendo así componentes totalmente funcionales de una sola vez. Pueden utilizarse para fabricar pequeños artículos domésticos, desde joyas a confitería, pero también productos más grandes y complejos, como prótesis, coches conceptuales, casas, aparatos electrónicos y aparatos de ortodoncia. Un gran ejemplo en América Latina es Qactus: una *start-up* chilena que utiliza plástico reciclado e impresión 3D para crear productos con nuevos y atrevidos diseños. Un gran número de iniciativas como estas, de código abierto, y proyectos financiados por *crowdfunding* están reduciendo drásticamente el coste de las impresoras 3D, haciendo que la fabricación personalizada sea más asequible y accesible para más personas. Por ejemplo, en un esfuerzo por hacer que miles de millones tengan fácil acceso a la impresión 3D, Autodesk, proveedor de programas de diseño, lanzó Spark, una plataforma de software abierto que pretende hacer la impresión 3D más sencilla y confiable. Ese mismo mes, M3D, una *start-up*, recaudó la sorprendente cantidad de 3.4 millones de dólares en Kickstarter para producir una impresora 3D fácil de usar y que costaría trescientos dólares.

Un producto especialmente impresionante de las impresoras 3D son las piezas de repuesto para aviones de combate. BAE Systems, una multinacional británica de defensa y aeroespacial, ha estado probando aviones Tornado que llevaban varios componentes metálicos impresos en 3D. Los ingenieros de BAE Systems creen que algunos componentes costarán ahora menos de cien libras. En conjunto, la tecnología 3D podría reducir los costos de servicio y mantenimiento de la Royal Air Force en 1.2 millones de libras (1.9 millones de dólares). Mike Murray, antiguo jefe de integración de fuselajes de BAE Systems, señala: "Puedes fabricar los productos con base en lo que quieras siempre que puedas llevar una máquina allí, lo que significa que también puedes empezar a dar soporte a otras plataformas, como buques y portaaviones. Y si es factible llevar las máquinas al frente de batalla, también se mejora la capacidad allí, donde tradicionalmente no tendríamos ningún apoyo a la manufactura".[4]

Basándose en más de veinte años de investigación propia, GE también cree que estas herramientas ayudarán a lanzar una nueva revolución industrial. La empresa ha construido unas instalaciones a gran escala en Cincinnati (Ohio) para desarrollar y ampliar nuevas aleaciones, procesos y partes para su uso en la manufactura aditiva (MA). GE se ha comprometido a desarrollar partes o componentes mediante técnicas de MA en varias de sus líneas de negocio y a ampliarlas de forma inteligente basándose en los primeros éxitos. Por ejemplo, GE Aviation fabricó cien mil piezas aditivas en 2020. Una de las aplicaciones fue una boquilla de combustible para el motor a reacción CFM LEAP de la empresa. En el sector de salud, los investigadores de GE pueden imprimir transductores de ultrasonidos de forma más rápida y barata que con las técnicas de manufactura habituales. GE no hace todo esto internamente. Trabaja con innovadores ajenos al grupo, con la intención de crear un ecosistema mundial de manufactura aditiva para extender el uso de la tecnología. El principal reto es desarrollar la capacidad suficiente para las necesidades industriales a pequeña y gran escala; si esto se consigue, se crearán muchas nuevas empresas de manufactura y puestos de trabajo. Hace unos años, además, creó GE Additive, cuyo objetivo es convertirse en el principal proveedor de tecnología aditiva, materiales y servicios para industrias y empresas de todo el mundo. En la actualidad, GE Additive cuenta con nueve sedes en todo el mundo, incluida una en Bangalore, y emplea a 1 200 personas. Ayuda a clientes internos como GE Aviation a fabricar piezas y mejores productos de forma más rápida y barata, al tiempo que atiende a muchos clientes externos de los sectores automotriz, aeroespacial y de salud. En la actualidad, GE Additive tiene más de mil proyectos en marcha y cincuenta mil piezas de MA en campo. Su objetivo es hacerse con una gran parte del mercado de la MA, que se espera que crezca hasta los 76 000 millones de dólares en una década.

La impresión 3D se une a la caída en picada del costo de robots industriales como Baxter, un robot humanoide de 25 000 dólares, vendido por Rethink Robotics, que está desencadenando una oleada de automatización en las fábricas; que podría no solo impulsar la productividad y la calidad de los fabricantes, sino también su agilidad. SRI International, un instituto de investigación con sede en Silicon Valley, trabaja en un proyecto financiado por la Agencia de Proyectos de Investigación Avanzada en Defensa (Darpa) para desarrollar brazos robóticos más ágiles, pequeños y ligeros que serán diez veces más baratos y consumirán veinte veces menos energía que los robots industriales actuales, y aun así realizarán tareas complejas en entornos dinámicos con mayor fiabilidad. La robótica de bajo costo se utiliza sobre todo en Alemania y Japón, donde las plantillas de las fábricas envejecen rápidamente. De hecho, Japón ya es líder mundial en robótica, con más de trecientos mil robots funcionando en sus fábricas. Se prevé que en 2025 habrá en ese país más de un millón de robots industriales. Dado que un solo robot puede realizar el trabajo de diez humanos, México y Latinoamérica deberían incrementar la adopción y el uso de la robótica para aumentar la competitividad y reducir los costos de producción. En la actualidad, México, Brasil y Argentina utilizan cada vez más la robótica, pero siguen estando por detrás de otros países como Malasia o Tailandia. Además, los robots aprenden más rápido que los humanos y son más versátiles. Por esta razón, los fabricantes de automóviles Ford y GM están utilizando líneas de montaje robotizadas, con herramientas intercambiables, que pueden programarse para cambiar rápidamente de un modelo de coche a otro.

Manufactura descentralizada

La manufactura descentralizada es otro enfoque que puede ayudar a las empresas a reducir drásticamente los costos y aumentar la agilidad. En la actualidad, la manufactura se basa en un modelo de producción muy centralizado, que se asemeja a una pirámide. En la cúspide, hay unas pocas docenas de grandes fábricas que producen bienes en masa, que luego se envían en contenedores por aire o por mar a unos pocos cientos de almacenes en todo el mundo; desde allí se entregan en camiones a miles de supermercados, donde compran millones de consumidores. Este modelo piramidal es muy eficiente y ofrece grandes economías de escala, pero requiere mucho capital, recursos, espacio y energía para su mantenimiento; no puede responder con flexibilidad a las necesidades personalizadas y en rápida evolución de los clientes. La producción descentralizada colapsa la pirámide jerárquica en una red distribuida de cientos, o incluso miles, de microfábricas, situadas cerca de los puntos de consumo, que pueden producir bienes personalizados de pequeñas dimensiones, en bajo volumen, utilizando piezas de origen local. Concebidas por el Laboratorio de Ingeniería Mecánica (mel) de Japón en 1990, las microfábricas son hoy una tendencia en boga, respaldada por la investigación académica y los programas de I+D financiados por gobiernos y empresas de todo el mundo.

Las microfábricas, que caben en un contenedor, pueden instalarse fácilmente en cualquier lugar. Su diseño modular permite reensamblarlas rápidamente en diferentes configuraciones. Así pues, representan un modelo de manufactura sustentable, que promete suministrar un mayor valor a empresas y clientes en términos de agilidad, personalización y rentabilidad, al tiempo que minimiza drásticamente el uso de recursos. Los recientes avances en tecnologías de miniaturización están acercando las microfábricas a la realidad. Por ejemplo, el sri International está trabajando en un proyecto para crear microrrobots similares a hormigas (conocidos como *laboratorios en un chip*) que se construyen a partir de imanes sencillos y de bajo costo, propulsados de forma electromagnética. Estos diminutos y ágiles microrrobots pueden manipular una amplia gama de materiales líquidos y sólidos de manera confiable, incluidos los electrónicos. Este ejército móvil de robots diminutos trabaja como un enjambre, y puede deambular por una microfábrica para elaborar piezas de cualquier tamaño, con gran precisión y calidad. Pueden hacerlo de forma más rápida, barata y confiable que las voluminosas y caras máquinas actuales.

Las grandes empresas también están invirtiendo en microfábricas. En colaboración con Local Motors, un innovador de hardware de código abierto, ge abrió su primera microfábrica, Firstbuild, en Louisville (Kentucky). En ella participan miembros de la comunidad local, así como una red mundial de innovadores, quienes cocrean aparatos de consumo de próxima generación de forma más rápida y rentable. Utilizan técnicas ágiles como la creación de prototipos digitales, la impresión 3D, la iteración rápida y la producción de lotes pequeños. La microfábrica de GE también permite que las ideas de las comunidades locales se conviertan rápidamente en opciones viables.

Más allá del sector industrial tradicional, la manufactura frugal, posibilitada por innovaciones como las microfábricas, promete transformar la dinámica de otros sectores, por ejemplo, el energético. Desde la Segunda Guerra Mundial, la tendencia en las economías desarrolladas ha sido construir unidades de generación de energía cada vez más grandes. Hoy en día, sin embargo, la electricidad se genera en un pequeño número de megaunidades centralizadas y se transmite a lo largo de cientos de kilómetros hasta los hogares u oficinas de los clientes. Este sistema centralizado requiere muchos activos y recursos, su mantenimiento es costoso y es vulnerable a catástrofes como atentados terroristas o apagones.

Por esta razón, cada vez surgen más sistemas energéticos distribuidos o descentralizados, basados en unidades de generación más pequeñas que pueden situarse más cerca de los principales puntos de consumo. Esta miniaturización de la generación de energía es posible gracias a los avances en las tecnologías de energías renovables, que están haciendo que la producción de energía a pequeña escala sea asequible y accesible. Una central eléctrica típica genera un gigawatt (GW), frente a los dos o tres megawatts de una turbina cólica y los pocos kilowatts de un panel solar. Ahora es posible, por tanto, generar energía a una millonésima parte de la escala. Estas unidades más pequeñas están dando lugar, a su vez, a minicentrales eléctricas, que pueden distribuirse y desplegarse rápidamente durante un repentino aumento de la demanda (por ejemplo, en inviernos extremos) o un corte de electricidad (por ejemplo, tras una catástrofe natural, como el huracán Sandy, que causó estragos en toda la costa este de Estados Unidos en 2012, provocando daños por valor de 70 000 millones de dólares). Solo en ese año, se instalaron unos 142 GW de capacidad de energía distribuida, lo que representa casi el 40% de la capacidad total añadida. El pronóstico era que la inversión en tecnologías de energía distribuida aumentara de 150 000 millones de dólares en 2012 a más de 200 000 millones para 2022.

Al percibir una enorme oportunidad de mercado, GE puso en marcha una nueva unidad de negocio denominada GE Distributed Power para suministrar sistemas de energía distribuida a empresas de servicios públicos, así como a clientes finales, como municipios o grandes productores. Después de algunos años de operaciones, GE vendió su unidad de energía distribuida al inversor de capital privado Advent por 3 250 millones de dólares, para que la unidad pudiera expandirse más rápidamente como entidad independiente bien financiada. Engie, una de las principales empresas energéticas europeas, dirigida por Isabelle Kocher (quien se convirtió en la primera mujer en dirigir una de las cuarenta multinacionales francesas más importantes) ha seguido un camino similar y está intensificando su inversión en sistemas de producción de energía distribuida. Engie cree que el sector energético mundial está preparado para una revolución en 4D: desregulación, descentralización, digitalización y desaceleración. Cree que, al igual que el sector de las telecomunicaciones tras su apertura, la desregulación del sector energético europeo creará competencia y empujará a las empresas hacia sistemas energéticos más frugales y distribuidos. La digitalización implica la convergencia de tecnologías energéticas y herramientas digitales, que ayudan a crear hogares y edificios conectados. Engie cree que esta convergencia ayudará a los clientes a utilizar la energía de forma más responsable y rentable (gracias a los contadores inteligentes) e incluso permitirá a algunos producir su propia energía (con tecnologías avanzadas de almacenamiento de energía en el hogar).

La producción descentralizada de energía puede ser de gran ayuda para México, donde 75 millones de ciudadanos tienen problemas para acceder a una electricidad fiable debido a las condiciones rurales, la falta de infraestructuras o la pobreza. Al fomentar la generación de energía distribuida y utilizar redes inteligentes para integrar las energías renovables con las convencionales, México y otros países de América Latina pueden abrirse camino hacia un futuro con bajas emisiones de carbono y ser pioneros en modelos de negocio frugales en el sector de la energía, en los que tanto las empresas de servicios públicos como los clientes salgan ganando.

Manufactura colaborativa

La manufactura social o colaborativa va más allá de la fábrica centralizada o las microfábricas descentralizadas, con el fin de incluir a consumidores y usuarios finales en el proceso de manufactura. Por ejemplo, en 2009, Ben Kaufman, entonces de 23 años, lanzó Quirky, una *start-up* de bienes de consumo en un almacén de Nueva York. Lo que hace esta empresa es tomar las mejores ideas enviadas por su comunidad de usuarios en línea y convertirlas en productos. Una sección de la oficina-estudio de diseño de Quirky contiene todo el equipo que necesita la fábrica: fresadoras, una cortadora láser, una cabina para pintar con aerosol y varias impresoras 3D. Los prototipos se fabrican rápidamente en el taller mecánico, que también es de la compañía. Los inventores siguen de cerca el proceso y sugieren colores y modificaciones; en algunos casos, incluso fijan los precios. A continuación, fabricantes externos producen los prototipos, y los productos finales se venden en línea o en tiendas.

Otra empresa que ayuda a democratizar la innovación y la manufactura es Littlebits, una biblioteca de código abierto de módulos electrónicos que se encajan con pequeños imanes para crear prototipos, aprender y divertirse. Al igual que Lego, permite que incluso los usuarios con conocimientos limitados de construcción monten estructuras complejas. Littlebits permite a los no ingenieros utilizar bloques pequeños, sencillos e intuitivos para construir sofisticados componentes electrónicos, simplemente, encajando imanes especialmente diseñados. Cada pieza tiene una función específica, como detectar, producir luz o sonido, actuar como botón o motor, etc. El sistema no requiere ninguna de las operaciones de soldadura, cableado o programación que exige la mayor parte de la manufactura electrónica.

Crear una cadena de suministro frugal

Las cadenas de suministro actuales carecen de eficacia y flexibilidad debido a la enorme distancia entre el lugar donde se fabrica un producto y el lugar donde se consume, así como a los retrasos en la forma de compartir la información, que cambia a lo largo de la cadena de suministro. La brecha geográfica aumenta los costes de distribución y dificulta la respuesta a las inconstantes necesidades de los clientes. Los costos también aumentan porque los fabricantes deben mantener existencias adicionales en caso de cambios inesperados en el mercado. Estos costos de inventario pueden sumar miles de millones de dólares en cadenas de valor industriales de varios niveles, como la automotriz y la electrónica. Juntos, estos dos obstáculos pueden denominarse *brecha de valor* e impiden a las empresas satisfacer la demanda de forma más rápida, mejor y más barata. Algunas empresas, sin embargo, han sido capaces de cerrar la brecha de valor de las siguientes maneras.

Deslocalización

Tras varias décadas de deslocalización desenfrenada a destinos de bajo coste, desde China a México, la manufactura está volviendo ahora al mundo desarrollado, como forma de reducir costes. Gran parte del ahorro se refiere a la distribución física del producto. El modelo industrial del siglo xx solo funcionó mientras la mano de obra barata y las economías de escala compensaron los costes de transporte. Esto ya no es siempre así.

Los salarios en los mercados emergentes están subiendo. Entre 2008 y 2020, los salarios en China han aumentado más de un 7% anual. Los costos de transporte también han aumentado: enviar un contenedor de cuarenta pies de Shanghái a San Francisco costaba tres mil dólares en el año 2000; el precio era de ocho mil dólares en 2008. Localizar la producción más cerca del mercado principal también reduce las emisiones de carbono y permite a los productores responder más rápidamente a las cambiantes necesidades del mercado.

Tomemos el ejemplo de la empresa 1083, fundada por Thomas Huriez. El número 1083 representa la distancia (en kilómetros) que separa a las dos ciudades más alejadas de Francia. No en vano: 1083 vende atractivos pantalones de mezclilla y zapatos completamente diseñados y fabricados en Francia. Los pantalones de mezclilla se fabrican con algodón orgánico. 1083 planea reciclarlos al final de su vida útil y reutilizar los materiales para fabricar nuevos pantalones de mezclilla, y así evitar por completo la importación de algodón. Como explica Huriez: "Cuando me di cuenta de que un par de pantalones de mezclilla recorre 65 000 km durante su ciclo de producción, decidí aceptar el reto de fabricar unos pantalones de mezclilla 'Nacidos en Francia' que recorrieran menos de 1 083 km para llegar a los clientes". Huriez superó el reto. En cinco años, las prendas de 1083 han adquirido un estatus icónico en Francia, donde casi el 75% de los consumidores prefieren los productos de origen local e incluso están dispuestos a pagar más por ellos. El minorista español de ropa Zara ha conseguido importantes ahorros con la deslocalización de sus operaciones a países como Portugal, cercanos a sus principales mercados europeos. Esto permite a Zara variar constantemente los estilos en sus tiendas, manteniendo fresca su moda.

La deslocalización también está cobrando fuerza en Estados Unidos. Caterpillar anunció la expansión de sus operaciones en este país, mediante la construcción de una planta de manufactura de excavadoras hidráulicas de seiscientos mil pies cuadrados en Victoria, Texas. Una vez en funcionamiento, triplicará su capacidad de producción de dicha maquinaria. Según Gary Stampanato, vicepresidente de esta empresa: "La proximidad de Victoria a nuestra base de suministro, el acceso a puertos y otros medios de transporte, así como el positivo clima empresarial de Texas, la convirtieron en el lugar ideal para este proyecto".[5]

Esta tendencia a la deslocalización se ha acelerado desde que Donald Trump se convirtió en presidente de Estados Unidos, en 2017. Con su postura de "América primero", respaldada por fuertes aranceles sobre 200 000 millones de dólares en bienes importados de China, Trump presionó a las empresas de la lista Fortune 500 para que mantuvieran la manufactura en Estados Unidos, en lugar de deslocalizarla a dicho país asiático, o a México, países de bajo costo. Por ejemplo, después de que Trump amenazara con imponer un impuesto del 35% a los vehículos de Ford fabricados en México, el emblemático fabricante de automóviles estadounidense desechó su plan de construir una nueva planta de producción de 1 600 millones de dólares en México. En su lugar, Ford optó por invertir setecientos millones de dólares en Michigan, Detroit, lo que creará setecientos nuevos puestos de trabajo para estadounidenses.

Abastecimiento local

En el mundo de los negocios se está produciendo una transición del abastecimiento de bajo costo al abastecimiento local. Las multinacionales occidentales ya operan con proveedores de la región en los mercados emergentes como parte de las estrategias de localización; además de cumplir estos requisitos de suministro local, esto también permite a las empresas crear productos más asequibles. Esta tendencia es cada vez más evidente también en las economías maduras, donde proveerse en menores cantidades con empresas más pequeñas y situadas cerca de las fábricas e instalaciones de I+D reduce costos y riesgos. Estos grandes fabricantes están tomando ejemplo de los grandes minoristas. Por ejemplo, Walmart, el mayor importador de Estados Unidos, se ha comprometido a duplicar las ventas de sus productos de origen local. Waitrose, cadena de supermercados británica, adquiere casi el 70% de sus alimentos con proveedores situados en un radio de 30 millas alrededor de sus tiendas. Walmart México, a través de su programa Pequeño Agricultor, ofrece formación, asistencia técnica y apoyo a muchos de estos productores de zonas rurales. Gracias a este programa, la empresa ha incrementado sus productos de origen local y generó 2 292 empleos en 2019.

Compartir recursos

En lugar de mantener inactivos sus recursos de producción y distribución, algunos fabricantes permiten ahora que otras empresas, incluidas las rivales, los utilicen. En África y la India es habitual que proveedores rivales de telecomunicaciones compartan torres de telefonía móvil; las empresas occidentales están haciendo lo mismo. Por ejemplo, Ericsson y Philips han presentado un proyecto que combina el alumbrado público con la infraestructura de telefonía móvil. Las dos empresas incorporarán antenas de telefonía móvil en farolas led de bajo consumo, que podrán colocarse en zonas de las ciudades donde los operadores quieran aumentar la cobertura de su red.

Las empresas occidentales también están aprendiendo de las empresas de salud africanas, que utilizan la cadena de frío de Coca-Cola (una cadena de suministro a temperatura controlada) como medio rentable para conservar medicamentos vitales y hacerlos llegar rápidamente a aldeas remotas. Los chocolateros rivales Hershey y Ferrero, por ejemplo, han acordado compartir activos, así como sistemas de almacenamiento o transporte en Norteamérica, reduciendo así el número de viajes de distribución. Y Mars, el fabricante mundial de alimentos, ha desarrollado una red sustentable de distribución de bienes de consumo en Alemania: gracias a la cooperación con sus competidores se da el uso conjunto de flotas de vehículos.

En muchos aspectos, estos avances son el equivalente *business-to-business* (B2B) de la economía colaborativa, en la que las empresas intercambian y comparten activos de la cadena de suministro. En el próximo capítulo, se aprenderá más sobre el uso compartido B2B, que es cuando las empresas pueden compartir sus residuos, activos, empleados, clientes e incluso propiedad intelectual (PI), en un ecosistema sinérgico integrado.

Distribuir hasta la última milla

Cumplir con los pedidos de clientes en lugares remotos es un reto particular. El *reto de la última milla* existe porque a las empresas les resulta costoso desplegar la distribución física (como sucursales bancarias o tiendas minoristas) en lugares con pocos usuarios. En los mercados emergentes, se utilizan a menudo modelos de distribución innovadores, que recurren a locales y redes de confianza. Entre ellos se encuentran el uso de tienditas de la esquina para servicios financieros (por ejemplo, M-Pesa en Kenia) y personal de la comunidad para vender bienes de consumo (por ejemplo, el Proyecto Shakti, de Unilever, una base de vendedoras en pueblos de la India; y Eye Mitra, de Essilor, una red de vendedores de lentes oftálmicos de puerta en puerta, en la India rural).

En México, Banco Azteca ha utilizado tiendas minoristas para ofrecer servicios financieros en pequeñas poblaciones donde antes no los ofrecía ningún banco. Esto ha permitido a la empresa estar donde están sus clientes, reducir costos y ofrecer servicios financieros más baratos al segmento de la base de la pirámide. Las empresas situadas en mercados maduros o emergentes, como México y otros países de Latinoamérica, pueden utilizar estas redes de proximidad para resolver el problema de la última milla.

Integrar manufactura y logística

En el modelo de producción en masa, las empresas primero fabrican sus productos y luego los trasladan a los clientes. Estos procesos se han gestionado por separado, pero varios fabricantes están creando ahora un modelo híbrido de fabricación y traslado para acortar los ciclos de pedido a entrega. Se trata de procesos mixtos en tránsito, en los que los productos se completan de camino al cliente; o de formulación y envasado a medida, en lotes personalizados, cerca del punto de consumo. Estas técnicas representan una estrategia de la cadena de suministro denominada *aplazamiento* o *diferenciación diferida*, que pospone la personalización de un producto hasta el momento en que las preferencias locales del cliente son más claras. Se trata de un enfoque frugal de la personalización masiva a través de una logística o una cadena de suministro flexibles. Se está defendiendo en industrias de rápida evolución como la textil, de bebidas y alimentos, o la electrónica, así como en sectores como el químico y el farmacéutico, con una demanda impredecible. Por ejemplo, un estudio publicado en el *International Journal of Production Economics* describe cómo la adopción del aplazamiento en la cadena de suministro del café soluble podría suponer "un importante ahorro de costos, al retrasar los procesos de etiquetado y envasado hasta que se conozcan los pedidos reales de los minoristas. Este ahorro incluye la reducción de las existencias de seguridad y de las existencias obsoletas no vendidas en eventos promocionales".[6] Kevin O'Marah, director de contenidos de SCM World, una comunidad mundial de profesionales de la cadena de suministro, señala que, al integrar las actividades de manufactura y logística, las empresas pueden "gestionar la complejidad más cerca de los clientes".[7] Además de reducir la distancia geográfica, los fabricantes pueden acortar el tiempo entre la oferta y la demanda de otras maneras.

Las nuevas herramientas digitales están convirtiendo el aplazamiento en un juego de niños para los fabricantes. En 2018, Levi Strauss implementó una técnica de láser llamada FLX (Future-Led Execution) para crear diseños en sus pantalones de mezclilla sin productos químicos y utilizando mucho menos trabajo manual. FLX reduce el proceso de acabado de un par de pantalones de mezclilla de 12 minutos a noventa segundos. En lugar de producir varios diseños de antemano, sin saber cuáles comprarán los clientes, Levi Strauss puede utilizar FLX para personalizar rápidamente el diseño de sus pantalones de mezclilla, en función de las tendencias del mercado, en tiempo real, en las distintas regiones. Levi Strauss tiene previsto implantar FLX en toda su cadena de suministro en los próximos años.

Otro ejemplo es la empresa mexicana de ciencias de la salud Unima. Bajo el lema "Diagnósticos para todos, todos", está ayudando a resolver la falta de acceso a la atención médica en México y otros países en desarrollo. En concreto, Unima utiliza tecnologías centradas en el paciente para lograr diagnósticos rápidos al menor costo, fuera de los laboratorios y cerca de los pacientes. Gracias a su tecnología Find TB, los médicos pueden descartar la tuberculosis, directamente en el punto de atención, en menos de 15 minutos, sin necesidad de utilizar equipos de laboratorio. Esta empresa ha integrado la manufactura y la logística para mejorar la salud de personas con bajos recursos en comunidades desfavorecidas.

Utilizar señales de demanda en tiempo real

Los expertos de la cadena de suministro se refieren con ligereza a las previsiones de la demanda, ya que planificar la producción futura basándose en las ventas pasadas, dicen, es como conducir mirando solo por el retrovisor. Las empresas deben sustituir los indicadores rezagados por indicadores adelantados. Las nuevas tecnologías permiten a las empresas de bienes de consumo recibir datos de los minoristas, acerca de sus puntos de venta e inventarios, en tiempo real, para anticipar mejor la demanda futura. Procter & Gamble (P&G) y Ford, por ejemplo, hace mucho tiempo que extraen información de las redes sociales para conocer las preferencias de sus clientes.

En México, Bimbo cuenta con un equipo específico que trabaja en la identificación de señales de mercado en redes sociales y noticias. En función de esas señales, han modificado rápidamente su producción, cambiando productos o lanzando otros nuevos. Ahí, es particularmente interesante el caso de la introducción del nuevo sistema de etiquetas —que avisa a los clientes la cantidad de azúcar que tiene cada producto—, junto con el actual debate sobre la obesidad infantil. Bimbo identificó estas tendencias y señales del mercado con antelación; luego, cambió rápidamente algunos productos y lanzó otros. A medida que los fabricantes pasan de la producción en masa a la personalización en masa, la recopilación de señales de la demanda en tiempo real se convierte en una parte vital: mantiene bajos los costos de la cadena de suministro y satisface las cambiantes necesidades de los clientes.

Compartir información con los socios

La recopilación de señales de demanda en tiempo real no sirve de nada si no se comparten esos datos con proveedores y distribuidores. Esto es especialmente importante en las cadenas de suministro de varios niveles con un alto grado de externalización. De lo contrario, las empresas corren el riesgo de jugar al teléfono descompuesto, lo que conduce a una falta de comunicación y a que los proveedores perciban señales de demanda distorsionadas. Por eso, Cemex, proveedor de cemento, ha integrado sus sistemas de gestión de la cadena de suministro (scm) y de gestión de las relaciones con los clientes (crm) para responder mejor a las consultas de estos, coordinar los procesos de distribución con sus socios y agilizar las operaciones en sus terminales de distribución. Cemex calcula que esta integración scm/crm, implementada con su socio tecnológico, sap, le ha ahorrado millones de dólares desde 2005, gracias a la reducción de los costos de transporte, el menor número de llamadas al centro de atención al cliente y la mayor productividad durante las horas pico en sus terminales. Ven Bontha, vicepresidente de Experiencia del Cliente de la empresa, afirma que ahora incluso puede ofrecer a los clientes un plazo de entrega aproximado, a partir de la hora en que se toman sus pedidos. La empresa ha gestionado un 29% más de transacciones de clientes con la misma plantilla; ha entregado más del 99% de sus pedidos a tiempo y sin problemas (frente al 95% anterior); y ha reducido a la mitad el volumen de llamadas relativas a información contable.

Cada vez son más los fabricantes que invierten en herramientas que ofrezcan visibilidad de la cadena de suministro de principio a fin. Esto les ayuda a detectar cambios e interrupciones en todas las etapas de la producción y la distribución, para luego alertar a los socios. Las herramientas de gestión de la cadena de suministro siempre han sido buenas a la hora de proporcionar gestión de pedidos, su estado y costo total; pero con la externalización, las empresas también quieren que sus socios externos y clientes dispongan de esta información. Por eso, las empresas quieren herramientas que les ayuden a supervisar a los proveedores de segundo, tercer y cuarto niveles. Noha Tohamy, vicepresidenta y distinguida analista de Gartner, consultora de investigación tecnológica, señala la variedad de herramientas disponibles, desde las que mejoran la visibilidad y la colaboración con socios externos, hasta las que gestionan las distintas relaciones comerciales de una empresa. Todas estas herramientas benefician a empresas y clientes. "Suelen ser buenas noticias para el cliente, porque obtiene sus productos o servicios más rápidamente y a un precio más barato", afirma Tohamy.

La empresa de ropa Levi Strauss & Co utiliza tecnología avanzada para gestionar su cadena de suministro; incluye el desarrollo de productos, la planificación de la demanda y el suministro, la manufactura y la logística. Así garantiza la visibilidad, en tiempo real, de los productos que circulan por su compleja cadena de suministro de múltiples niveles. El minorista estadounidense Target ha implantado la tecnología de identificación por radiofrecuencia (RFID) en sus 1 600 tiendas de todo el país. Con RFID, Target puede hacer un mejor seguimiento del inventario de sus productos, lograr mayores índices de cumplimiento y aumentar las ventas. De este modo, la empresa puede prever con precisión la demanda o la oferta, reaccionar más rápido y mejor a las condiciones del mercado, mantener los niveles de existencias y los costos más bajos.

Una revolución frugal de los servicios

Las empresas están encontrando nuevas formas, muy eficaces y asequibles, de prestar servicios o servicios combinados con productos. Estos modelos de negocio incluyen el software como servicio (Saas), en informática; la energía por horas, en los motores de los aviones; los cursos en línea masivos y abiertos (mooc), en educación; los modelos *hub-and-spoke* y *yield management,* en las aerolíneas; la venta al por menor en línea; y la computación en nube.

Gracias a sus activos, aerolíneas como Southwest Airlines, Ryanair y Volaris han creado un nuevo segmento de mercado de bajo costo para los viajeros en Estados Unidos, Europa y México, y han logrado desafiar a los operadores tradicionales de larga distancia. En primer lugar, las compañías de bajo costo han modificado el modelo de negocio de las aerolíneas, maximizando el tiempo que sus activos más valiosos (sus aviones) pasan en el aire y reduciendo el tiempo que pasan en tierra (los retrasos en los vuelos cuestan a las aerolíneas 25 000 millones de dólares en todo el mundo). En segundo lugar, utilizan un modelo *hub-and-spoke* que maximiza el alcance, al tiempo que minimiza la distancia típica del trayecto. En tercer lugar, utilizan la nueva tecnología digital para comprender, anticipar e influir en el comportamiento de los consumidores y el precio de los billetes, para exprimir al máximo los ingresos de su principal recurso perecedero: los lugares en sus vuelos. Para ello, han tenido que ceder más control a los clientes, por ejemplo, a la hora de reservar y registrarse, lo que ha mejorado la eficiencia general y ha reducido costos.

En el comercio minorista, Amazon ha buscado, desde el principio, formas de flexibilizar sus activos. Primero utilizó su plataforma de distribución de libros para vender también música y artículos para el hogar. Luego utilizó su instalada base de clientes para las ventas entre particulares, como en eBay. Después, Amazon fabricó y vendió electrónica de consumo como el Kindle (en el cual se pueden leer sus libros) y herramientas de investigación de mercado como Mturk a clientes cautivos. Utilizó su espacio de servidor para la computación en nube, que ahora vende como servicio a otras empresas. Con sus dispositivos Alexa y Echo, Amazon incursionó en el lucrativo mercado de los electrodomésticos con la ambición de convertirse en un centro de automatización del hogar. De la noche a la mañana, amplió su presencia minorista, al comprar la cadena de supermercados Whole Foods por 13 400 millones de dólares. También tiene grandes planes para revolucionar el sector salud estadounidense, que mueve tres billones de dólares. Dado su interés en los drones como modo de entrega de productos, Amazon podría expandirse, algún día, a los viajes y el transporte.

Mientras tanto, una ola de destrucción creativa se está abatiendo sobre la industria de la educación y, por extensión, sobre el mundo de la publicación de libros de texto. La llegada de los MOOC ha amenazado los modelos de educación superior. Empresas emergentes como Udemy, Coursera, Udacity y Edex, en Estados Unidos, y Futurelearn, en el Reino Unido, ofrecen ahora cursos sobre una variedad cada vez más amplia de materias a estudiantes de todo el mundo. A menudo impartidos por profesores estrella, muchos de estos cursos son gratuitos y llegan a un público bastante más amplio que el de cualquier universidad. Los usuarios pueden estudiar donde sea que vivan, cuando quieran y a su propio ritmo. Quizá el aspecto más poderoso de la experiencia sea que los usuarios pueden aprender unos de otros, a través de foros y grupos de debate en línea. Si bien las pruebas y la evaluación siguen siendo un reto, sin duda es solo cuestión de tiempo que esta cuestión también se resuelva.

Esta revolución también ha golpeado a la industria de la educación corporativa en América Latina, permitiendo a más empresas capacitar y aumentar las habilidades de su talento de una manera más rápida y barata. La *start-up* Ubits, con operaciones en diez países como Colombia, México y Perú, está cambiando la forma en que las empresas capacitan y dan seguimiento a las habilidades de sus empleados. A través de su plataforma, los empleados pueden aprender una serie de temas; los departamentos de recursos humanos pueden realizar un seguimiento y medir los resultados del aprendizaje. Empresas como Alsea, Yamaha, Mercado Libre o General Motors utilizan ya esta plataforma para sus programas.

En términos más generales, el auge de las tecnologías digitales ha presionado a periódicos, revistas y editores de libros. Philip Parker, profesor de marketing en la escuela de negocios Insead, ha desarrollado un modelo de negocio editorial especialmente disruptivo. Ha encontrado la manera de reducir el costo de redacción e impresión a 12 centavos por libro, mientras que cobra cientos de dólares por títulos especializados. Alrededor del 95% de los libros generados automáticamente por Parker se envían de manera electrónica, y el resto se imprimen bajo demanda como libros de bolsillo autoeditados, dirigidos a la larga lista de temas especializados. Probablemente el autor más prolífico que ha existido, Parker afirma haber escrito más de doscientos mil libros, con títulos como *The 2009-2014 World Outlook for 60-milligram Containers of Fromage Frais* (Las perspectivas mundiales 2009-2014 para contenedores de 60 miligramos de queso fresco) y *Webster's English to Italian Crossword Puzzles: Level 1* (Crucigramas de inglés [del diccionario] de Webster a italiano: nivel 1). Aunque todavía se trata de un nicho, puede que solo sea cuestión de tiempo que las editoriales convencionales adopten estos enfoques frugales a la hora de escribir, imprimir, vender y distribuir libros. Gracias a plataformas de autopublicación asequibles, como Ingramspark, Lulu y Kindle Direct Publishing, el número de títulos autopublicados, incluidos libros electrónicos, en Estados Unidos pasó de casi 250 000 en 2011 a más de un millón en 2021.

El mundo de la publicidad y la promoción también se ha visto profundamente afectado por la revolución de los servicios frugales. La difusión de los teléfonos móviles, la banda ancha y las redes sociales ha hecho posible que las empresas hagan un marketing más eficaz y asequible. El antiguo modelo basado en la interrupción, que hacía un uso intensivo de los medios de difusión, ha dado paso a un modelo basado en permisos, en el que los consumidores interesados en los mensajes de una marca optan por recibirlos. En consecuencia, la publicidad se dirige ahora a estos grupos autoseleccionados. Tivo, Skyplus y Apple TV han dado a los espectadores más discreción y poder, pero los expertos en marketing también saben más sobre quién ve qué y cuándo; en consecuencia, pueden dirigir y programar sus mensajes. Internet y las redes sociales también permiten un seguimiento más estrecho, una orientación más específica de los clientes y las comunidades de usuarios.

Un ejemplo es la campaña de marketing integrado "Comparte una Coca-Cola" ("Share a Coke") en Australia. La empresa de refrescos inició la campaña poniendo 150 de los nombres australianos más populares en millones de botellas de Coca-Cola, en las tiendas de todo el país, lo que creó una gran repercusión en internet. A continuación, reclutó a fans para que se convirtieran en el rostro de la campaña. En el fin de semana de mayor audiencia mediática, se invitó a los australianos a compartir una Coca-Cola con mensajes como: "Si conoces a una Kate, comparte una Coca-Cola con Kate, Mel o Dave". Estaban por todas partes, incluso en medios digitales e interactivos como la valla publicitaria de la marca, en Sídney. Los blogs eran un hervidero. Miles de personas pidieron que se añadieran más nombres a la lista. La empresa instaló quioscos en los que se podía imprimir un nombre en una lata, lo que provocó largas colas. Tras recibir 65 000 sugerencias, se añadieron cincuenta nuevos nombres a sus botellas. En tan solo tres meses, esta modificación relativamente sencilla y barata en sus latas hizo que un 5% más de personas bebieran Coca-Cola; las ventas aumentaron un 3% y el volumen, un 4%. Una campaña similar en el Reino Unido también fue un gran éxito. La comunidad de Facebook de la marca creció un 3.5% en este último país y un 6.8% en todo el mundo, y la etiqueta #shareacoke se utilizó más de 29 000 veces en Twitter. La campaña utilizó herramientas digitales y redes sociales para lograr dos resultados frugales (*penetración masiva en el mercado* y *personalización*) que antes se consideraban mutuamente excluyentes.

Las soluciones frugales no solo se utilizan para ofrecer servicios intangibles como noticias, educación y publicidad; cada vez más, los fabricantes también se enfrentan a los aspectos de servicio de los productos físicos. Por ejemplo, BMW solía limitarse a vender coches. Ahora vende un paquete de servicios con cada coche. Esto se debe a que cualquier coche de gama media, como un Volvo Gold, es similar a un BMW. Por lo tanto, este ya no se pregunta: "¿Cómo fabricamos y vendemos coches?", sino "¿Cómo atraemos a los usuarios a través de nuestros coches y servicios?". Incluso se cuestiona cómo puede formar parte de servicios innovadores relacionados con el automóvil, como Zipcar y Parkatmyhouse, y ofrecer servicios financieros relacionados.

Aunque es importante flexibilizar los activos físicos y de servicios de una empresa, es más crucial hacer un mayor uso de los activos más valiosos de una empresa: su personal.

Organizaciones frugales

En 1958, Bill Gore, ingeniero químico con 16 años de experiencia como investigador científico en Dupont, decidió emprender

su propio camino. Con su esposa Vieve, Bill fundó W. L. Gore
& Associates, una empresa dedicada a desarrollar productos
como cables eléctricos a partir de fluoropolímeros como el po-
litetrafluoroetileno (PTFE para los científicos y *teflón* para los
consumidores). Partiendo del sótano de la casa familiar, la empresa ha construido, en una década, una fábrica en Delaware,
y plantas de alambres y cables en Arizona, Escocia, Alemania y
Japón. Sus productos se utilizaron en computadoras de alto rendimiento y algunos incluso llegaron a la Luna. En 1969, la empresa dio otro salto de gigante cuando Bob, el hijo de Bill, también ingeniero químico, encontró la manera de estirar el PTFE
hasta convertirlo en un tejido impermeable, transpirable, ligero
y casi a prueba de frío, llamado GORE-TEX. Los ingresos anuales
superan ahora los 3 000 millones de dólares y la empresa emplea
a diez mil personas en todo el mundo.

Lo que distingue a W. L. Gore no es su destreza técnica,
sino cómo se organiza y gestiona. Gore también fue un innovador en este aspecto, y es probable que se le recuerde por tres
novedosas ideas de gestión: la *organización reticular*, la *no gestión* y la *fábrica de tamaño humano*. Inspirado por la obra de
Douglas McGregor, *The Human Side of Enterprise (El lado humano de la empresa)*, Gore adoptó una organización reticular,
sin jerarquías explícitas, en la que el personal podía crear sus
propios puestos de trabajo. (Dos innovadores inconformistas
posteriores, Larry Page y Sergey Brin, intentarían algo parecido
en Google). La idea era reducir la burocracia y crear un entorno en el que cada empleado pudiera comunicarse y trabajar
directamente con los demás. Los equipos se formaban solos; los
líderes no se nombraban de antemano, sino que surgían por
la fuerza de sus ideas, su compromiso o su personalidad. Sin
burocracia corporativa, las nuevas ideas se compartían antes,
las decisiones se tomaban más rápido y los nuevos productos
se desarrollaban con mayor celeridad que en las empresas de

la competencia, que requerían la aprobación de los ejecutivos. La flexibilidad no solo permitió a W. L. Gore innovar más rápidamente, sino que también liberaba a los empleados para que tuvieran más ideas.

Pero Gore no se detuvo ahí. Pronto se le ocurrió otra idea revolucionaria: la fábrica de tamaño humano. Se dio cuenta de que el rápido crecimiento de su empresa dificultaba la contención de la burocracia. Cuanto más grandes se hacían sus fábricas, más se eludían sus trabajadores y menos se ayudaban unos a otros. Era como si hubiera un umbral a partir del cual el personal consideraba a sus colegas como "ellos" y no como "nosotros". Gore pensaba que ese umbral empezaba cuando la fábrica superaba los 150 trabajadores. A partir de ahí, se perdía rápidamente la noción de los compañeros y, con ella, el sentido de comunidad. Así que limitó el tamaño de sus nuevas fábricas y disolvió las antiguas que superaban ese límite.

Gore era un innovador frugal porque encontró la manera de obtener más de su gente con menos inversión. Su organización reticular, el enfoque de no gestión y sus fábricas de tamaño humano le permitieron flexibilizar los activos más valiosos de su empresa: sus empleados.

El planteamiento de Gore es profundamente diferente del que adoptan la mayoría de las empresas de rápido crecimiento cuando se enfrentan a la creciente complejidad del mercado. La mayoría de las empresas responde incrementando su complejidad interna. Pero, como demostró Gore, deberían hacer lo contrario: simplificar las cosas para obtener más de su gente.

Yves Morieux, del Boston Consulting Group, es un apasionado defensor de la simplicidad en la organización. Morieux afirma que las empresas de hoy en día se han vuelto tan "vertiginosamente complejas" que hacen que el personal se sienta "miserable y desconectado". A pesar de todos los avances tecnológicos, la productividad sigue siendo baja. Morieux cree que el antiguo pensamiento sobre el diseño organizativo, a través de la estructura y el proceso, lleva a los directivos a añadir aún más estructura y proceso. Por ejemplo, ante la escasa coordinación entre el *front office* y el *back office*, las empresas crean un *middle office*, u oficina operativa, creando así dos sistemas disfuncionales cuando antes solo había uno. Morieux cree que el viejo modelo organizativo complicado y monolítico ha muerto, y ofrece reglas para una "simplicidad inteligente". En primer lugar, aconseja "entender lo que hacen realmente tus colegas". Argumenta:

> La solución no es dibujar más cajas con líneas de conexión. La solución es la cooperación. Cuando la gente coopera, utiliza menos recursos. Cuando no cooperamos necesitamos más tiempo, más equipos, más servicios, más existencias, más inventario. ¿Y quién paga esto?, ¿los accionistas?, ¿los clientes? No. Los empleados, que experimentan agotamiento, se estresan y se desconectan.[8]

En última instancia, una empresa que ha aprendido a flexibilizar sus activos organizativos, mediante la eliminación de la burocracia, la capacitación de los empleados y cultivando una mentalidad flexible en su plantilla, podría ser la empresa más frugal de todas.

Recomendaciones para directivos

Las empresas que deseen flexibilizar sus activos de manufactura y cadena de suministro deben hacer una serie de cosas.

Digitalizar procesos y activos

Utilice tecnologías baratas para digitalizar la manufactura, las cadenas de suministro, las ventas, el marketing y los sistemas de atención al cliente, y después integre estos procesos con socios externos. Por ejemplo, los diseñadores de automóviles solían intercambiar con sus proveedores los planos de diseño asistido por ordenador (CAD) utilizando servicios de entrega como Fedex. Hoy en día, los programas avanzados de simulación les permiten realizar prototipos virtuales en colaboración con los proveedores, lo que acelera los ciclos de desarrollo de productos.

Tomemos el ejemplo del Tec de Monterrey y su universidad filial Tec Milenio, que ofrece una educación de categoría mundial, en campus de alto nivel, repartidos por los distintos estados de México. En 2002, el Consejo de Administración del Tec de Monterrey decidió crear una nueva universidad filial, destinada a atender al creciente segmento de trabajadores que desean una buena educación, pero a un coste relativamente bajo. Dado que algunos servicios educativos y de infraestructura (por ejemplo, investigación, instalaciones deportivas, etc.) aumentan el precio de obtener un título en el Tec de Monterrey, la junta directiva decidió que la nueva universidad flexibilizaría sus activos y aprovecharía las nuevas tecnologías, para abarcar al mayor número posible de estudiantes y reducir costes. Hoy en día, Tec Milenio ofrece programas académicos flexibles y en línea, para impulsar las carreras profesionales tanto de jóvenes estudiantes como de trabajadores experimentados que buscan credenciales académicas.

Descentralizar las cadenas de suministro con fábricas más pequeñas y ágiles

Las cadenas de suministro descentralizadas, en las que la producción se realiza lo más cerca posible del punto de consumo, ayudarán a cerrar la brecha entre la oferta y la demanda. Una forma de hacerlo es trasladar la producción de las grandes fábricas, con procesos de manufactura rígidos, a plantas más pequeñas y ágiles, que son más flexibles y versátiles. Siguiendo este camino, Danone, la multinacional francesa de productos alimentarios, pudo construir en Bangladesh una microfábrica de yogur con un tamaño diez veces menor que el de las fábricas existentes, y mucho más barata de construir. Impresionado, Emmanuel Faber, director general de Danone, pidió a sus responsables de I+D y de la cadena de suministro que averiguaran cómo se podrían construir microfábricas de bajo costo semejantes en otros mercados, incluida Europa.

Adaptar la I+D

Los ingenieros de I+D también deben aprovechar al máximo los activos y procesos digitalizados y flexibles de la cadena de suministro a la hora de diseñar productos. Deben darse tres condiciones:

1. Los productos deben ser independientes de la fábrica; en otras palabras, tiene que ser posible producirlos en cualquier instalación de la cadena de suministro global del fabricante.
2. I+D debe utilizar menos y más estandarizados componentes, para que puedan ensamblarse más rápidamente en el taller.
3. La I+D debe adoptar técnicas como el diseño modular y el diseño para el aplazamiento, de modo que los productos puedan personalizarse en masa de forma rentable, ya sea en la fábrica o en el punto de distribución (o, mejor aún, en el punto de consumo). Por ejemplo, los diseñadores de Benetton producen inicialmente todos los suéteres tejidos en blanco y luego los tiñen de varios colores en cuanto se conocen las preferencias del cliente.

Centrarse en lo esencial

Un informe de KPMG revela que el 40% de los fabricantes tiene previsto poner fin, en los próximos dos años, a las líneas de productos y unidades de negocio no rentables o no esenciales.[9] Por ejemplo, la multinacional suiza de alimentación y bebidas Nestlé se centrará en los negocios de bienestar y los gestionará como un conjunto de unidades autónomas.

Del mismo modo, cuando Steve Jobs regresó a Apple en 1997, centró sus esfuerzos de cambio en simplificar la oferta de la empresa. Cada equipo de producto tenía que convencerlo de que el suyo era esencial para la estrategia de Apple. Si un producto no era rentable, tenía que desaparecer. Gil Amelio, su predecesor, había empezado reduciendo de 350 a 50 los proyectos de Apple. Jobs terminó el trabajo reduciéndolos a diez. La idea era centrarse en unos pocos productos "increíblemente grandes". Y lo consiguió.

En la misma línea, todos los unicornios latinoamericanos —*start-ups* valoradas en más de mil millones de dólares, como Bitso, Clip, Kavak, Uala y Merama— se centran en un número reducido de ofertas. De este modo, pueden asignar recursos a ideas específicas pero muy prometedoras. Esto, a su vez, les facilita descubrir qué ideas o productos son más rentables y menos arriesgados. Las grandes organizaciones también pueden aprender de su ejemplo.

Recomendaciones para organizaciones

La frugalidad resulta de flexibilizar no solo los activos físicos o de servicios, sino también los humanos. Para lograrlo, las empresas deben tener en cuenta lo siguiente.

Simplificar las estructuras organizativas

Los equipos más pequeños y modulares están más integrados, son más cooperativos y tienen un mayor sentido del propósito, lo que a su vez aumenta la eficiencia y la creatividad. Las grandes empresas deben encontrar formas de mantener equipos pequeños y unidos, nivelar la organización y reducir la complejidad interna. Deben intentar sustituir las pirámides por redes que vinculen a las personas según sus funciones. Algunas organizaciones mexicanas y empresas internacionales ubicadas en México y otros países de América Latina están empezando a hacer esfuerzos en este sentido. Hacerlo aumentará la satisfacción laboral, reducirá el agotamiento y mejorará el rendimiento en el trabajo.

Capacitar a los empleados

Una cultura de gestión vertical puede ser poderosa en una crisis, pero no hará que una empresa sea flexible y ágil. Dado que los empleados creativos y especializados tienen cada vez más opciones laborales, las empresas deben buscar formas frugales de atraerlos y retenerlos. Una forma es dejar que los empleados tomen y apliquen sus propias decisiones. Otra forma de empoderar al personal es crear un espacio de recreación no estructurado donde la creatividad no viole las normas de la empresa. (La innovación disruptiva, después de todo, requiere que la gente sea disruptiva). Ford, por ejemplo, se ha asociado con Techshop, proveedor de la plataforma Maker. Juntos han convertido un almacén de Detroit en un patio de recreo de la innovación, donde los empleados pueden pasar su tiempo libre experimentando con impresoras 3D y otras tecnologías de bricolaje. Así, Ford ha aumentado sus ideas patentables en más de un 100%, sin invertir más en I+D.

Contratar con un propósito

Las organizaciones ágiles contratan empleados con profundos conocimientos en un campo, pero también con habilidades básicas en varios otros. Estas personas multidisciplinarias pueden relacionarse con otras personas más allá de su función, lo que facilita la cooperación multifuncional. Las empresas necesitan estrategias de contratación a largo plazo. Por ejemplo, la agencia de publicidad Saatchi & Saatchi contrata personal por parejas. Con una tasa anual de rotación de empleados del 15%, puede cambiar la mitad de su plantilla cada tres años, revitalizándose en el proceso y manteniendo la continuidad. Esto aumenta la creatividad, pero no a expensas de la eficiencia.

Capítulo 4

TERCER PRINCIPIO:
CREAR SOLUCIONES SOSTENIBLES

Nada se pierde, nada se crea, todo se transforma.

ANTOINE-LAURENT DE LAVOISIER,
químico francés

Tarkett es una empresa multinacional que equipa hogares, oficinas, hospitales, escuelas y tiendas con pisos de vinilo, madera y laminados, alfombras y baldosas, e instala césped artificial en estadios deportivos. Con raíces que se remontan a 1880, se ha consolidado como líder mundial en su sector. A finales de la década de 1990, crecía a un ritmo anual superior al 10%. La mayoría de las empresas estarían encantadas con estos resultados. Sin embargo, a Michel Giannuzzi, director general de la empresa, le preocupaba que su rápido crecimiento fuera una bomba de tiempo. Para mantener esta velocidad de expansión, la empresa necesitaría consumir más y más recursos cada año. Producir 1.3 millones de metros cuadrados de pisos al día requiere mucha materia prima: petróleo, agua, madera o minerales. Estos recursos no renovables eran cada vez más escasos y costosos;

además, el daño medioambiental que generaban era cada vez mayor. El modelo de producción de Tarkett era insostenible desde el punto de vista financiero y medioambiental.

Tarkett siempre se había considerado una empresa responsable y respetuosa con la sociedad y el planeta. Así que reinventó su modelo de negocio. En lugar de vender un producto que un solo cliente utilizaría por unos años para luego desecharlo, Tarkett empezó a vender productos ecológicos que podían reutilizarse o reciclarse una y otra vez. De tal modo, estos prolongan su vida útil, pues se extiende su uso a múltiples clientes, lo que ayuda tanto a estos como al medio ambiente. La empresa ha cambiado radicalmente la forma en que diseña, fabrica, vende y mantiene todos sus productos, incorporando en cada etapa del ciclo de vida de estos la sustentabilidad ambiental:

- Ha adoptado principios de ecodiseño, mediante la creación de productos que solo utilizan materiales buenos, es decir, abundantes y fáciles de reponer, que no dañan a las personas ni al planeta y que pueden reciclarse al 100% o descomponerse de forma natural. Por ejemplo, solo el 2% de los materiales de las baldosas de Tarkett producidas en Brasil son derivados del petróleo. Prefiere utilizar materiales rápidamente renovables, como cáscaras de ostras y nueces, aceite de linaza, harina de madera, resina de pino, yute, madera o corcho. El 71% de los materiales utilizados por Tarkett, en la actualidad, no contribuyen a la escasez de recursos. También utiliza material plástico reciclado pre y posconsumo, procedente de parabrisas usados y vidrio estructural de seguridad. El contenido reciclado representa el 12% de sus materias primas. Su equipo de I+D excluye las sustancias clasificadas como "muy preocupantes" por las agencias de protección del medio ambiente europeas y estadounidenses. La Agencia de Protección y Fomento del

Medio Ambiente (EPEA), con sede en Alemania, evalúa la seguridad de todos sus materiales respecto a las personas y el medio ambiente.

- Tarkett ha rediseñado sus procesos de manufactura e instalaciones para que consuman menos agua y energía. El 67% de sus centros de producción utiliza sistemas de agua de circuito cerrado o no consumen agua en el proceso de manufactura. Como resultado, Tarkett ha reducido el consumo de agua dulce y potable en un 12%. También ha reducido en un 31% los residuos industriales que envía a los vertederos, ya que los reintroduce en sus propios procesos de manufactura. En la actualidad, el 75% de sus fábricas de madera utiliza aserrín para generar electricidad.

- Ha conseguido que sus productos de interior para hogares, escuelas, oficinas y hospitales no sean nocivos. Mejorar la calidad del aire interior es crucial, dado que, en promedio, los estadounidenses pasan el 90% de su tiempo en interiores, y que los estudiantes europeos típicos pasan una media de 6 700 horas en la escuela antes de los 14 años. Tarkett diseña ahora casi todos sus productos con emisiones muy bajas de compuestos orgánicos volátiles totales (TVOC); en sus productos de vinilo, estos representan entre una décima y una centésima parte de las prescritas por la normativa europea. Incluso, sus productos para pisos están certificados como "respetuosos con el asma y las alergias" por la Asthma and Allergy Foundation of America (AAFA). Tarkett también ha desarrollado sus pisos para que puedan mantenerse a lo largo de su ciclo de vida de veinte años utilizando menos ingredientes químicos y tecnologías de limpieza energéticamente eficientes, como los sistemas de pulido en seco. Sus productos Iq pueden limpiarse utilizando casi un 20% menos de electricidad y agua, y 2.3 veces menos detergente que los productos de la competencia.

Esto se traduce en una reducción del 40% de los recursos y el impacto ambiental en veinte años.

- Se esfuerza por aplicar una filosofía de diseño de cuna a cuna (C2C), según la cual, el 96% de todos sus materiales se evalúa en función de su impacto sobre la salud y el medio ambiente. C2C también significa diseñar todos los productos Tarkett de forma que, al final de su vida útil, puedan desmontarse fácilmente y su contenido pueda reciclarse para fabricar nuevos productos. Desde 2010, como parte de su programa de recuperación denominado Restart, Tarkett ha recogido y reciclado casi cien mil toneladas de materiales posconsumo o posinstalación. Además, su centro de reciclaje de pisos Tandus Centiva, el primero del sector con certificación de terceros, no solo procesa sus propios productos, sino también los de otros fabricantes.

Anne-Christine Ayed, antigua responsable de investigación, innovación y medio ambiente de Tarkett, explica que, aunque los clientes valoran los productos respetuosos con el medio ambiente, también quieren opciones de alta calidad, asequibles y bien diseñados, que contribuyan a su bienestar. Por ejemplo, los pisos ecológicos de Tarkett están diseñados no solo para mejorar la calidad del aire, sino también para reducir el ruido. Este enfoque es especialmente importante en instalaciones públicas como escuelas y hospitales. Del mismo modo, el Fieldturf de Tarkett, un césped artificial 100% reciclable, que se utiliza en estadios deportivos, está diseñado para ofrecer mayor seguridad y comodidad a los jugadores, al tiempo que ahorra millones de litros de agua y muchas toneladas de fertilizantes y pesticidas. La Federación Internacional de Futbol Asociación (FIFA), el organismo mundial que rige ese deporte, consideró que el Fieldturf es tan bueno como la hierba natural. El Super Bowl de 2012 se jugó en un campo Fieldturf en Indianápolis.

En un esfuerzo por mejorar la experiencia del cliente, Tarkett ofrece ahora soluciones de pisos modulares, con lo que hay más opciones de diseño, más fáciles y rápidas de instalar, reparar, sustituir y reciclar. Esta modularidad permite a Tarkett ser más ágil (tema tratado en el capítulo 3) y ayuda a la empresa a seguir el ritmo de la rápida evolución de los gustos de clientes, como minoristas y directores de hotel que cambian regularmente el piso de sus establecimientos.

La oferta de Tarkett también es sostenible desde el punto de vista financiero, gracias a su innovador modelo de negocio. Ofrece valor añadido: servicios personalizados a los clientes durante toda la vida útil de un producto. Por ejemplo, como parte de su oferta Fieldturf Totalcare, Tarkett se encarga de la instalación, mantenimiento, eliminación y sustitución del césped sintético de los campos deportivos. Su proceso de retirada y sustitución de productos también es sustentable desde el punto de vista medioambiental. Por ejemplo, Tarkett puede sustituir el césped de un campo existente reutilizando y limpiando la mayor parte posible del relleno existente. Del mismo modo, minimiza la cantidad de pegamento utilizado al instalar las alfombras, para que, en su momento, puedan retirarse sin adhesivos químicos.

Anne-Christine Ayed atribuye a la cultura empresarial de Tarkett su capacidad para innovar continuamente en productos o procesos, y reinventar su modelo de negocio antes de que lo hagan sus rivales: "El único recurso no agotable del mundo es el ingenio humano. Utilizamos la sustentabilidad como una poderosa palanca para dar rienda suelta al ingenio de todos nuestros empleados". No en vano, Tarkett invierte mucho en la formación de sus 13 000 trabajadores, colabora intensamente con proveedores, distribuidores y clientes, así como con universidades, asociaciones comerciales, laboratorios científicos y agencias de protección del medio ambiente de Estados Unidos y Europa.

Los accionistas también están contentos. Tarkett ha crecido casi un 5% y sus beneficios netos aumentaron un 6.5%, como señala Giannuzzi, que cree firmemente que la sustentabilidad es una palanca clave del crecimiento: "Lejos de ser una limitación empresarial, la sustentabilidad corporativa es una oportunidad para mejorar continuamente nuestras operaciones e innovar y diferenciar nuestra marca en un mercado altamente competitivo".

Tarkett aspira a "convertirse en la referencia del sector en cuanto a lograr altos niveles de sustentabilidad". Se convirtió en una de las primeras empresas mundiales en unirse al programa Circular Economy 100. Iniciado por la Fundación Ellen MacArthur, este programa agrupa a más de cien empresas comprometidas con el desarrollo de un modelo de crecimiento económico sostenible, basado en la reutilización de materiales y la conservación de los recursos planetarios.[1] En 2015, Tarkett se unió a la Alliance of CEO Climate Leaders, organizada por el Foro Económico Mundial. Esta es una red mundial de directores generales, comprometidos con la lucha proactiva contra el cambio climático y con la construcción conjunta de una economía baja en carbono.

Tarkett se propuso utilizar un 75% de materiales renovables y reciclados, eliminar los residuos industriales que van a parar a los vertederos y reducir las emisiones de efecto invernadero en un 20% respecto a 2010. Tras una exitosa carrera, Giannuzzi dejó la empresa para ser sustituido por Glen Morrison, quien ha profundizado y ampliado el compromiso de la marca con la sustentabilidad mediante una filosofía denominada "Hacer el bien. Juntos".

La historia de Tarkett destaca por abarcar todos esos aspectos de la sustentabilidad frugal. Pero no es única y muchas empresas consolidadas podrán inspirarse en sus experiencias para realizar transformaciones similares.

Este capítulo muestra cómo las empresas pueden reducir drásticamente el consumo de recursos naturales escasos en su cadena de valor mediante el diseño, fabricación y venta de productos o servicios con un menor impacto ambiental. Describe cómo aplicar prácticas sostenibles como el principio "de cuna a cuna" y la economía circular (en la que los componentes y materiales se reciclan repetidamente), para diseñar y fabricar productos sin residuos y de valor para los clientes. Muestra cómo la economía colaborativa, en la que los clientes comparten productos como servicios de pago por uso, en lugar de poseerlos y consumirlos, puede aumentar la fidelidad de los clientes y generar nuevas fuentes de ingresos. A su vez, explica cómo algunas empresas pioneras —entre ellas algunas de México y otros países de Latinoamérica— están utilizando técnicas como el reciclaje para combinar e integrar los principios de la economía circular y la economía colaborativa, abriendo así el camino hacia la "economía en espiral": un sistema virtuoso que genera cada vez más valor, al tiempo que reduce los residuos y el uso de recursos naturales.

Sustentabilidad esencial, no opcional

El diccionario ofrece tres definiciones para el verbo *sostener*:

- Sufrir o padecer (algo desagradable);
- hacer que continúe o se prolongue durante mucho tiempo o sin interrupción;
- fortalecer o apoyar física o mentalmente.

La primera refleja muchas de las percepciones de la sustentabilidad, especialmente en el mundo desarrollado, es decir, la sensación de que las empresas están obligadas a cumplir las normas medioambientales (y que esto es un costo irrecuperable). La sustentabilidad se considera incompatible con la rentabilidad. Algunos líderes empresariales pragmáticos se adhieren a la segunda definición, reconociendo cómo la escasez de recursos podría limitar el crecimiento, por lo que están dispuestos a adaptarse para proteger los modelos de negocio existentes. Basándose en la investigación y el trabajo de consultoría de los autores, se estima que alrededor del 90% de las empresas estadounidenses y europeas entran en estas dos categorías.

Sin embargo, una de cada diez empresas ha adoptado la tercera definición y adopta prácticas empresariales sostenibles para mejorar su rendimiento. Empresas como Tarkett y Unilever están reconstruyendo toda su cadena de valor y reinventando sus modelos empresariales en torno a la sustentabilidad. Lo hacen no solo para reducir el uso de materiales costosos y peligrosos, sino también para impulsar el crecimiento y la fidelidad de los clientes. Esta perspectiva puede ser particularmente apropiada para países en desarrollo como México y otros de América Latina, donde los recursos suelen ser escasos y la frugalidad puede ser una oportunidad de encontrar ventajas competitivas.

Existe así una transición de las empresas: de solo hablar de la sustentabilidad como parte de sus actividades filantrópicas y de responsabilidad social corporativa (RSC), a entenderla como ventaja competitiva. Recientemente varios factores han contribuido a que las empresas adopten un enfoque más estratégico de la sustentabilidad.

El cambio climático es un peligro claro y presente

La NASA descubrió que 2015, 2016 y 2017 fueron los años más calurosos desde 1880. También descubrió que cinco de los años más calurosos se registraron desde 2010. En un informe de las

Naciones Unidas, publicado en septiembre de 2018, los principales científicos del clima del mundo advirtieron que solo tenemos 12 años para garantizar que el calentamiento global no supere los 1.5 grados Celsius. De lo contrario, nos enfrentaremos a consecuencias ambientales y económicas catastróficas. Solo tenemos 12 años para reducir las emisiones de CO_2, las cuales son la principal causa del calentamiento global, en un 45% en comparación con los niveles de 2010.[2]

Lamentablemente, las emisiones de CO_2 aumentaron en 2017 por primera vez en cuatro años, lo que no augura nada bueno para nuestros esfuerzos colectivos por frenar las emisiones globales. Y en noviembre de 2018, la revista *The Lancet* publicó un preocupante informe en el que afirmaba que el calentamiento global ya está afectando gravemente a la salud de los ciudadanos, tanto en las naciones desarrolladas como en las que están en vías de desarrollo. "Esto no es algo que ocurrirá en 2050, sino algo que ya estamos viendo hoy", advierte el Dr. Nick Watts, director ejecutivo de Lancet Countdown.[3]

El 29 de noviembre de 2018, *Climate CEOs*, una alianza de directores generales de cincuenta empresas mundiales (con más de 1.5 billones de dólares de ingresos totales), convocada por el Foro Económico Mundial, publicó una carta abierta a los líderes de los gobiernos mundiales instando a una mayor colaboración público-privada para impedir la inminente amenaza del cambio climático. Uno de los firmantes, José Manuel Entrecanales Domecq, director general de Acciona, líder mundial en energías renovables, declaró: "El segundo mejor momento para actuar contra el cambio climático es ahora; el mejor momento ya pasó. Es el momento de fomentar la reducción de emisiones, los precios efectivos del carbono, las colaboraciones clave y la gestión del riesgo climático". Varios líderes de empresas locales e internacionales, incluidos algunos de India, firmaron esta carta. Pero ni una sola empresa mexicana o latinoamericana lo hizo.[4] Dado que América Latina es una de las regiones menos preparadas en la batalla contra el cambio climático, los líderes deben empezar a avanzar en este sentido. Según el estudio "ND-GAIN Country Index", realizado por la Universidad de Notre Dame y que resume la vulnerabilidad de un país al cambio climático, México y otros países de la región —como Brasil, Argentina, Perú o Colombia— son algunos de los países con mayor vulnerabilidad y menor preparación para hacer frente a los problemas del cambio climático.

La escasez de recursos amenaza la viabilidad de las empresas

Paul Polman, exdirector general de Unilever, señala que el mundo consume 1.3 veces más de lo que el planeta puede reponer.[5] A los ritmos actuales, en 2030 necesitaríamos dos planetas para suministrar los recursos que requerimos y absorber nuestros residuos. Y si cada ciudadano del mundo consumiera como lo hace un estadounidense promedio, ¡se necesitarían cuatro Tierras para mantenerlos! Con 3 000 millones de nuevos consumidores de clase media en todo el mundo previstos para las dos próximas décadas, la demanda de energía, alimentos, agua y materiales hará subir los precios de los recursos naturales. El descubrimiento de gas de esquisto puede suponer cierto alivio para las empresas dependientes del petróleo, pero seguirá habiendo escasez crónica de agua, madera y otros recursos naturales. "Nos quedaremos sin agua mucho antes que sin combustible", predice Peter Brabeck-Letmathe, presidente emérito de Nestlé.[6] La empresa sueca IKEA, que diseña y vende muebles listos para ensamblar, consume el 1% del suministro mundial de madera comercial y se preocupa por su continua disponibilidad, incluso cuando planea duplicar sus ingresos hasta 50 000 millones de euros (63 000 millones de dólares) a precios actuales, y sus clientes hasta 1 500 millones. Steve Howard, director de sustentabilidad de IKEA hasta 2017, considera que "la sustentabilidad será un factor decisivo para determinar qué empresas seguirán existiendo dentro de veinte o treinta años. Es el futuro de las empresas".[7]

Los clientes exigen soluciones ecológicas
y saludables

Los clientes son ahora más conscientes del medio ambiente y quieren productos y servicios menos perjudiciales para la Tierra. Además, son conscientes de que la salud del planeta afecta a la suya. Por ejemplo, al 61% de los ciudadanos de la Unión Europea (UE) les preocupa que la contaminación perjudique su bienestar, y al 42%, los efectos nocivos del aire, los alimentos y los productos en mal estado. Según la Organización Mundial de la Salud, la contaminación atmosférica mata a siete millones de personas al año en todo el mundo. De hecho, las investigaciones demuestran que entre el 90 y el 95% de los nuevos casos de cáncer están causados por el estilo de vida y los factores ambientales, principalmente la contaminación atmosférica y las sustancias químicas presentes en la cadena alimentaria. Al respecto, el estudio "Tendencias de consumo *online* de impacto positivo" identificó que, en México y América Latina, la demanda de productos y servicios sustentables ha crecido dramáticamente en 2020 y 2021. La tasa de crecimiento anual fue de 200%, y los nuevos compradores sustentables aumentaron a 60% en 2021. Otro estudio, realizado en México por la Federación Nacional de Ventas al Menudeo, encontró que el 40% de los usuarios está altamente motivado por las características ecológicas al comprar productos o servicios, y que el 77% elige marcas que están relacionadas con la sustentabilidad o que están haciendo algo en ese sentido.

Los organismos reguladores exigen
mayor sustentabilidad a las empresas

Los gobiernos de Estados Unidos, Europa y Japón exigen que las empresas creen productos más limpios, además de saludables. Las nuevas normas estadounidenses sobre kilometraje y emisiones exigen a los fabricantes de automóviles una flota que, para 2025, reduzca a la mitad las emisiones de gases de efecto invernadero y ahorre miles de millones de dólares en el vertedero. Japón, que ha prohibido los motores diésel en Tokio, está endureciendo sus ya estrictas normas medioambientales. Sus ocho principales fabricantes de automóviles están trabajando juntos para desarrollar motores diésel ecológicos, que reduzcan las emisiones de CO_2 en un 30% respecto a los niveles de 2010. En noviembre de 2018, el estado norteamericano de Colorado siguió el ejemplo de California al adoptar normas de bajas emisiones: todos los coches nuevos vendidos en el estado debían emitir menos gases de efecto invernadero y ofrecer un mejor kilometraje a partir de 2022.

La UE ha sido aún más agresiva. En septiembre de 2012, el Parlamento Europeo aprobó la Directiva de Eficiencia Energética, cuyo objetivo es reducir el consumo de energía de la UE en un 20%. Como consecuencia, las grandes empresas europeas tendrán que hacer que sus cadenas de suministro sean más eficientes desde el punto de vista energético. Ese mismo año, el Parlamento Europeo también aprobó una ley de reciclaje más estricta, que obliga a los proveedores y minoristas de productos electrónicos o eléctricos a recoger, y potencialmente reciclar, el 45% de toda la chatarra eléctrica o electrónica para 2016, porcentaje que aumentó hasta el 65% en 2019. Janez Potočnik, antiguo comisario del medio ambiente de la UE comenta: "En estos tiempos de inestabilidad económica y aumento de precios de las materias primas, la eficiencia en el uso de los recursos es el punto de encuentro entre los beneficios medioambientales y las oportunidades de crecimiento innovadoras".

Las autoridades responsables también presionan a las empresas para que reduzcan el consumo de agua. En 2013, California vivió el año más seco de su historia. Ante la perspectiva inminente de sequía, aprobó una ley para reducir el consumo urbano de agua por cabeza en un 20% y está exigiendo a las agroindustrias que produzcan más utilizando menos agua. Julio de 2018 fue el mes más caluroso jamás registrado en California, alimentando devastadores incendios forestales que duraron semanas y provocaron peligrosos niveles de contaminación. En septiembre de 2018, el gobernador saliente de California, Jerry Brown, firmó una ley para que el estado trabaje con un 60% de energías renovables para 2030 y a un 100% de energías limpias para 2045.

Las entidades reguladoras también quieren que las empresas reduzcan el uso de productos químicos en su cadena de suministro. Por ejemplo, entró en vigor el Reglamento Reach (por las siglas en inglés de Registro, Evaluación, Autorización y Restricción de Sustancias y Preparados Químicos) de la UE para controlar y reducir el uso de sustancias químicas en procesos industriales, así como en productos de uso cotidiano, como los de limpieza, ropa, muebles o electrodomésticos. La Administración de Alimentos y Medicamentos de Estados Unidos ha propuesto prohibir las grasas trans (que, cada año, causan más de 500 000 muertes en todo el mundo por enfermedades cardiovasculares), y en Nueva York una campaña del exalcalde Michael Bloomberg contribuyó a prohibir la venta de bebidas azucaradas en las máquinas expendedoras de los colegios.

Los empleados quieren que sus empresas
cuiden el medio ambiente

Más de 12 estudios académicos y varias encuestas empresariales demuestran que los solicitantes de empleo más jóvenes prefieren trabajar para empresas respetuosas con el medio ambiente. Una vez contratados, estos empleados tienden a ser más productivos y a quedarse más tiempo. Un estudio de la UCLA (Universidad de California, Los Ángeles) descubrió que la productividad es un 16% mayor en las empresas con prácticas y normas ecológicas. Los empleados en general quieren un entorno de trabajo sostenible. Y una encuesta de Mortgage Lenders Network USA descubrió que el 94% de los estadounidenses prefieren trabajar en edificios eficientes desde el punto de vista energético y ecológico. En México y América Latina, empresas como Femsa, Bimbo, Grupo Modelo, Algramo, Danone y Aires de Campo han incorporado prácticas relacionadas con la sustentabilidad. Están liderando sus industrias, motivando a sus colaboradores y atrayendo nuevos talentos. Analizaremos estos casos más adelante.

El ascenso de la economía circular

En los modelos empresariales sostenibles subyace un primer principio operativo determinante: la economía circular (la reutilización y el reciclado indefinidos de materiales). El modelo dominante de producción y consumo en el siglo xx era lineal. Las empresas fabricaban productos y los consumidores los utilizaban y desechaban. Sin embargo, más recientemente, las empresas y los consumidores han empezado a reducir, reciclar y reutilizar los productos, dando lugar así a una economía circular (gracias, en gran parte, a las ideas de la Fundación Ellen

MacArthur). Según McKinsey & Company, la adopción de los principios de la economía circular podría ahorrar 700 000 millones de dólares anuales solo al sector global de los bienes de consumo.

Países latinoamericanos como México podrían ganar mucho si adoptaran la economía circular. En la Ciudad de México se tiran 13 000 toneladas de basura al día. Esto significa que cada ciudadano produce un kilo de residuos sólidos al día, principalmente en forma de residuos orgánicos y plásticos. Países similares, como la India, generan más de cien mil toneladas de residuos sólidos, más que ninguna otra nación; además, este país solo recicla el 30% de sus aguas residuales. Según la Fundación Ellen MacArthur, México y la India podrían cosechar 624 000 millones de dólares en beneficios anuales, en 2050, y reducir las emisiones de gases de efecto invernadero en un 44% si adoptaran los principios de la economía circular, mediante la reutilización y el reciclaje de residuos y recursos.[8]

Una de las primeras empresas en adoptar la economía circular fue Method, un proveedor de productos de limpieza fundado por dos amigos de la infancia, Adam Lowry y Eric Ryan, a quienes no les gustaban los productos de limpieza mal diseñados, malolientes, ineficaces y tóxicos que se vendían en las tiendas. Al ver una fuente de materiales reciclables en los 46 000 residuos de plástico que se calcula que flotan en cada milla cuadrada de océano, decidieron revolucionar el mundo de la limpieza con productos ecológicos y atractivos fabricados con ingredientes no nocivos. La empresa desarrolló un jabón dos en uno, para vajilla y manos, envasado en una botella bien diseñada, fabricada con plástico oceánico reciclado. El producto de limpieza que contiene es 100% natural, totalmente biodegradable y, como dice el eslogan, "limpia como el demonio y huele como el cielo". Lowry y Ryan tuvieron éxito porque adoptaron un enfoque de I+D que integra los tres principios básicos de la *innovación frugal*: calidad, asequibilidad y sustentabilidad. De ahí que todos los productos Method estén diseñados desde el principio para ser seguros, eficaces, ecológicos, atractivos y asequibles. No hay ningún compromiso ni compensación.

Aunque Method nació como empresa circular, las empresas más antiguas y consolidadas también pueden hacer esta transición de modelos lineales a circulares con C2C, como ha hecho Levi Strauss & Co, fundada en 1853 y conocida por sus pantalones de mezclilla Levi's y sus caquis Dockers. La empresa ha adoptado recientemente el principio de diseño para la sustentabilidad, con el fin de crear pantalones de mezclilla que puedan fabricarse utilizando menos recursos naturales. Por ejemplo, su colección Levi's Water<Less utiliza, en algunos modelos, hasta un 96% menos agua que para los pantalones de mezclilla normales durante el proceso de acabado. Cada par se procesa utilizando solo un litro de agua; la marca afirma que ya ha producido 62 millones de prendas con el proceso Water<Less, con el que se ha ahorrado más de 2 000 millones de litros de agua (suficiente para llenar novecientas piscinas olímpicas). En 2013, Levi Strauss también lanzó Waste<Less, una colección de mezclilla que incorpora residuos posconsumo, concretamente botellas de plástico recicladas y bandejas de comida. En su lanzamiento, cada par de pantalones de mezclilla Waste<Less incluía un mínimo de 20% de residuos posconsumo, un promedio de ocho botellas de plástico.

Levi Strauss también creó un sistema de reciclaje de agua de categoría mundial en una de las fábricas de su proveedor chino. Desde entonces, este sistema ha ayudado a producir cien mil pares de pantalones de mezclilla para mujer con agua 100% reciclada, ahorrando 12 millones de litros de agua. Michael Kobori, vicepresidente de sustentabilidad, comenta el compromiso de Levi Strauss con el diseño sostenible:

No queremos crear líneas de productos "verdes" separadas y dedicadas. Al contrario, invertimos en tecnologías innovadoras como Water<Less y procesos como Wellthread que pueden aplicarse a múltiples líneas de productos, haciendo de la sustentabilidad un principio básico del diseño de todos nuestros productos. Queremos crear gradualmente un rico conjunto de herramientas de diseño para la sustentabilidad, que compartiremos con nuestros proveedores e incluso con nuestros competidores. El hipercompetitivo sector de la ropa es conocido por su carrera descendente. Queremos iniciar una carrera hacia la cima elevando los estándares de sustentabilidad de toda la industria.[9]

En México y América Latina, un número creciente de empresas —entre ellas Cemex, Femsa, Danone, Walmart, Grupo Modelo, Aires de Campo y Algramo— están realizando importantes esfuerzos en materia de sustentabilidad y economía circular. Para Femsa, por ejemplo, esto significa generar las condiciones sociales, ambientales y económicas adecuadas para operar y seguir creciendo el negocio en armonía con el medio ambiente y la sociedad. En 2022 creó su Comité de Sustentabilidad para integrarlo al Consejo de Administración. Esto significa que Femsa lo está tomando muy en serio y está integrando todos sus esfuerzos de sustentabilidad a su ADN. Su estrategia se divide en tres pilares:

- **Gente**. Femsa está trabajando en proyectos relacionados con el bienestar, la diversidad y los derechos laborales, incluyendo la creación de lugares de trabajo seguros y respetuosos, la eliminación del trabajo infantil y forzoso, y el aumento de la inclusividad, la diversidad y la equidad de género.
- **Comunidad**. Están trabajando en proyectos relacionados con la promoción de estilos de vida saludables, comunidades

limpias, compromiso de la comunidad local, inclusión financiera y digital, promoción del espíritu empresarial y abastecimiento sostenible.

- **Planeta.** Femsa trabaja en diferentes proyectos relacionados con el cambio climático y la economía circular, como la reducción de emisiones de CO_2, el uso de energías renovables, la movilidad sostenible, el desarrollo de productos y servicios sustentables, la optimización del agua, la accesibilidad al agua, la gestión de residuos y el uso y promoción de envases sustentables.

Por su parte, Cemex, Bimbo y Grupo Modelo han desarrollado e introducido soluciones medioambientales para reducir su impacto negativo en las comunidades en las que operan, por ejemplo, utilizando coches eléctricos para su logística.

Aires de Campo es otro ejemplo de empresa que ha integrado la sustentabilidad en sus operaciones al tiempo que innova de forma frugal. Es un minorista especializado en productos ecológicos y de sustentabilidad que utiliza directrices de comercio justo. Sus productos tienen algunos de los precios más asequibles del mercado mexicano para diversos tipos de soluciones sostenibles y orgánicas. Por ejemplo, fue una de las primeras empresas en distribuir productos de sustentabilidad en grandes tiendas como Comercial Mexicana. En la actualidad, trabajan con 82 proveedores sostenibles y ecológicos. Por estos motivos ha ganado numerosos premios, como el de la empresa social más admirada.

Algramo, en Chile, es también un ejemplo de *start-up* que ha aplicado la innovación frugal. Combate la contaminación animando a la gente a comprar lo que necesita de una forma más cómoda y asequible, por ejemplo, utilizando sistemas de rellenado de productos básicos como detergente, harina y azúcar. De este modo, fomentan el reciclaje y la reutilización del plástico. En esencia, Algramo es una plataforma circular que conecta a personas, marcas y minoristas. La *start-up* fue fundada por José Manuel Moller, cuando fabricó el primer prototipo de máquinas dispensadoras de detergente en polvo en Santiago de Chile. En 2012, tras meses de pruebas, las primeras máquinas dispensadoras se lanzaron con éxito en las tiendas. En 2014, crearon y lanzaron en tiendas, con la marca propia de Algramo, un sistema de envases retornables de productos para el cuidado del hogar. En 2018, se asoció con Unilever para el desarrollo de un modelo sostenible de reposición a domicilio, con triciclos eléctricos y envases reutilizables inteligentes.

Otra estrategia de sustentabilidad es la biomimética, también conocida como biomimetismo, que busca imitar los modelos y sistemas bien adaptados de la naturaleza y los organismos vivos. Estos inspiran tecnologías o soluciones resistentes y eficientes en el uso de los recursos, ya que han evolucionado durante muchos milenios a través de la selección natural. Por ejemplo, inspirándose en la superficie rugosa de la flor de loto, que repele el polvo o la suciedad, y mantiene limpios sus pétalos, Sto Corp ha desarrollado Lotusan, una pintura autolimpiable que aleja las partículas de polvo, reduciendo así la necesidad de lavar las superficies de casas y edificios. Del mismo modo, el brillo de las alas de las mariposas inspiró a los ingenieros de Qualcomm, una empresa mundial de semiconductores, para diseñar Mirasol, una tecnología de visualización reflectiva utilizada en lectores electrónicos y pantallas de tabletas, que ofrece colores más vivos y consume menos energía.

Al reutilizar los materiales una y otra vez, a lo largo de múltiples ciclos de producción, y al adoptar los principios de diseño eficiente en el uso de los recursos del biomimetismo, las empresas pueden reducir significativamente los costos de su cadena de suministro y pasar este ahorro a los clientes.

Ampliar la economía colaborativa

En los modelos empresariales sostenibles subyace un segundo principio operativo determinante: la *economía colaborativa* (en la que los productos o servicios se comparten en lugar de poseerse). En una economía circular, un producto pasa por múltiples encarnaciones, sus materiales se reciclan y reutilizan una y otra vez, manteniendo así su valor a lo largo de múltiples vidas. Sin embargo, lo más probable es que, durante su vida útil, el artículo pertenezca y sea utilizado por un solo cliente. Pero ¿y si, durante una sola vida o encarnación, el mismo producto pudiera ser consumido por muchos usuarios? Entonces los mismos insumos podrían crear más valor para más y más usuarios. Esta es la premisa subyacente de la economía colaborativa, también conocida como *consumo colaborativo*, en la que los participantes aspiran a compartir el acceso a bienes y servicios en lugar de tener la propiedad individual.

Entre las empresas de economía colaborativa se encuentran Airbnb para compartir viviendas; Relayrides, Blablacar y Easycar para compartir coches; Parkatmyhouse para compartir lugares de estacionamiento; Bringbee para compartir viajes al supermercado; Wishi o Wear It Share It para elegir ropa; Eatwith para compartir la cena; yerdle.com para compartir utensilios domésticos con los vecinos; Skillshare para compartir habilidades y conocimientos; y Taskrabbit para subcontratar pequeños trabajos y mandados. Como vimos en el capítulo 1, estos servicios suelen aprovechar la web y las redes sociales para permitir a la gente común monetizar su tiempo, espacio, conocimientos o habilidades.

La economía colaborativa contribuye a la sustentabilidad medioambiental porque reduce el consumo individual. Permite, por ejemplo, que cuatro personas compartan el mismo coche, en lugar de tener que comprar cuatro coches diferentes. La economía colaborativa también reduce el desperdicio, al poner el exceso de capacidad y los recursos no utilizados a disposición de quienes más los necesitan. Al permitir que los productos y activos se utilicen plenamente, la economía colaborativa aumenta su valor.

Tomemos el ejemplo de la *start-up* mexicana Rutopia, que en 2019 ganó el conocido Premio Hult de las Naciones Unidas. Esta pequeña empresa de rápido crecimiento es una plataforma de viajes que conecta a viajeros con anfitriones locales en destinos naturales sustentables. Están conservando el patrimonio cultural y natural ayudando a sus protectores a generar ingresos sostenibles a través del turismo regenerativo. Rutopia se ha convertido en una Empresa B Certificada, que utiliza los principios de la economía colaborativa y la sustentabilidad.

Aunque compartir representa solo el 1.3% del PIB en Reino Unido y una proporción aún menor de la economía estadounidense (no hay datos claros en México ni en la mayor parte de los países de la región latinoamericana), se espera que crezca exponencialmente en los próximos años, sobre todo, dada la preferencia de los consumidores jóvenes por compartirlo todo, desde departamentos hasta coches o libros. Casi el 50% de los europeos cree que, dentro de una década, los coches se consumirán como un bien compartido en lugar de ser propiedad individual; el 73% prevé un rápido crecimiento de los servicios de coche compartido. Los pioneros de la economía colaborativa también se están beneficiando de esta tendencia creciente. En marzo de 2014, Airbnb se valoró en 10 000 millones de dólares, lo que convirtió a sus fundadores en los primeros multimillonarios de la economía colaborativa.

Al percibir una oportunidad, y temerosas de perder ante estas empresas emergentes, las compañías tradicionales están adaptando sus modelos de negocio en consecuencia. Como se describe en el capítulo 3, BMW antes se limitaba a fabricar y vender coches; ahora piensa en "cómo atraer a los usuarios a través de nuestros coches y servicios". Su programa Drive-Now, de uso compartido de vehículos, está al servicio de los habitantes de las ciudades que no poseen coche, pero a veces lo necesitan, y ofrece a los clientes la oportunidad de compartir vehículos de forma sistemática. BMW es propietaria de todos los coches de su flota DriveNow. Los clientes se registran en el sitio web del programa y utilizan una aplicación de teléfono inteligente para reservar, utilizar y aparcar coches dentro de una zona determinada para que los utilice la siguiente persona. Los clientes pagan por minuto de uso. Al describir el servicio, Erich Ebner von Eschenbach, antiguo director del Segmento de Servicios Financieros de BMW Group, declaró: "Además de ayudarnos a desarrollar nuevos modelos de negocio, DriveNow también nos permite acceder a un nuevo grupo de clientes, más joven y consciente de los costes y el medio ambiente, diferente del comprador principal de BMW".

Tras el éxito de su lanzamiento en Alemania, BMW está desplegando el servicio en Europa y Norteamérica. También tiene previsto incorporar el i3, un coche eléctrico con carrocería de fibra de carbono, a la flota DriveNow. "Los coches eléctricos compartidos son una propuesta atractiva, cómoda y respetuosa con el medio ambiente para los habitantes de las ciudades del futuro", afirma Von Eschenbach. En Londres, las emisiones de CO_2 de la flota de DriveNow son un 36% inferiores a la media del Reino Unido. En diciembre de 2017, el programa contaba con más de cincuenta mil miembros. En septiembre de 2018, la Comisión Europea aprobó la fusión de los servicios de movilidad de Daimler y BMW (car2go y DriveNow, respectivamente), lo que permitió a estos dos fabricantes de automóviles rivales integrar sus servicios de coche compartido y de transporte en coche; de esta manera pudieron competir con empresas de talla mundial como Lyft y Uber.

Kingfisher, el mayor minorista europeo de artículos para el hogar y miembro fundador de Circular Economy 100, lleva mucho tiempo preocupado por su dependencia de recursos naturales como la madera (su consumo anual de madera equivale a un bosque del tamaño de Suiza). Su Plan Net Positive tiene como objetivo la restauración neta de los bosques para garantizar el suministro de materias primas a largo plazo. Como parte de este plan, Kingfisher es pionero en la innovación de circuito cerrado, que reduce los residuos. Los productos de circuito cerrado se fabrican principalmente con materiales reciclados o renovables; además, solo consumen energía también renovable durante su manufactura y uso. Cuando se rompen o envejecen, los materiales y piezas de estos productos pueden recogerse para fabricar otros nuevos. A partir de que alcanzó los mil productos de circuito cerrado en 2020, la empresa quiere que toda su cartera, de cuarenta mil productos, alcance esa categoría.

Además de los cincuenta objetivos específicos del Plan Net Positive para 2050, como conseguir que todas sus tiendas y los hogares de sus clientes tengan cero emisiones de carbono, el nuevo plan de crecimiento sostenible de Kingfisher tiene 12 objetivos que actuarán como hitos en el largo viaje. Este se basa en un amplio estudio sobre los clientes, según el cual la gente se preocupa cada vez más por la eficiencia energética y el agua, o por tomar medidas para reparar, reciclar y reutilizar los artículos del hogar. Además de sus objetivos con los clientes, el plan de crecimiento sostenible de Kingfisher incluye seis objetivos internos para 2025, entre ellos, la eliminación total de residuos en los vertederos; el reciclaje del 90% del flujo de residuos; el abastecimiento responsable de madera y papel; además, la transparencia de las sustancias químicas nocivas en sus cadenas de suministro. La empresa también pretende eliminar gradualmente de sus productos las sustancias químicas peligrosas de máxima prioridad y, en relación con un valor de referencia de 2010-11, reducir las emisiones absolutas de los edificios y el transporte en un 25%.

Sin embargo, un producto que se recicla no necesariamente equivale a un producto superior. Del mismo modo, alguien que recoge un coche compartido no obtendrá más valor de este coche que el cliente anterior. Pero ¿y si un producto, servicio o activo gana valor a medida que se transforma, reutiliza y comparte entre múltiples usuarios? Entonces su círculo de valor se convertiría en una espiral de valor y la economía circular y de uso compartido se convertiría en una *economía espiral*.

De economía circular a economía espiral

Las empresas pioneras pueden utilizar varias técnicas para crear espirales de valor en torno a sus productos.

Convertir los residuos en riqueza

La era digital promete hacernos más productivos y conectados, pero también es propensa a la contaminación. De hecho, la basura electrónica crece tres veces más rápido que cualquier otro tipo de residuos. En Estados Unidos, representan el 70% de los metales pesados depositados en vertederos. En su libro *Resource Revolution* (La revolución de los recursos), los consultores de McKinsey Stefan Heck y Matt Rogers predicen el auge de lo que denominan empresas de "recuperación global de residuos" (GROW, por sus siglas en inglés).[10] Estas empresas utilizan procesos ecológicos y energéticamente eficientes para recuperar materiales de alto valor de los residuos electrónicos. Heck y Rogers citan el caso de ATMI, una empresa que convierte literalmente los residuos en oro. ATMI ha desarrollado una solución patentada, no tóxica, a base de agua, que extrae diminutos fragmentos de oro incrustados en circuitos electrónicos. Del proceso de extracción se encarga una máquina del tamaño de un contenedor, que puede enviarse a cualquier lugar donde haya que tratar residuos electrónicos. La máquina puede reciclar los residuos electrónicos de toda una ciudad y producir un lingote de oro cada dos días. Y dado que el proceso con agua de ATMI no daña los chips de los circuitos, estos pueden reutilizarse en otros productos electrónicos, alargando así su vida útil y su valor.

Mientras ATMI utiliza ciencia y tecnología sofisticadas, otras empresas aprovechan el poder del diseño para transformar residuos no preciosos en artículos de gran valor. Estos alquimistas modernos, expertos en diseño pueden transmutar los residuos en productos aspiracionales. FIAM Italia, fundada en 1973 por Vittorio Livi, fabrica muebles de cristal de alta calidad combinando la artesanía tradicional con procesos industriales de vanguardia. Sus productos, como la mesa monolítica de cristal curvado Ragno, son adquiridos con avidez por hoteleros, arquitectos y empresas de primer nivel de todo el mundo.

En 2012, Daniele Livi, hijo del fundador y actual director general, tuvo una idea: recoger los residuos de vidrio de la fábrica de FIAM y utilizarlos para fabricar productos bellos y ambiciosos. Retó a varios jóvenes diseñadores prometedores a embellecer los residuos de vidrio. No se les pagaría, pero Livi prometió darles fama mundial. En pocos meses, los diseñadores crearon varios muebles impresionantes hechos íntegramente con residuos de vidrio, que FIAM expuso en la Feria del Mueble de Milán de 2013, con críticas muy favorables. En 2014, la colección limitada Remade in FIAM se agotó en cuestión de días y sus diseñadores menos conocidos se convirtieron en celebridades de la noche a la mañana. Livi reflexiona: "Con los residuos es difícil conseguir algo de alta calidad. Pero nuestro punto fuerte es que trabajamos con artistas. Les damos una plataforma para descubrir y probar cosas nuevas. Los artistas no tienen límites y saben cómo convertir las restricciones en oportunidades creativas, e integrar sustentabilidad y belleza". El proyecto de FIAM no es un reciclaje clásico, porque los residuos no se reciclan simplemente en algo de valor similar o inferior, sino que se transforman, mediante el diseño, en un producto de gran atractivo estético.

Apple, conocida por sus hermosos dispositivos tecnológicos, también está adoptando el reciclaje plenamente. En 2018, Apple presentó nuevos y elegantes modelos de sus computadoras, tanto de la portátil Macbook Air como de la Mac Mini de escritorio, fabricados con aluminio 100% reciclado. El 60% del plástico de esta última también es reciclado (su ventilador se elabora con 27% de plástico de base biológica, procedente de recursos renovables). Ambos modelos generan, respectivamente, un 47 y un 45% menos de CO_2 que la generación anterior y consumen cada una un 62 y un 74% menos de energía que la norma Energy Star. Apple, cuyas oficinas, centros de datos y tiendas de todo el mundo funcionan ahora con energías renovables, se ha comprometido a utilizar únicamente materiales reciclados y de origen responsable en todos sus productos.

A veces, el productor frugal puede incluso cobrar más, lo que sugiere que la innovación frugal no consiste solo en reducir costes y hacer los productos más asequibles, sino también en crear un valor aspiracional. Esto puede explicar el creciente éxito de los "camiones de moda", como Caravan Shop, en París, que venden ropa y accesorios hechos con materiales reciclados, creados por diseñadores locales. En otras ocasiones, las innovaciones frugales se posicionan en el mercado como productos en boga, pero no necesariamente los más baratos.

En México, tenemos oportunidades para convertir residuos no preciosos en productos de moda o valiosos. Según la Asociación Nacional de Industrias del Plástico, México es el país latinoamericano que genera más residuos plásticos. La Secretaría de

Medio Ambiente y Recursos Naturales (Semarnat) sugiere que los mexicanos generan, cada día, más de 100 000 millones de toneladas de residuos urbanos e industriales, de los cuales solo se recicla el 10%. ¿Qué pueden hacer las *start-ups*, empresas o jóvenes emprendedores para enfrentar este problema? Creemos que pueden implementar una serie de soluciones interesantes inspirándose en algunos de los ejemplos ya expuestos. México se está convirtiendo en un país más consciente con el medio ambiente y la sociedad, además de en una economía en auge, que busca productos más innovadores y atrevidos.

Tomemos el ejemplo de Ben & Frank, que aplicó esta idea produciendo gafas de gran diseño, abriendo sus tiendas de moda y creando, recientemente, una línea hecha con materiales reciclados. La empresa posicionó productos de diseño, más que gafas baratas. Ecolana, una *start-up* mexicana que se esfuerza por conectar centros de reciclaje con consumidores conscientes, dispuestos a vender o donar sus residuos, es otro buen ejemplo. Ha realizado varias campañas de reciclaje con empresas como Aires de Campo, Tetra Pack o Del Fuerte.

Diseñar productos multiusos

Las grandes empresas tecnológicas, como GAFA (Google, Amazon, Facebook, Apple), consumen el 1% de la energía mundial para alimentar sus centros de datos, que generan mucho calor. Así que utilizan otro 1% de la electricidad mundial para refrigerar estos centros de datos. Esta aberración llevó al empresario francés Paul Benoît a lanzar Qarnot Computing, pionera en informática verde distribuida. Esta ha desarrollado un radiador digital, fusión de un calefactor eléctrico y un servidor informático de alto rendimiento. Los radiadores digitales contienen microchips que pueden descargar y procesar trabajos informáticos, como cálculos científicos o renderización 3D, enviados por desarrolladores y científicos de cualquier parte del mundo. El calor recogido por los microprocesadores se utiliza para calentar hogares y oficinas. El usuario puede configurar y gestionar el radiador digital a distancia, a través de su teléfono inteligente. Benoît, ingeniero de formación que dejó su trabajo en el sector financiero para lanzar esta *start-up* para "hacer el bien", explica que los radiadores digitales actúan como mini-supercomputadoras para un grupo de clientes, ofreciéndoles servicios de computación de alta gama a bajo costo, mientras proporcionan calefacción gratuita a otros. El centro de datos ecológico descentralizado de Qarnot es tan seguro que incluso grandes bancos como BNP Paribas y Société Générale lo utilizan en la actualidad.

Enriquecer digitalmente los productos físicos

Los productos analógicos pueden convertirse en productos digitales, lo que les permite hacer más cosas. Por ejemplo, Berg, una empresa de diseño, adaptó una lavadora Zanussi para convertirla en un dispositivo conectado, mejorando así drásticamente la experiencia del usuario. Las empresas inteligentes aprovechan cada vez más las comunidades de usuarios para generar nuevos contenidos digitales que mejoren sus productos. Tal es el caso de Ford, que ha abierto, en gran medida, la electrónica de los sistemas telemáticos de sus coches, con el fin de que desarrolladores externos (incluidos clientes aficionados) puedan mejorarlos a su antojo, prolongando así la vida del coche y aumentando su valor. (En el capítulo 7 se analiza cómo Ford está involucrando a fabricantes y experimentadores para crear más valor para los usuarios de coches sin gastar más en I+D).

Crear productos que se adapten a la evolución de las necesidades de los clientes

Bouygues Immobilier, uno de los mayores promotores inmobiliarios de Europa, está construyendo departamentos que pueden evolucionar con sus habitantes en las distintas etapas de su vida. El diseño modular permite reconfigurar el espacio sin esfuerzo, de modo que una misma habitación puede servir, por ejemplo, como gimnasio privado y más tarde como lugar para recibir cuidados a domicilio. Eric Mazoyer, director general adjunto de Bouygues Immobilier, explica: "Nuestros clientes nos dicen que su principal necesidad es la flexibilidad. Para satisfacerla, aplicamos técnicas innovadoras, como el diseño modular, para construir departamentos y casas tipo Lego, que puedan reconfigurarse fácilmente para adaptarse a las necesidades cambiantes de los inquilinos a lo largo del tiempo".[11]

Conseguir que los ecosistemas adopten la sustentabilidad

Empresas visionarias como Timberland, fabricante estadounidense de ropa, están creando coaliciones de empleados, proveedores, minoristas e incluso competidores para cultivar espirales de valor dentro de su sector. La empresa se ha asociado con otros sesenta fabricantes de ropa y calzado para crear un índice medioambiental llamado Índice Higg, que se ha convertido en la norma de la industria para medir la responsabilidad social y el comportamiento medioambiental en el sector de la moda. La industria de la confección es responsable de una décima parte de las emisiones mundiales y es el mayor contaminante del mundo, solo superado por el petróleo. La herramienta de evaluación comparativa de Higg podría impulsar a los fabricantes de ropa hacia prácticas de diseño y cadena de suministro más sustentables.

Construir instalaciones "regenerativas"
que creen valor positivo

En su inspiradora charla TEDx "Cómo hablan los árboles entre sí", Suzanne Simard, profesora de ecología forestal de la Universidad de Columbia Británica, explica que la naturaleza es generosa, una cualidad que no se asocia con el hipercompetitivo mundo empresarial. En un bosque, los árboles comparten generosamente información y nutrientes con otros árboles, a través de una profunda red de hongos del suelo. ¿Qué pasaría si rediseñáramos los edificios y las fábricas para que funcionaran de forma altruista, como un bosque? Entonces tendríamos "empresas regenerativas" que devolverían a la sociedad y al planeta diez e incluso cien veces más de lo que le quitan.

Como explica conmovedoramente Daniel Christian Wahl, autor de *Diseñando culturas regenerativas*, "una empresa regenerativa es una empresa que hace de la regeneración su negocio". Resulta emocionante comprobar que están surgiendo empresas de este tipo. Interface, el mayor fabricante de alfombras modulares del mundo, ha construido en Australia una "fábrica como un bosque". Esta nueva planta proporciona gratuitamente muchos servicios a su entorno, como aire y energía limpios, agua potable, retención de carbono y ciclos de nutrientes, que antes otorgaba el ecosistema local al que sustituye.[12]

Recomendaciones para altos directivos

A nivel estratégico, los altos directivos que deseen crear soluciones de sustentabilidad en sus empresas pueden hacer lo siguiente.

Establecer "objetivos audaces y ambiciosos"

Para inspirar e impulsar a todos los empleados a lograr una innovación revolucionaria, los altos directivos deben establecer una meta muy alta, comprometiendo a toda la empresa con un objetivo grande, desafiante y audaz, como "los 3 000 millones de productos que vendemos cada año serán verdaderamente sustentables en 2025 y demostrarán un impacto medioambiental/social positivo" (el Plan a 2025 de Marks & Spencer, anunciado en 2017). Este tipo de objetivos debe ser muy ambicioso, de lo contrario, la iniciativa corre el riesgo de acabar siendo una serie de cambios menores, graduales e insignificantes. El sentido de la urgencia también ayuda. Si la necesidad es la madre de la invención, la escasez es su abuela.

Utilizar indicadores clave de rendimiento (KPI)
para medir los avances respecto al gran objetivo

Los KPI deben medir el progreso de la empresa en hacer las cosas de una mejor manera, no simplemente menos mal; deben ser holísticos y amplios, e incluir su impacto en proveedores y clientes. Por ejemplo, la calculadora de circuito cerrado de Kingfisher se utiliza en toda la empresa, para evaluar si los productos nuevos y existentes cumplen diez criterios de sustentabilidad. Entre ellos figuran los materiales del producto, si puede alquilarse o repararse, y si puede desmontarse fácilmente en componentes o materiales para su reutilización o reciclado.

Vincular estos KPI a incentivos para el personal

Esto es crucial para inducir cambios de comportamiento en todos los niveles y garantizar que se mantengan. El área de recursos humanos debe participar en el proceso e incluso impulsarlo.

Recomendaciones para directivos funcionales

Muchas empresas han aplicado una u otra de las medidas mencionadas, pero pocas han hecho las tres de forma integrada. Sin embargo, hacerlo es vital para acelerar el cambio. La alta dirección debe asumir su responsabilidad, pero otros directivos también tienen un papel importante que desempeñar en la ejecución de la sustentabilidad en toda la organización. Además de los tres pasos estratégicos mencionados anteriormente, hay otras acciones que los directores funcionales pueden emprender.

*Sustituir los recursos escasos por nuevos
y abundantes recursos*

Los gestores de la innovación deben estudiar constantemente cómo la sustitución puede mejorar el rendimiento global. En el sector automotriz, por ejemplo, los motores eléctricos son más eficientes, seguros y rápidos que los de combustión interna.

Tener en cuenta la sustentabilidad en la fase de diseño

Al tomar decisiones, los ingenieros y científicos de I+D deben utilizar nuevas herramientas informáticas, como el software de sustentabilidad de Autodesk, para evaluar y reducir el impacto ambiental de los nuevos productos durante de su ciclo de vida, así como valorar el impacto de las decisiones de diseño en la triple cuenta de resultados: las personas, el planeta y las ganancias.

*Utilizar los activos existentes para ampliar
los modelos empresariales de sustentabilidad*

Los directores de operaciones de empresas energéticas, logísticas o de otro tipo que utilizan muchos activos suelen preocuparse por la actualización o sustitución de costosas infraestructuras físicas como parte de un programa de sustentabilidad. Sin embargo, a menudo pueden encontrar formas inteligentes de reutilizar los activos existentes de forma bastante barata. Por ejemplo, la empresa francesa de servicios postales La Poste puso en marcha Recy'Go, un nuevo servicio para recoger y reciclar papel de oficina usado, documentos, cartuchos de impresora, botellas vacías o vasos en pequeñas y medianas empresas. Recy'Go necesitaba poco capital para hacerlo, ya que el personal, los camiones y los contenedores utilizados para distribuir el correo también podían recoger el papel usado de sus clientes. El único costo fue el tiempo y el esfuerzo necesarios para formar al personal y establecer un nuevo sistema de información. El potencial de mercado es enorme, dado que cada oficinista francés genera 130 kg de residuos al año y muy pocos de ellos se reciclan.

Combinar la tecnología con el diseño
para que la sustentabilidad sea moderna

Los gestores de la innovación y los profesionales del marketing deben buscar formas de embellecer los residuos a través del diseño. El truco está en encontrar formas de atraer a los clientes del mundo desarrollado que quieren productos y servicios ecológicos, de alta calidad y a la última moda. Puede que el reciclaje sea un concepto nuevo para las empresas, pero diseñadores, artistas y arquitectos llevan décadas practicándolo. En la década de 1950, Bruno Munari, artista y diseñador italiano, se inspiró en los principios constructivistas para transformar materiales básicos como alambre, papel, bambú y componentes eléctricos rotos en objetos elegantes, ingeniosos y útiles.

Capítulo 5

CUARTO PRINCIPIO: MOLDEAR EL COMPORTAMIENTO DEL CLIENTE

> Si hubiera preguntado a la gente qué quería, me
> habría dicho que caballos más rápidos.
> HENRY FORD

> Todos somos responsables de los demás, pero yo soy
> más responsable que los demás.
> FIÓDOR DOSTOIEVSKI,
> *Los hermanos Karamázov*

La mayoría de los hogares occidentales tiene termostatos. Estos aparatos son tan comunes que hemos dejado de prestarles atención. Pero son importantes: controlan la mitad del consumo de energía de una casa típica (más que todos los electrodomésticos y la iluminación juntos) y representan la mitad de la factura energética promedio. Programar correctamente los termostatos puede ahorrar hasta un 20% de los costos de calefacción y refrigeración, pero más del 85% de nosotros nunca lo hace. A menudo esto se debe a que nos intimidan sus complicadas interfaces, algunas de las cuales parecen necesitar un doctorado para descifrarlas.

El termostato eléctrico fue inventado por Warren Johnson, en Wisconsin en 1883, pero su diseño no ha cambiado mucho desde entonces. Eso hasta 2011, cuando Nest Labs, una *start-up* de Silicon Valley, lanzó su "termostato que aprende". Este dispositivo con wifi aprende y monitorea los hábitos, horarios y preferencias de temperatura del usuario. Con esta información y los datos en tiempo real de sus sensores integrados, que registran la humedad, la actividad y la luz, el dispositivo Nest se ajusta a sí mismo, por ejemplo, reduciendo la calefacción cuando hay sol o apagando la refrigeración cuando no hay nadie en casa. Básicamente, el dispositivo puede reprogramarse a sí mismo. Con una interfaz de usuario elegante, sencilla e intuitiva, solo se muestra en negrita la temperatura ambiente actual; el dispositivo puede configurarse en solo un minuto y controlarse a distancia a través de un teléfono inteligente.

La facilidad de uso *plug-and-play* del dispositivo no es casualidad. Nest fue cofundada por Tony Fadell, creador del iPod cuando trabajaba en Apple. Aunque el Nest cuesta 250 dólares, ahorra a los usuarios un promedio de 173 dólares anuales en facturas de energía. Además, un estudio encargado por la empresa descubrió que los habitantes del sur de California que utilizaban los termostatos de aprendizaje ahorraban más de un 11% de energía relacionada con la corriente alterna (CA). El dispositivo Nest ayuda a los consumidores a adoptar un comportamiento más respetuoso con el medio ambiente por medio de:

- **El envío de un informe energético mensual por correo electrónico a los usuarios.** En él se detalla cuánta energía se ha consumido y ahorrado, y se ofrecen consejos para hacerlo mejor. (Los mensajes incluyen: "Cambiar la temperatura solo un grado puede reducir tu consumo de energía hasta un

10%"). Muestra a los usuarios los puntos (llamados "hojas") que ganan cada vez que eligen una temperatura energéticamente eficiente. También muestra a los usuarios su puntuación en relación con otros propietarios de Nest, fomentando una sana rivalidad por el ahorro de energía, con mensajes como: "Tu temperatura exterior es de 14 °C. La media en estos momentos en el país es de 16 °C".

- **Permitir el control remoto a través de una aplicación para teléfonos inteligentes.** Esto permite, por ejemplo, que si un usuario va a volver a su casa antes de lo previsto, en una noche fría, pueda informarlo al dispositivo Nest, para que este la caliente gradualmente, a tiempo para su llegada. El teléfono inteligente también recuerda a los usuarios cuándo deben sustituir el filtro de aire del sistema (ya que los filtros sucios pueden aumentar la factura energética en un 5%).

- **Ofrecer recompensas por un uso moderado de la energía en hora pico.** Gracias a su colaboración con las compañías eléctricas estadounidenses, Nest permite a los propietarios ganar dinero o créditos si reducen el consumo de energía en las horas pico. Esta función ha logrado una increíble reducción del 55% del consumo de energía en horas pico. Cuando, por ejemplo, las temperaturas subieron a más de 37 °C en Austin, Texas, el 27 de junio de 2013, los termostatos Nest ayudaron a reducir el uso de energía en un 56% de media durante la parte más calurosa del día.

Gracias a estas iniciativas, servicios y herramientas, los clientes de Nest pueden ahorrar energía y combatir el cambio climático desde su casa. Como era de esperar, el crecimiento de Nest ha sido asombroso. En enero de 2014, la empresa vendía una media de cincuenta mil dispositivos al mes, cuando Google ofreció 3 200 millones de dólares para comprarla como parte de su plan de expansión en el mercado de electrodomésticos conectados a internet. Para no quedarse atrás, en septiembre de 2014, Apple presentó Homekit, una nueva plataforma de software que permite a los usuarios de iPhone utilizar Siri para controlar a distancia las luces, los sistemas de seguridad y los electrodomésticos de sus hogares. Avancemos hasta 2018: Nest tiene que competir con rivales como la *start-up* canadiense Ecobee y las empresas mundiales de tecnología e ingeniería Emerson y Honeywell, que ahora ofrecen termostatos inteligentes asequibles que pueden controlarse a través de Homekit, de Apple, y Alexa, de Amazon.

Como se señala en el capítulo 4, las grandes empresas reconocen cada vez más que no pueden hacer mucho por sí solas para ser sostenibles. Los clientes también deben aprender a *innovar más con menos*. Esto es especialmente importante porque los clientes suelen ser más derrochadores que los proveedores. Unilever calcula que la mitad del consumo de agua y el 68% de la huella de carbono total de cada uno de sus productos están relacionados con la forma como lo utilizan los consumidores. Del mismo modo, Levi Strauss ha calculado que el 58% de la energía y el 23% del agua utilizados durante la vida útil de unos pantalones de mezclilla Levi's 501 se originan durante la fase de uso por parte del cliente, como resultado de su lavado y secado. Ante esta situación, Unilever y Levi Strauss se han dado cuenta de que, si sus respectivas empresas quieren ser realmente frugales, primero deben animar a sus clientes a cambiar sus hábitos.

Es difícil conseguir que los consumidores sean frugales y que les guste hacerlo. Pero, como demuestra la historia de Nest, estos retos brindan oportunidades para innovar de forma frugal y animar a los clientes a hacer lo mismo. Las empresas pueden empoderar e incluso deleitar a sus clientes con productos simplificados que les permitan medir, visualizar y controlar su comportamiento y contribuir a mejorarlo.

Basándose en el trabajo pionero de empresas multinacionales como Barclays, Johnson & Johnson, IKEA, Philips, Progressive, Toyota, Unilever, GBM, Sura y VISA, así como de varias *start-ups* visionarias de México y América Latina como Credijusto, Konfío, Iluméxico y Notco, este capítulo muestra cómo las empresas de todos los sectores pueden empujar a los consumidores a comportarse de forma diferente. También muestra cómo las empresas pueden mejorar la lealtad a la marca y la cuota de mercado adaptando los productos a la forma en que los clientes realmente viven y utilizan los productos. Uno de los enfoques consiste en dar a los consumidores la sensación de que gastan o utilizan menos porque así lo deciden, no porque tengan que hacerlo. En resumen, los clientes deben creer, de verdad, que menos es más.

En este capítulo se describen los retos que plantea el cambio de comportamiento de los consumidores, así como las técnicas y herramientas conductuales que utilizan algunas empresas pioneras para lograrlo.

Tres contradicciones del consumo contemporáneo

Los consumidores se preocupan por el medio ambiente y, sin embargo, derrochan recursos. Encuesta tras encuesta, los consumidores afirman que se preocupan por el medio ambiente y que les gustaría ser más prosociales (comportamientos voluntarios destinados a beneficiar a los demás). Sin embargo, los datos sobre su comportamiento real (por ejemplo, su consumo de energía y agua) sugieren que estos nobles consumidores suelen enfrentarse con barreras económicas y técnicas.

Por ejemplo, en la encuesta de GfK Roper Yale sobre cuestiones medioambientales, la mayoría de los estadounidenses afirmó que "es importante que los productos que compran sean respetuosos con el medio ambiente". Concretamente, a la hora de comprar coches, detergente para la ropa y papel para impresoras, el 66, 62 y 51% de los encuestados, respectivamente, afirmaron que las preocupaciones medioambientales son importantes o esenciales para sus decisiones. Además, muchos afirmaron estar dispuestos a pagar más por productos ecológicos. En concreto, cerca de la mitad afirmó que "sin duda" o "probablemente" pagaría un 15% más por un detergente ecológico para la ropa o un automóvil, mientras que cerca del 40% afirmó que gastaría un 15% más en papel ecológico para impresoras o en muebles de madera.

Del mismo modo, la encuesta "Green Gauge US", de GfK Roper Consulting, concluyó que, "a pesar de las crecientes preocupaciones económicas, los estadounidenses siguen queriendo que las empresas sean ecológicas, y hay pruebas de que dan crédito a las empresas que lo hacen". En concreto, el 74% está de acuerdo con que un fabricante que reduce el impacto medioambiental de su manufactura está tomando una decisión empresarial inteligente. El estudio "Cone Communications/Ebiquity Global CSR Study", de 2015, reveló que el 84% de los consumidores de todo el mundo prefiere comprar productos responsables, mientras que el estudio "Cone Communications CSR Study", de 2017, reveló que el 86% de los consumidores estadounidenses quiere que las empresas resuelvan los problemas sociales y medioambientales.

Los datos sobre el comportamiento real de los consumidores, sin embargo, son diferentes. La revista *National Geographic* y Globescan publican "Greendex", una encuesta bianual sobre el comportamiento real de los hogares de 18 países en ámbitos como la vivienda, el transporte, la alimentación y los bienes de consumo. En 2012, abarcando países desarrollados y en vías de desarrollo, esta encuesta reveló que los consumidores del mundo desarrollado son los menos respetuosos con el medio ambiente. La encuesta concluía que "el comportamiento de los consumidores estadounidenses sigue siendo el menos sostenible de todos los países encuestados desde el inicio del estudio, seguido de los consumidores canadienses, japoneses y franceses". También señaló que "el comportamiento respetuoso con el medio ambiente entre los consumidores ha aumentado desde 2010 solo en cinco de los 17 países encuestados". Curiosamente, los consumidores de India, China y Brasil fueron los que obtuvieron mejores resultados.

La encuesta de 2014 fue más pesimista. Señalaba con consternación que, aunque la gente de todo el mundo estaba preocupada por el cambio climático, sus acciones no se correspondían con su concienciación. En cuatro de las economías más avanzadas, Canadá, Alemania, Japón y Estados Unidos, así como en China, los consumidores se volvieron menos sostenibles. El estudio señala a Estados Unidos (que ocupa el triste puesto 15) como el "chico malo" en materia de sustentabilidad:

> Casi uno de cada cuatro hogares estadounidenses tiene cuatro o más televisores. Los estadounidenses también son de los más reacios a pagar más por productos respetuosos con el medio ambiente, y consumen más alimentos envasados y procesados que los habitantes de la mayoría de los demás países. Y desde la encuesta de 2012, cada vez más estadounidenses consideran que tener una casa grande es un objetivo importante en sus vidas.

La única buena noticia es que, en países latinoamericanos como México y Argentina, las personas se comportan de manera más respetuosa con el medio ambiente que cuando se realizó la primera versión de la encuesta, en 2012. Sin embargo, aún están por detrás de otros países en desarrollo como India, que ocupó el primer lugar por tener el comportamiento más sustentable en ese año de medición. Además, aunque ha pasado algún tiempo desde la última medición, esta muestra que el discurso de los consumidores en la región latinoamericana (como en la mayoría de los desarrollados y en vías de desarrollo) no está completamente alineado con sus acciones. Una cosa es pensar de forma sustentable, pero actuar de forma sustentable resulta ser mucho más difícil.

Esta sombría visión de que los ciudadanos de muchos países mantienen su consumo derrochador, a pesar de tener una mayor consciencia sobre el cambio climático, se ve reforzada por las investigaciones de las grandes empresas de bienes de consumo. Tesco, minorista británico, calculó que dos tercios de las emisiones de carbono de sus productos se producen al final de la cadena alimentaria: en los hogares o en los viajes a sus tiendas. Lo mismo ocurre con las empresas de bienes de consumo rápido (FMCG). En 2007, Reckitt Benckiser, que produce Dettol, Clearasil y Strepsils, fue una de las primeras empresas de bienes de consumo que puso en marcha un programa de reducción de carbono a lo largo de todo su ciclo de vida. Se propuso reducir su huella de carbono total en un 20% para 2020, un objetivo alcanzado en 2012. Reckitt Benckiser se dio cuenta de que sus clientes eran responsables de dos tercios de las emisiones de gases de efecto invernadero de sus productos, por lo que los rediseñó para que tuvieran un menor impacto una vez en manos de los clientes. La empresa comprendió que quizá no bastaba con confiar en lo que los consumidores dicen que quieren, sino que había que responder a lo que hacen, y luego ayudarles a cambiar.

Los consumidores son poderosos, pero no lo suficiente como para cambiar. En el siglo XX, su poder aumentó constantemente, sobre todo en las economías de libre mercado. Con unos ingresos en continuo aumento y una mayor competencia entre las empresas, los consumidores de hoy son más poderosos que nunca. Por ejemplo, en Estados Unidos, su gasto mueve más del 70% de la economía nacional. Internet y la telefonía móvil aumentan aún más el poder de los consumidores al crear comunidades de compradores más informadas. La normativa gubernamental también ha ayudado. La Comisión Europea ha insistido en la necesidad de aumentar las posibilidades de elección de los consumidores, mejorar la información y reforzar sus derechos en la construcción del mercado único de la UE.

¿Está funcionando todo esto? El Índice de Competencia de los Consumidores de la comisión mencionada, basado en una encuesta del Eurobarómetro realizada a cincuenta mil consumidores de 29 países, examina las competencias, la concienciación y el compromiso de los consumidores. Según el índice, estos, en Noruega, Finlandia y Alemania, obtuvieron una puntuación alta, mientras que los de Bélgica, Francia y el Reino Unido se situaron, en promedio, un 13% por debajo; la diferencia entre el grupo superior, y los polacos y rumanos fue del 31%. Italia, Portugal y España también obtuvieron malas puntuaciones, especialmente en competencias de consumo, donde la diferencia con los mejores clasificados fue del 30%. Las mujeres obtuvieron peores puntuaciones que los hombres; los mayores estaban menos preparados que los jóvenes; y los consumidores más pobres y con menos formación también obtuvieron puntuaciones relativamente malas. Entre los menos preparados estaban los que no tenían acceso a internet.

En los países en desarrollo, la situación puede considerarse mucho peor, ya que la falta de competencia hace que los consumidores sean botín de empresas que se aprovechan de su posición monopólica. Por lo tanto, los consumidores se sienten desprotegidos y a menudo están a merced de empresas tradicionales explotadoras. Por ejemplo, México ocupa el puesto 53 de 63 países en el Índice de Competitividad de la Organización para la Cooperación y el Desarrollo Económicos (OCDE). Además, los consumidores sienten la presión de la falta de recursos económicos y necesitan productos y servicios más asequibles y adaptados a sus difíciles circunstancias.

Así, los consumidores de las economías avanzadas y en desarrollo suelen carecer de información, oportunidades o motivación para considerar cuestiones relacionadas con el consumo sostenible. Evidentemente, el consumo ecológico o sostenible sigue siendo un nicho, lo que disuade a las empresas de introducir en sus productos algo más que mejoras incrementales. Y lo que es más importante, es posible que los consumidores no reciban la información adecuada para tomar decisiones óptimas.

Las empresas energéticas pueden ser una buena ilustración. Los consumidores suelen derrochar energía cuando calientan, enfrían e iluminan sus hogares. Pero, como demuestra el caso Nest, la mayoría de los hogares no están equipados con dispositivos que puedan proporcionar información clara, utilizable y procesable para reducir sus recibos. Y si la tienen, carecen de los medios técnicos y los incentivos adecuados para actuar en consecuencia. Por ejemplo, los consumidores no pueden supervisar y controlar el consumo de energía cuando están en el trabajo o de viaje, por lo que las luces y la calefacción se dejan encendidas innecesariamente. Opower es una empresa de software basado en la nube, con sede en Virginia, que se asocia con empresas de servicios públicos para promover la eficiencia energética. Esta compañía calcula que los clientes estadounidenses podrían, con los datos y las herramientas adecuadas, reducir el consumo anual de electricidad en 18 millones de megawatts-hora, equivalentes a diez millones de toneladas de emisiones de carbono, y ahorrar 2 200 millones de dólares al año. En el caso de los países en desarrollo de América Latina, necesitaríamos soluciones más contextualizadas, que puedan incluir a más personas que viven en la pobreza, con soluciones asequibles y adaptadas a sus realidades.

Una vez más, por tanto, corresponde a las empresas tomar la iniciativa. Si Unilever, por ejemplo, quiere cumplir su objetivo de conseguir que 200 millones de personas consuman y calienten menos agua, tendrá que persuadir a los consumidores para que se duchen más rápido. Lo intenta con un champú de fácil enjuague. David Blanchard, director de I+D de Unilever, explica el problema:

> Uno de nuestros mayores retos son las duchas. Digas lo que digas, a algunos consumidores les gustan sus ocho o nueve minutos por la mañana: tres minutos para asearse y cinco para afrontar los retos de otro día. ¡Doce minutos en caso de una gran reunión! Y como ducharse no es una de las principales competencias de Unilever, tenemos que crear un sitio web de innovación abierta e invitar a los expertos que trabajan en duchas a que digan cómo podemos cocrear soluciones con ellos para ayudar a reducir el consumo de agua al tiempo que mejoramos la experiencia de la ducha.[1]

Esto no es solo una realidad de los países desarrollados. Unilever, por ejemplo, ha probado en países como México un sistema de recarga para su champú Sedal, como forma de disminuir el consumo de plástico. Además, sus envases de espuma para peinar están fabricados con materiales reciclables, incluidos el aluminio y el plástico. Por último, la empresa facilita la recolección de envases usados, animando a los consumidores a integrarlos en un nuevo ciclo de uso, lo que a su vez contribuye a la recuperación de residuos posconsumo.

Las empresas también se benefician cuando los clientes utilizan menos recursos o adoptan un comportamiento más sustentable. Un estudio del American Council for an Energy-Efficient Economy (Aceee) calcula que reducir el consumo de electricidad en un kilowatt-hora cuesta a las empresas solo

2.8 centavos; hasta un tercio del coste de generar un kilowatt-hora de electricidad en una central eléctrica.

El consumo es importante para el bienestar, pero puede erosionarlo. Durante la mayor parte del siglo XX, el modelo económico dominante en Occidente situó el consumo en el centro del crecimiento. Desde la Conferencia de Bretton Woods de 1944, el PIB de una nación se ha convertido en la referencia para medir la salud y el progreso económico. El consumo es normalmente uno de los componentes más importantes del PIB: consiste en el gasto de los hogares en bienes y servicios, duraderos y no duraderos. Desde este punto de vista, cuanto más consumen las personas, mayor es el incentivo para que las empresas produzcan. Cuanto más producen las empresas, más crece la economía y más prosperan los ciudadanos.

Este enfoque del bienestar basado en el consumo tiene sus críticos. El economista anglo-alemán y autor de *Lo pequeño es hermoso*, E. F. Schumacher, argumentó que el consumo puro no necesariamente mejora la calidad de vida. De hecho, el consumo por sí mismo podría degradar la calidad de vida. Schumacher no creía que el crecimiento fuera siempre bueno, o que más grande fuera siempre mejor. Afirmaba que el PIB era una mala medida del bienestar y sostenía que el consumo no es más que un medio para el bienestar humano. Según él, las sociedades deberían aspirar a alcanzar el "máximo bienestar con el mínimo consumo".[2]

Pensadores más recientes, como John Ehrenfeld y Andrew Hoffman, hacen eco de estas ideas. En *Flourishing: A Frank Conversation about Sustainability* (Prosperando: una conversación franca sobre sostenibilidad), se oponen a la visión convencional de que el papel de las empresas es proporcionar cada vez más riqueza material como medio para aumentar el bienestar. Se preguntan cómo puede sostenerse el crecimiento y si es posible que una población grande y creciente mantenga su estilo de vida actual. Según ellos, "teniendo en cuenta cualquier previsión razonable de futuras ganancias de ecoeficiencia, el crecimiento tendrá que detenerse, dejándonos atascados en el camino, si queremos evitar el agotamiento de todos los ecosistemas de este planeta".[3] Para Ehrenfeld y Hoffman, la visión de la sustentabilidad orientada al crecimiento está conduciendo a un "creciente sufrimiento humano y degradación medioambiental". Y concluyen: "El crecimiento es, en última instancia, una medida de cantidad; nosotros proponemos, en cambio, una medida de calidad... El papel primordial de las empresas es ayudar a las personas a prosperar".[4]

En el mundo de Schumacher, Ehrenfeld y Hoffman, las estrategias empresariales pasarían de obligar a la gente a consumir más, a animarla a consumir mejor, ya que el beneficio pasa a un segundo plano frente a la contribución de la empresa a la prosperidad. Los consumidores modernos están en conflicto. Por un lado, se preocupan por el medio ambiente, así como por el aumento de los costos de vida; además, desean más autonomía y conectividad. Por otro lado, luchan contra el interés propio, la inercia y su incapacidad para marcar la diferencia. Los retos a los que se enfrentan las empresas son: influir en el comportamiento de los consumidores sin que se sientan manipulados; ayudar a los consumidores a equilibrar el interés propio con su preocupación por el planeta; y equilibrar la frugalidad con el sentido de la abundancia.

Algunas empresas pioneras ya están resolviendo estos dilemas mediante dos enfoques distintos: la motivación y el empoderamiento. Los enfoques motivacionales utilizan técnicas de las ciencias del comportamiento para empujar a los consumidores hacia un proceder diferente. Estos enfoques ayudan a las personas a superar sesgos cognitivos y conductuales como la atención limitada, la sobrecarga cognitiva, la procrastinación, el descuido del futuro, el apego al *statu quo*, etc. Los enfoques

motivacionales movilizan a los consumidores mediante una serie de herramientas, como la vinculación de su comportamiento con los resultados, técnicas de compromiso (como promesas
y garantías), comparaciones sociales, apelaciones aspiracionales, recordatorios, anclajes, retroalimentación y diversión.

Los enfoques de empoderamiento proporcionan a los consumidores las herramientas técnicas para medir, controlar y gestionar su comportamiento a lo largo del tiempo. Aprovechan la
creciente ubicuidad de los teléfonos inteligentes, los sensores de
los dispositivos, internet o las redes sociales para crear aplicaciones que permitan el seguimiento y la visualización del comportamiento en tiempo real. Todo ello, a su vez, permite a los
consumidores ser más conscientes de las causas y consecuencias de su comportamiento y compararlo con el de los demás.
El avance más significativo en este sentido es el internet de las
cosas, es decir, el equipamiento de objetos cotidianos, relojes,
refrigeradores, coches, con diminutos dispositivos de identificación interconectados que permiten medir, supervisar y regular
el comportamiento de forma continua y discreta en la red.

La mayoría de los esfuerzos por moldear el comportamiento de los consumidores utiliza una combinación de ambos enfoques, cada vez más extendidos en ámbitos tan diversos como
la energía, la educación, las finanzas y la salud.

Cómo influyen los consumidores en el gasto de energía

Visualización

Una mejor visualización puede ayudar a los consumidores a ser
más frugales en su uso de la energía. Por ejemplo, S-Oil, una
empresa petrolera surcoreana, lanzó hace poco una campaña

de globos para ayudar a la gente a encontrar estacionamiento, con el lema: "Ahorra petróleo, ahorra tiempo, ahorra dinero". Cuando un coche utiliza un lugar de estacionamiento, empuja un globo con la inscripción "aquí" y lo pierde de vista. Al salir, el globo vuelve a aparecer. Los conductores pueden ver los globos desde lejos y encontrar lugares sin dar vueltas por todo el estacionamiento. Estacionarse rápido ahorra petróleo. En un solo día, unos setecientos coches se benefician y ahorran juntos unos 23 l de petróleo, lo que multiplicado por 365 días supone un importante ahorro en un año.

En una línea similar, Toyota Suecia lanzó, a mediados de 2010, su campaña "Un vaso de agua", basada en la idea de que una conducción más tranquila ahorra combustible y reduce las emisiones de carbono. El problema es que a menudo se asocia la conducción con la velocidad, la aceleración y el asumir riesgos. Así que Toyota pidió a los conductores que colocaran un vaso de agua en el tablero y condujeran sin derramar ni una gota. De este modo, los conductores redujeron el consumo de combustible hasta un 10%. Por supuesto, conducir con un vaso de agua en el salpicadero no es práctico. Por eso, en julio de 2010, Toyota Suecia lanzó una aplicación para iPhone que parece y actúa como un vaso de agua. El acelerómetro y el GPS (sistema de posicionamiento global) del iPhone permiten a la aplicación visualizar cuánta agua virtual se derrama durante un viaje, así como registrar la velocidad y la distancia del coche a lo largo del tiempo. La aplicación también está integrada con Google Maps, por lo que puede rastrear la ruta del conductor y dónde se derramó el agua. Al final del trayecto, los conductores pueden ver los resultados, incluido el combustible consumido. Además, los datos se cargan automáticamente en el sitio web de "Un vaso de agua", para que los conductores puedan analizar su conducción en detalle mediante mapas y herramientas gráficas. Los conductores también pueden retar a sus amigos a hacer la prueba, compartir y comparar sus progresos en Facebook. Durante la campaña, más de 95 000 personas descargaron la aplicación, convirtiéndola en la tercera aplicación gratuita más popular en ese momento. Desde entonces, se han recorrido más de 678 000 km de forma inteligente y sustentable.

Mientras tanto, en el Senseable City Lab del MIT, ingenieros, diseñadores y científicos están desarrollando herramientas interactivas que facilitarán la vida de los ciudadanos y harán que muchas dimensiones de la vida urbana sean más agradables y sustentables.[5] Carlo Ratti, director del laboratorio, señala que, aunque las ciudades solo cubren el 2% de la corteza terrestre, albergan a la mitad de la población mundial y consumen tres cuartas partes de la energía del planeta.[6] Dado que se espera que seis de cada diez personas vivan en ciudades para el 2030 (y 6 500 millones en 2050), Ratti cree que científicos, diseñadores y urbanistas deben colaborar para preparar a los ciudadanos a estilos de vida más sostenibles. En un proyecto de Seattle llamado Trashtrack, el equipo de Ratti rastreó tres mil piezas de basura para demostrar lo lejos que viajan estos objetos. En un caso, una impresora de inyección de tinta desechada terminó un viaje de seis mil kilómetros en Baja California (México). En otras palabras, la cadena de eliminación de los productos desechados genera tantos residuos como la cadena que los fabrica y distribuye. Después de ver todo el sistema, Ratti cree que los consumidores pueden sentirse menos inclinados a dejar las botellas de plástico en un vertedero.

Otro proyecto titulado Hubcab es una herramienta de visualización interactiva que explora las rutas de más de 170 millones de viajes en taxi, en la ciudad de Nueva York, en un año determinado. Paolo Santi, investigador principal del proyecto, explicó que Hubcab pretende contribuir a la ciencia de compartir (es decir, utilizar grandes volúmenes de datos para modelar y optimizar la naciente economía colaborativa) cuantificando y representando los beneficios reales de los viajes compartidos. Por ejemplo, los datos de Hubcab muestran que, si los neoyorquinos estuvieran dispuestos a no esperar más de cinco minutos más por un taxi, casi el 95% de todos los viajes podrían compartirse con otra persona que va en la misma dirección. Esa combinación óptima de viajes reduciría el tiempo total de desplazamiento en un 40% y lograría reducciones similares en costos operativos, emisiones de gases y embotellamientos. Santi pretende que Hubcab esté disponible como aplicación para teléfonos inteligentes no solo para Nueva York, sino también para otras ciudades. En 2018, el equipo de Ratti anunció que había desarrollado un algoritmo capaz de calcular con precisión cuántos taxis necesitaría una ciudad a medida que despegaran los servicios de movilidad compartida. Utilizando este algoritmo, los investigadores descubrieron que Nueva York puede reducir el tamaño de su flota de taxis hasta en un 40% sin comprometer el servicio.

Los empresarios de los países en desarrollo también han encontrado interesantes soluciones de sustentabilidad. Por ejemplo, Iluméxico ofrece un servicio de energía solar para las personas de las zonas rurales que viven en pobreza y que no tienen acceso a la red eléctrica convencional. Este servicio incluye mantenimiento y asistencia técnica para garantizar que los clientes tengan acceso a una energía fiable y de calidad. Kingo, en Guatemala, ofrece un servicio similar. En respuesta a la complejidad de desarrollar modelos de negocio rentables en contextos de extrema pobreza, esta empresa decidió conectar cada uno de sus dispositivos a una plataforma de análisis de datos basada en su sede en Guatemala; los nuevos datos introducidos en ella por los vendedores de Kingo y los asistentes técnicos que trabajan en campo se revisan diariamente. El sistema permite a los tomadores de decisiones hacer un seguimiento del consumo o de los problemas técnicos, y ofrecer las soluciones que mejor se adapten a las necesidades energéticas de cada cliente.

Ludificación (Gamification)

En marzo de 2009, IKEA Francia puso en marcha un sitio web para compartir coche con los clientes. La idea era ayudar a la gente a llegar a sus tiendas y reducir el consumo de energía. En palabras de la empresa: "Todos ganamos: conductores, pasajeros y medio ambiente". El único problema era que muy pocos conductores se registraban; alguien tenía que incentivar a los clientes de IKEA que tenían coche. En abril de 2011, con la ayuda de la agencia de publicidad La Chose, se lanzó la campaña "Pasajero misterioso", para animar a la gente a compartir coche. Lanzada para coincidir con la Semana del Desarrollo Sostenible, La Chose creó un personaje ("un tipo real de la vida real") al que llamaron el pasajero misterioso. Filmaron a esta persona (convenientemente disfrazada) en un estacionamiento de la tienda y la incluyeron en su publicidad. El usuario de coche compartido que recogiera al misterioso pasajero recibiría mil euros (1 300 dólares) para gastar en IKEA. La campaña duró tres semanas, durante las cuales el tráiler fue visto más de setecientas mil veces en YouTube, lo que multiplicó por cinco el número de registros en el sitio web. Las visitas a este aumentaron un 600%. Unas cuatro mil personas se ofrecieron a compartir coche con otros clientes de IKEA, lo que dio lugar a dos mil viajes compartidos. La campaña hizo un uso inteligente y frugal de YouTube, así como de las redes sociales, para que los propios consumidores fueran más frugales. Por un lado, fomentó un comportamiento respetuoso con el medio ambiente y, por otro, ayudó a IKEA a consolidar su marca.

La comparación social:
la mejor técnica frugal de marketing

La mayoría de los economistas convencionales sostiene que la mejor forma de conseguir que los consumidores regulen su consumo de energía es mediante precios o subsidios. Pero la economía del comportamiento menos convencional ha fomentado planteamientos más psicológicos. Opower envía a sus clientes, por correo electrónico y de manera periódica, un informe energético doméstico (HER, por sus siglas en inglés) en el que se compara su consumo de energía con el de sus vecinos. De este modo, se puede incitar a los consumidores a la frugalidad. La técnica de modificación del comportamiento de HER se basa en las investigaciones pioneras del Dr. Robert Cialdini, psicólogo social y gran experto en el campo de la persuasión y la influencia. Él estableció los seis principios de la ciencia del comportamiento que pueden hacer que las campañas de marketing y divulgación tengan éxito.[7] Estos seis principios de eficacia comprobada hacen referencia a los seis atajos que utiliza nuestro cerebro para tomar decisiones rápidamente en nuestras sobrecargadas vidas. Podemos llamar a estos atajos frugalidad mental. Estos seis atajos son reciprocidad, escasez, autoridad, coherencia, agrado y consenso.

El principio del consenso es el siguiente: "Cuando no estamos seguros, nos fijamos en las acciones y comportamientos de los demás para determinar los nuestros". El HER, de Opower, es una técnica de marketing frugal basada en el principio del consenso, y funciona de maravilla.

Opower trabaja ahora con 93 empresas de servicios públicos asociadas en 35 estados de ocho países en todo el mundo, para llegar a más de 32 millones de hogares y empresas. Un estudio de Ideas42, una consultora de economía del comportamiento, concluyó que "el programa HER reduce de media el consumo

de energía en un 2%". Además, basándose en datos de tratamiento y control de más de seiscientos mil hogares, el estudio
concluyó que esta reducción del 2% equivale a un aumento,
a corto plazo, del precio de la electricidad de entre el 11 y
el 20%. La rentabilidad del planteamiento era comparable a la
de los programas tradicionales de conservación de la energía,
con un ahorro anual de 300 millones de dólares. Entre 2008 y
2019, Opower ahorró más de 23 terawatts-hora de electricidad,
energía suficiente "para preparar 600 000 millones de tazas de
café, secar el pelo de todos los franceses durante más de mil
días o mantener a los estadounidenses navegando por internet
durante más de seis meses". Los clientes se alegran de haber
ahorrado 2 000 millones de dólares en recibos de servicios públicos para usuarios finales. El éxito de Opower llevó al gigante
del software Oracle a adquirirla en 2016.

Asistencia sanitaria "hágalo usted mismo"

En las próximas décadas, los costos de la asistencia médica en
Occidente se dispararán debido al envejecimiento de la población y a la proliferación de enfermedades crónicas, relacionadas
con el estilo de vida. Para desactivar esta bomba de tiempo, los
proveedores de servicios de salud con visión de futuro, desde
las nuevas empresas de Silicon Valley hasta las organizaciones
para el mantenimiento de la salud (HMO) o las compañías de
seguros médicos, están colaborando con gobiernos y empresas
para dar paso a la *consumerización* de los servicios de salud. El
objetivo de esta nueva tendencia es dar a los ciudadanos un papel más activo en la gestión de su propia asistencia médica, desde la búsqueda de proveedores hasta la elección de tratamientos.
Pero la *consumerización* también consiste en pasar de la cura a
la prevención. La idea es que los consumidores gestionen su

salud centrándose en el bienestar. Según una encuesta de Wolters Kluwer Health, el 76% de los encuestados están dispuestos a tomar decisiones proactivas en materia de salud. Muchos tienen ahora acceso a tecnologías asequibles y fáciles de usar, como la salud móvil (m-health) y las herramientas de las redes sociales, que les permiten tomar las riendas. Estas soluciones pueden clasificarse en tres categorías.

Autocontrol

En los últimos años, se ha producido un enorme aumento de los dispositivos para vestir (*wearables*) y los relojes inteligentes de Apple, Garmin, Fitbit, Samsung y Xiaomi, que registran o cuantifican los pasos, la distancia, las calorías, el tiempo de actividad y el tiempo de inactividad, lo que ayuda a entender cómo uno se alimenta, se mueve o duerme, y a tomar decisiones más saludables. Fitbit tuvo su mejor año de ingresos en 2016, con 1 530 millones de dólares. Aunque desde entonces los ingresos de Fitbit se han reducido, se argumenta que se debe principalmente a la competencia, por ejemplo de los dispositivos como el Apple Watch. Los proveedores de servicios de salud tratan de influir en la forma como los consumidores regulan y gestionan su salud integrando los datos de estos dispositivos *wearables* en sus propias aplicaciones móviles.

Diagnóstico y tratamiento a distancia

En 2025, el sistema de salud estadounidense carecerá de casi 65 000 especialistas que no son de atención primaria. Para hacer frente a esta situación, cada vez más hospitales y clínicas recurren a soluciones de telemedicina, como las videoconsultas interactivas, especialmente para pacientes de edad avanzada o de zonas rurales. La telemedicina ofrece privacidad a los pacientes, como los que padecen enfermedades mentales, que desean evitar las visitas a los centros médicos. Muchos afirman que Europa va por delante de Estados Unidos en la adopción de la telemedicina. En Suecia, el mercado de la telemedicina ha crecido un 80% entre 2012 y 2017. Durante ese mismo periodo, en el Reino Unido, el Servicio Nacional de Salud ahorró 90 millones de euros gracias a la telemedicina. En Francia, en septiembre de 2018, entró en vigor un decreto gubernamental que permite a los médicos consultar a distancia a los pacientes y recibir el mismo reembolso que en las consultas presenciales.

Cellscope, una empresa derivada de la Universidad de California, en Berkeley, está aprovechando las oportunidades que esta situación genera. Fabrica un accesorio óptico que puede convertir un teléfono inteligente en un otoscopio. Los padres pueden introducir el dispositivo en el oído de su hijo, hacer fotos del interior y enviarlas por correo electrónico al médico de cabecera, que puede detectar rápidamente cualquier infección. Otro accesorio de Cellscope convierte el *smartphone* en un dermascopio, para comprobar el estado de la piel. Ambos accesorios cuestan una fracción de los aparatos de análisis profesionales que utilizan los médicos.

En los países en desarrollo, las *start-ups* también están moviendo la aguja de la innovación en la atención médica y el diagnóstico y tratamiento a distancia. Por ejemplo, en México, Salauno es un sistema de oftalmología que trabaja para eliminar la ceguera. La empresa recaudó 15 millones de dólares en 2019, con la participación del fondo Endeavor Catalyst. Debido al covid-19, Salauno decidió cerrar sus oficinas físicas y digitalizarse por completo. Han realizado más de mil consultas de telemedicina y su actividad crece exponencialmente gracias a ello. Además, este nuevo canal digital les permite llegar a zonas remotas que antes no podían atender. Del mismo modo,

Terapify, una plataforma de atención psicológica en línea, se creó para democratizar el acceso a servicios de salud mental de calidad. Fue fundada en México por dos hermanos, Eduardo Vélez y Juan Daniel Vélez, después de que este último sufriera depresión cuando era joven. Los servicios disponibles a través de Terapify son proporcionados por profesionales certificados en salud mental; gracias a ello, sus cifras se dispararon durante la pandemia de COVID-19 por encima del 20% mes a mes.

Cumplimiento del tratamiento

Otra gran preocupación en la asistencia médica es que los pacientes no utilicen los medicamentos adecuadamente. Por lo general, no toman la receta inicial o la primera dosis, o no toman los medicamentos con regularidad ni puntualmente. En Estados Unidos, por ejemplo, el 50% de los pacientes no toma la medicación según lo recetado. Esta falta de cumplimiento supone importantes costos médicos y sociales. Un estudio de 2005 del *New England Journal of Medicine,* sobre el cumplimiento terapéutico en el último medio siglo, reveló que esto causa 250 000 muertes y cuesta hasta 300 000 millones de dólares al año, en Estados Unidos. Esto incluye los costos de hospitalizaciones evitables, ingresos en residencias de ancianos y muertes prematuras. El informe invita a realizar mayores esfuerzos para "estimular una mejor prescripción y cumplimiento con los medicamentos esenciales".

La tecnología y las técnicas de motivación inteligentes pueden utilizarse para garantizar que los pacientes tomen sus medicamentos correctamente. Por ejemplo, Janssen Healthcare Innovation, una unidad empresarial de Janssen Research & Development, de Johnson & Johnson, ha desarrollado Care4Today, una aplicación móvil gratuita que ayuda a las personas a seguir el horario de su medicación. En concreto, permite a amigos y familiares controlar el tratamiento. Asimismo, Propeller Health fabrica un dispositivo de control que se adapta a los inhaladores para el asma. Todo esto es posible gracias al uso generalizado de teléfonos inteligentes que pueden tener aplicaciones de salud. Estas aplicaciones y dispositivos de salud móvil (m-health) son frugales por varias razones. En primer lugar, permiten a médicos y enfermeras controlar y tratar a los pacientes a distancia, con el consiguiente ahorro de tiempo y costos de desplazamiento. En segundo lugar, reducen los costos de recopilación de datos discretos en tiempo real, que pueden utilizarse para evaluar la eficacia de los tratamientos. En tercer lugar, y lo más importante, son una forma barata pero eficaz de ayudar a los pacientes a ayudarse a sí mismos, incluso antes de que enfermen. Así, el verdadero beneficio frugal es a largo plazo: prevenir es mejor (y más barato) que curar.

En los países en desarrollo, muy a menudo el reto de la educación sobre salud es aún peor, debido a las menores tasas de alfabetización y niveles de educación en general. Por ello, el trabajo de *start-ups* como Usound, ubicada en Jujuy, una de las regiones más pobres de Argentina, puede ser una inspiración para muchos. Usound desarrolló el primer y único audiómetro ultraportátil del mundo, nacido de la combinación de la tecnología Samsung (teléfono inteligente + auriculares de copa) junto con Usound (software con algoritmos propios de detección de pérdida auditiva). Esto, a su vez, ha permitido desarrollar con éxito un producto médico, profesional, portátil, digital y fácil de usar que se comercializa en todo el mundo. El audiómetro puede descargarse desde una aplicación y permite diagnosticar el nivel de problemas de oído del usuario y adaptarlo a sus necesidades. Así, Usound atiende a poblaciones pobres y excluidas a las que antes no se diagnosticaban ni se les ofrecían soluciones asequibles para sus problemas de oído.

Socializar la educación

Como ya se dijo en el capítulo 3, internet y la banda ancha de alta velocidad están provocando una revolución frugal en la educación. El auge de los cursos en línea masivos y abiertos (MOOC, por sus siglas en inglés) permite a los educadores llegar a un gran número de estudiantes en lugares remotos a un costo relativamente bajo. A la inversa, desde la perspectiva de los estudiantes, muchos más pueden acceder ahora a una enseñanza de calidad a un costo bajo o nulo, lo que es especialmente relevante en las regiones en desarrollo. Pero esto no es todo. El diseño inteligente y el uso de la tecnología y las técnicas de motivación están cambiando la forma de aprender de los estudiantes. Por ejemplo, los MOOC permiten a los estudiantes aprender a su propio ritmo y de sus compañeros, lo que les disuade de abandonar los estudios. En concreto, plataformas como Futurelearn, Coursera, Edex y Udacity suelen utilizar el aprendizaje visible, el aprendizaje social, la narración de historias y la ludificación para promover un aprendizaje eficaz.

Aprendizaje visible

Los cursos en línea están diseñados para que el proceso de aprendizaje sea visible para los usuarios. Los estudiantes reciben señales en cada etapa para ayudarles a evaluar su progreso. Saben en qué punto del curso se encuentran, cuánto han completado y qué pueden esperar a continuación. Por ejemplo, Futurelearn utiliza una lista de tareas para mostrar a los estudiantes sus actividades de la semana, mientras que una página de perfil ofrece un resumen de las actividades, incluidos los cursos realizados y los comentarios hechos. La plataforma también permite a los alumnos poner a prueba sus nuevos conocimientos mediante cuestionarios que les ofrecen respuestas útiles y les permiten volver a intentarlo si responden incorrectamente.

Aprendizaje social

Quizá la mejor (y más frugal) fuente de aprendizaje en los MOOC sean otros estudiantes. El número y la variedad de personas que participan en un curso en línea abre un mundo de experiencias y conocimientos diferentes, ya que aprenden compartiendo o debatiendo. Los cursos de Futurelearn facilitan el intercambio al permitir a los alumnos añadir comentarios junto al contenido del curso. Cada uno puede forjarse su propia reputación en el proceso: los comentaristas más confiables y populares pueden ser "seguidos" por otros; y los estudiantes pueden buscar comentarios para facilitar el aprendizaje y la construcción de su reputación. La idea es que el aprendizaje sea más informal y ameno. Los MOOC también ahorran en el costo de contratar tutores al utilizar el apoyo en línea de la comunidad. Motivan a los alumnos a que se ayuden unos a otros y les da la oportunidad de poner a prueba sus habilidades. También pueden ofrecer a los estudiantes recompensas sociales al permitir que otros voten sobre la calidad de sus comentarios, lo que permite a los alumnos más comprometidos forjarse una reputación de útiles o expertos. La calidad y frecuencia de sus comentarios puede incluso tomarse en cuenta para la evaluación del curso. En palabras de Simon Nelson, director de Futurelearn: "Creemos que gran parte del aprendizaje proviene del debate. Casi el 40% de nuestros alumnos comentan activamente".[8]

Cuentos y juegos

Los cursos en línea suelen ser impartidos por académicos destacados en su campo. Pero en lugar de filmarlos durante una larga sesión en directo, los cursos se presentan en videos cortos y bien editados en los que el tutor aborda un tema concreto de forma atractiva y entretenida. Cada vez más, las plataformas en línea han adoptado técnicas de guion y edición de las empresas de noticias y entretenimiento (como la BBC en el Reino Unido) para aumentar la calidad de los contenidos y la participación de los usuarios.

Estas plataformas también utilizan ideas del mundo de los videojuegos. Salman Khan, pionero de la educación en línea, cree en el poder de los juegos para motivar a los niños a aprender. Su Khan Academy ha experimentado con mecánicas de juego en sus cursos en línea. Los alumnos pueden acumular puntos por su trabajo, recibir insignias y entrar en las tablas de clasificación. Los experimentos de la academia demuestran que estas estrategias pueden tener un efecto espectacular en el aprendizaje. En algunos casos, decenas de miles de estudiantes pueden ir en una dirección concreta en función de la naturaleza de las insignias. En general, la ludificación de los contenidos educativos mediante el uso de videotutoriales a la carta ha hecho que los contenidos resulten más atractivos para los nativos digitales de todo el mundo.

En América Latina, el Instituto Tecnológico Nacional de México (Tecnm) desarrolló una iniciativa emprendedora en materia de MOOC, la cual ofrece diferentes materias de Desarrollo Sustentable, Cálculo Integral, Matemáticas, Álgebra, Informática e Investigación a estudiantes de diversas localidades que se inscriben en línea.

A pesar de la expectativa que se les da a los MOOC, muchos experimentan una deficiente participación y retención de conocimientos por parte de los estudiantes. Una investigación de la Universidad de Pensilvania, en 2013, mostró que solo la mitad de los estudiantes registrados asiste a cada clase, mientras que solo el 4% completa un curso, tasas que han mejorado con los años. Para hacer frente a este problema, *start-ups* educativas como Getsmarter, de Sudáfrica, y Upgrad, de la India, ponen mucho énfasis en guiar la experiencia del estudiante a lo largo de un programa en línea. En lugar de ser masivos, abiertos y gratuitos, sus cursos son pequeños, cerrados y de pago. Grupos reducidos —de cincuenta a cien estudiantes— siguen un programa de entre seis y 18 semanas, en el que no solo ven videos de dos minutos o menos cada uno, sino que también trabajan semanalmente en tareas individuales y de grupo, con plazos y políticas de entrega estrictas. Además tienen, en directo, seminarios web semanales e interacciones individuales con mentores, quienes se aseguran de que mantengan el rumbo y no pierdan la motivación. Al término del curso, los que completan todas las tareas y participan regularmente en los debates en línea, reciben un certificado de finalización, que tiene relevancia en el mercado laboral, ya que indica que los estudiantes tienen ahora la habilidad necesaria que buscan los empleadores. El efecto acumulativo de pagar el curso, tener un grupo de compañeros con ideas afines y ser guiados por mentores hace que los estudiantes se mantengan motivados a lo largo de él, y que aprendan incluso trabajando a distancia, sin la interacción cara a cara que ofrecen los típicos cursos universitarios. Estas iniciativas pueden reproducirse en América Latina para integrar la digitalización con la presencia física en los programas educativos.

Romper los (malos) hábitos financieros

El auge de la cultura del crédito y el consumo, a finales del siglo xx, provocó un aumento del endeudamiento de los hogares. Incluso después de que todo llegara a su punto más álgido, en 2008, sigue habiendo indicios de despilfarro por parte de los consumidores. En 2021, la deuda de las tarjetas de crédito en Estados Unidos ascendía a 807 000 millones de dólares, repartidos en casi 506 millones de cuentas.

Barclays Bank, multinacional británica de servicios bancarios y financieros, informa que la gente suele tener poca consideración con los "días lluviosos". La mayoría no tiene ahorros significativos, gasta lo que gana y se las arregla solo mientras tiene trabajo. Y lo que es más preocupante, algunos clientes se enfrentan a graves tensiones financieras, suelen recurrir a adelantos de efectivo, se retrasan en los pagos y sacan dinero de las tarjetas de crédito. Se podría esperar que este último grupo redujera el gasto en artículos no esenciales, pero en realidad gastan más que el promedio, precisamente cuando tienen problemas financieros. Preocupado por la posibilidad de que este comportamiento a gran escala perjudique al banco y a la economía, Barclays ha empezado a estudiar cómo podría dar un giro a sus clientes derrochadores.

Uno de los métodos es su programa de salud financiera, que ayuda a los clientes a visualizar su comportamiento financiero y a cumplir sus objetivos de ahorro. El programa también permite a los clientes de Barclays conectarse con amigos, familiares y compañeros para motivar un mejor comportamiento financiero. Por ejemplo, Barclays dispone de una sencilla herramienta de lápiz y papel para colocar en la nevera de la cocina, que muestra los gastos diarios y semanales por categorías clave. El banco también trabaja con el personal de sus sucursales para que se comprometan más con sus clientes y los ayuden, a su vez, a comprometerse más con sus finanzas.

La iniciativa de tarjetas de débito personalizadas de Barclays ayuda a los clientes a mejorar sus hábitos financieros; sus plásticos tienen mensajes motivadores e imágenes que les recuerdan sus aspiraciones financieras. Entre los argumentos figuran: "A veces me olvido de que estoy gastando dinero de verdad cuando uso mi tarjeta" (con una foto de dinero en efectivo en la tarjeta); "Me recuerda que una copa menos en el bar me acerca a mis vacaciones" (acompañado de fotos de ese destino de vacaciones); y "Libra a libra, ladrillo a ladrillo, ahorrando para la casa de mis sueños" (con una casa en la tarjeta).

En los países en desarrollo también han aumentado las iniciativas similares. Forbes México ha destacado que el impacto económico de la pandemia de covid-19 no solo llevó a más mexicanos a caer en mora a la hora de pagar sus tarjetas de crédito, sino que también ha disminuido su uso, ya que el número entre la población también ha descendido. El crédito otorgado a través de tarjetas también ha disminuido. En febrero de 2021 se ubicó en 346 mil millones de pesos. Esto significó una caída de 16.5% en términos reales anuales y una participación de 37.1% dentro de la cartera vigente de consumo de los bancos en el país.

En medio de la crisis económica provocada por covid-19, el pago de los mexicanos también se ha visto afectado, ya que la cartera vencida y la suma de 12 meses de deducciones y castigos en la cartera de crédito de los bancos alcanzó su nivel más alto en los últimos veinte años. Esto ha propiciado el éxito de muchas *start-ups* que han tratado de dar mejores y más personalizadas condiciones de créditos para los mexicanos. Por ejemplo, Credijusto es una *start-up* mexicana que, desde 2015, ha desembolsado créditos personalizados por más de seiscientos millones de dólares a empresas; recientemente, compró un banco convencional para ampliar su capacidad de préstamo a personas físicas. En la misma línea, gbm es una *start-up* que ha simplificado, y democratizado, el proceso y el precio para invertir en la Bolsa Mexicana de Valores. De igual manera, Konfío se convirtió en una compañía unicornio, en septiembre de 2021, al utilizar algoritmos de calificación crediticia, basados en *big data*, para dar préstamos más baratos que los de los bancos normales a pequeñas empresas.

Hay una explosión de innovación similar en el sector de los seguros, que hace más asequible asegurar un coche, una casa o la salud. Según un estudio del Boston Consulting Group, en 2020, alrededor de la mitad de los coches dispusieron de equipos de seguimiento telemático que controlan el número de trayectos realizados, la hora del día y el comportamiento al volante, como la velocidad y el frenado. Aunque en la actualidad los servicios telemáticos incluyen principalmente seguridad, asistencia en carretera y entretenimiento, aseguradoras de automóviles, como Progressive y AXA, están utilizando estos servicios para cambiar su modelo de negocio y pasar de castigar a los conductores por sus malos hábitos al volante, a recompensarles por su buen comportamiento. En 2012, Progressive lanzó Snapshot, un programa de seguro de coche de pago por uso (PAYD, por sus siglas en inglés). Una vez que los usuarios se inscriben (de forma gratuita), reciben un dispositivo de control que se conecta al tablero. Durante treinta días de prueba, el dispositivo registra la distancia y la calidad de la conducción; mide, por ejemplo, la frecuencia y la fuerza con que se frena. Progressive utiliza los datos para elaborar presupuestos con descuentos de hasta el 30% para conductores responsables. Alrededor del 70% de quienes prueban el plan obtienen descuentos. Una vez que los usuarios contratan el plan, el dispositivo permanece en el coche y la tarifa se revisa cada seis meses. En 2017, Progressive lanzó una aplicación móvil para Snapshot. Desde entonces, ha recopilado más de 1 500 millones de kilómetros de datos de conducción. Al analizar estos datos, Progressive puede medir incluso los patrones de conducción distraída de sus clientes, es decir, del uso que hacen del teléfono móvil en la mano, e instarles a cambiar sus riesgosos hábitos de conducción. Cuanto más alejados estén sus clientes del teléfono mientras conducen, mayor será el descuento que obtengan.

En el caso de México, la multinacional Sura ha utilizado incentivos para aumentar el ahorro voluntario en el sistema de pensiones de jubilación. Por ejemplo, lanzaron, a principios de 2015, una tarjeta con la que los clientes pueden aportar voluntariamente a su pensión desde distintos lugares, como un banco o un centro comercial. El objetivo es facilitar y promover el ahorro de una manera más informal y espontánea.

Recomendaciones para gerentes comerciales

Las empresas no pueden esperar que los consumidores cambien su comportamiento por sí solos o de la noche a la mañana. En muchos casos, las empresas deben tomar la iniciativa. Pero, en primer lugar, los gerentes comerciales deben cambiar su propio comportamiento. Los que desempeñan funciones ante el cliente, es decir, ventas y marketing, deben reexaminar las 4P del marketing (producto, plaza, promoción y precio) y transformarlas para una época de austeridad. Esto significa hacer menos promociones multimillonarias al estilo del Super Bowl, destinadas a comprar cada vez más cosas. Por el contrario: hacer hincapié en precios más flexibles y un posicionamiento inteligente, que impulse a los clientes hacia un comportamiento frugal, para que se sientan más ricos, aunque consuman menos. En concreto, los responsables de marketing y ventas deben hacer lo siguiente.

Segmentar a los clientes
según su motivación para el cambio

Los directores de marketing deben empezar por los consumidores más dispuestos y capaces de cambiar. Estos consumidores también tienen más probabilidades de influir en otros para que cambien. Aunque identificar este segmento puede haber sido difícil en el pasado, la llegada de los dispositivos conectados y el *big data*, actualmente, lo facilita mucho. Como ya se ha señalado, el programa de salud financiera de Barclays Bank, por ejemplo, puede recurrir a los datos de las cuentas de los clientes para conocer los perfiles de los primeros en adoptar nuevos programas de ahorro.

Organizar la fuerza de ventas para clientes y soluciones frugales

Los directores de ventas pueden temer que los productos frugales canibalicen o incluso destruyan sus rentables productos de gama alta. Aunque no sea el caso, se suele animar a los equipos de ventas a que vendan artículos caros. Para resolver este problema de canibalización, las empresas deben organizar y gestionar su fuerza de ventas en función de ello. Una opción es formar dos equipos de ventas separados: uno dedicado a los productos frugales y otro a los de gama alta. Es lo que han hecho Procter & Gamble y Renault, en sus respectivos sectores: cada una tiene un equipo de ventas distinto para sus productos de gama baja. La otra opción es explotar las sinergias entre los productos de gama alta y los frugales, y animar al personal de ventas a realizar ventas cruzadas entre estas líneas de productos.

Utilizar la presión social

Alex Laskey, director general de Opower, describió cómo un grupo de estudiantes de posgrado probó uno de los tres mensajes siguientes para animar a la gente a ahorrar energía: "Puedes ahorrar 54 dólares este mes"; "Puedes salvar el planeta"; "Puedes ser un buen ciudadano". Ninguno funcionó. Entonces el equipo de Opower añadió un cuarto mensaje: "Tus vecinos lo están haciendo mejor que tú", y se produjo la magia. La gente que descubrió que el 77% de sus vecinos había apagado el aire acondicionado, apagó el suyo. Las redes sociales lo hacen ahora más barato y, a veces, divertido. Por ejemplo, Piggymojo, una herramienta de ahorro en línea, hace que los clientes pasen del gasto impulsivo al ahorro impulsivo. Cada vez que los usuarios sienten el impulso de comprar algo, como un capuchino de cuatro dólares, envían un mensaje de texto o un tuit a sus familiares y amigos diciendo: "Acabo de ahorrarme cuatro dólares".

Hacer de la frugalidad una aspiración

El coche Nano de 2 500 dólares de Tata Motors, lanzado en la India en 2009, pretendía animar a las familias de bajos ingresos a cambiar sus motocicletas y *scooters* por este auto. A pesar de ser un avance tecnológico, el Nano no se vendió tan bien como esperaban sus creadores. Esto se debió, en gran medida, a que Tata Motors no supo apreciar del todo las aspiraciones de los indios de bajos ingresos. No querían que los vieran conducir "el coche más barato del mundo". En cambio, el Smart, que en cierto modo se parece al Nano, ha tenido mucho éxito en Estados Unidos y Europa, en parte porque se presenta como un coche elegante, que ofrece "máximo confort, agilidad, ecología y diversión al volante". Los profesionales del marketing deberían seguir el ejemplo del Smart a la hora de posicionar productos frugales, o de estimular y moldear el comportamiento frugal de los consumidores. En el caso de México, la *start-up* Ben & Frank ha cambiado la forma en que los mexicanos compran gafas y cuánto pagan por ellas. Su innovador modelo de negocio tiene la misión de reivindicar a los "cuatro ojos" con monturas "geniales" y a un precio justo.

Adoptar efectivas técnicas de motivación
aplicadas en otros lugares

Hay que adoptar estrategias de motivación probadas y utilizadas con éxito en otros sectores o regiones, y adaptarlas a sus necesidades específicas. Por ejemplo, el Behavorial Evidence Hub (bhub.org) cataloga 81 iniciativas de motivación, aplicadas con éxito por 31 organizaciones de treinta países, para resolver problemas del mundo real. Los directivos también pueden consultar un informe publicado por el Programa de las Naciones Unidas para el Medio Ambiente titulado "Consumir de forma diferente, consumir sustentabilidad". El informe ofrece una serie de ideas y buenas prácticas sobre cómo orientar a las personas hacia un consumo sostenible.

Recomendaciones para gerentes de I+D

Los ingenieros, científicos y diseñadores que componen los equipos de innovación de las empresas también deben desempeñar su papel para ayudar a los clientes a adoptar y mantener un comportamiento frugal. En concreto, los responsables de I+D pueden hacer lo siguiente.

Utilizar las limitaciones y las cualidades
del diseño para inducir un cambio sustentable

Las cualidades de un producto facilitan su uso y fomentan su adopción, mientras que las limitantes lo dificultan. Así, por ejemplo, los botes de basura pequeños sensibilizan a los usuarios sobre la cantidad de basura que producen (al obligarlos a sacarla más a menudo). Otros trucos son:

- colocar los contadores de electricidad donde la gente pueda verlos y, por tanto, controlarlos;
- diseñar pastillas de detergente (en lugar de polvo) para asegurarse de que los usuarios no utilicen más detergente del necesario;
- fabricar lavadoras que pesen la ropa y ajusten automáticamente el agua necesaria;
- platos más pequeños para no servirse más de lo que se puede comer.

Diseñar para la longevidad, no para la obsolescencia

Los productos electrónicos de consumo suelen estar diseñados para sustituirlos en pocos meses. Lo mismo ocurre con bienes de consumo supuestamente duraderos, como coches, lavadoras y algunos productos industriales. Para ayudar a reducir los residuos, los equipos de innovación deben diseñar productos realmente duraderos, por los que estarían dispuestos a pagar incluso los clientes más preocupados por los costos. Expliseat, una *start-up* fundada por dos jóvenes ingenieros franceses, es un buen ejemplo. Fabrica los asientos de avión más ligeros del mundo, con un peso de solo cuatro kilos. Están hechos de titanio, que dura mil veces más que el aluminio. Los asientos pueden ahorrar a una compañía aérea hasta quinientos mil dólares anuales por avión solo en combustible. Aunque un Expliseat cuesta más que los productos de la competencia, cada asiento puede montarse e instalarse en cuestión de minutos y puede utilizarse cien mil veces sin deteriorarse.

Recomendaciones para la alta dirección

Por último, la alta dirección de una empresa, incluido el director general, también debe impulsar los cambios.

Caminar para inspirar a los clientes

Los altos directivos de las empresas también deben comportarse con frugalidad si quieren inspirar a sus clientes para que hagan lo mismo. En mayo de 2014, el director general de Levi Strauss, Chip Bergh, saltó a los titulares tras admitir que llevaba un año sin lavar sus pantalones de mezclilla. Aunque muchos consideraron su comentario "chocante" y "repugnante", Bergh planteaba una cuestión válida: no se puede pedir a los clientes de Levi Strauss que compren unos pantalones de mezclilla Water<Less, producidos con menos agua, y luego malgastar litros de agua lavándolos cada semana. Otros directores ejecutivos deberían seguir su ejemplo. ¿Cuántos presidentes de cadenas hoteleras cambian las sábanas menos de una vez a la semana? ¿Y cuántos comparten coche?

Explique a los inversionistas por qué vender menos es un buen negocio

He aquí tres argumentos para convencer a los accionistas escépticos de por qué vender menos productos de la empresa puede ser una estrategia rentable:

- "Nuestro modelo de negocio, basado en vender cada vez más, es insostenible".
- "Es más probable que los clientes compren y promocionen nuestros productos si duran más". Los clientes quieren comprar bienes duraderos (coches, electrodomésticos e

incluso focos) que perduren más y puedan repararse fácilmente. Las empresas ganarán en fidelidad de los clientes si les hacen caso.

- "Tenemos que atraer y retener a clientes y empleados jóvenes". Los jóvenes menores de 35 años no están tan interesados como la generación anterior en poseer bienes materiales. En comparación con la generación Y (los milénial), la generación Z es más frugal, tiene más conciencia ecológica y de justicia social, y es menos consciente de las marcas. Esto no quiere decir que sean menos materialistas, sino que prefieren la flexibilidad de, por ejemplo, alquilar o compartir un coche en lugar de comprarlo y poseerlo.

He aquí la buena noticia. Los directores generales no necesitan esforzarse mucho para convencer a los inversionistas de las ventajas financieras de su estrategia de *innovación frugal*. De hecho, un histórico estudio empírico, coeditado por el profesor George Serafeim de la Harvard Business School, demuestra que las empresas que utilizan tales estrategias para generar mayor valor social y menor impacto ecológico superan a sus rivales, de forma significativa, en términos de valor para el accionista a largo plazo.[9]

Lo anterior explica por qué los inversionistas como Blackrock, que gestiona más de seis billones de dólares en activos, presionan a las empresas en las que invierten para que innoven más con menos, es decir, que generen mayor valor social al tiempo que reducen los residuos y el impacto ecológico. A escala mundial, el valor de estos *fondos de inversión sustentables* o *activos socialmente responsables*, que se centran en gran medida en criterios sociales, medioambientales y de gobernanza, ha crecido un 25% desde 2014, alcanzando la increíble cantidad de 23 billones de dólares en 2016. En Estados Unidos, considerado durante mucho tiempo como el epítome del capitalismo sediento de ganancias, la inversión sostenible creció un 32% entre 2016 y 2018 y representó, en 2020, 12 billones de dólares, lo que supone una cuarta parte de los activos totales.

Asia también se está poniendo al día. China e India representan los dos mercados mundiales de mayor crecimiento en inversión sustentable (también conocida como *inversión de impacto*), ambos con un crecimiento superior al 100% desde 2014. Como explica Amit Bhatia, director general mundial de Global Steering Group for Impact Investment, "India tiene la oportunidad de convertirse en una nación de impacto, y la inversión de impacto, que crea entre ocho y 12 veces más puestos de trabajo que las empresas comerciales por cada millón de dólares invertido, puede ser el próximo motor de crecimiento y empleo para el país".[10]

América Latina también está atrayendo importantes activos para el crecimiento sostenible. Según un informe, publicado en 2018 por la Red de Desarrollo para Emprendedores de Aspen (ANDE, por sus siglas en inglés) y la Asociación para la Inversión de Capital Privado en América Latina (LAVCA, por sus siglas en inglés), se destinaron 4 700 millones de inversión de impacto en la región. No solo los inversionistas globales, sino también los grupos familiares latinoamericanos y los individuos con grandes patrimonios están respaldando los fondos de impacto. Por ejemplo, Grupo Bimbo de México se asoció con Fondo de Fondos y Sonen Capital para crear un fondo de impacto regional de 150 millones de dólares. Por su parte, el Fondo Multilateral de Inversiones (MIF, por sus siglas en inglés) comprometió cinco millones de dólares en el Fondo de Inversión de Impacto de NXTP Lab para empresas sociales de TI latinoamericanas. Asimismo, inversionistas corporativos como Coca-Cola, American Express, BBVA, Scotiabank e Itau están destinando capital a la inclusión financiera a través de *start-ups* del sector tecnofinanciero, lo que demuestra el potencial del sector bancario en la región, ya que 3 300 millones de los 4 700 millones de inversión en la región se centraron en las microfinanzas. Hasta ahora, la mayor parte de la innovación se ha producido en el sector de las tecnologías financieras. El sector bancario de América Latina es el más provechoso del mundo, con una rentabilidad estimada sobre fondos propios del 13 al 15%, muy superior a la de la mayoría de las regiones desarrolladas. Sin embargo, los abultados márgenes no son el resultado de la eficiencia. Los gastos de operación, en relación con los activos, son más elevados que en otras partes del mundo. Los tipos de interés también lo son. Aunque varios factores contribuyen a ello, los críticos culpan también a la falta de competencia. Por lo tanto, el aumento de capital hacia *start-ups* con impacto positivo puede suponer un gran cambio en esta industria.

Capítulo 6

QUINTO PRINCIPIO: COCREAR VALOR CON LOS *PROSUMIDORES*

> Cuando juegas con Lego no eres
> un consumidor, eres un productor.
>
> OLAFUR ELIASSON,
> artista danés-islandés

Ante la pandemia de 2020, Gabriel Rivera, de Altitud, no sabía qué hacer. Esta es una empresa de microfinanciación —en Monterrey, Nuevo León, México—, que da créditos y formación a mujeres que viven en la pobreza con el fin de que puedan acceder a los activos que necesitan para confeccionar ropa y venderla a clientes potenciales. Al principio, Rivera no sabía exactamente cómo ayudar a sus clientas a afrontar el bajón causado por la pandemia. Las ventas de muchas de ellas eran bajas y varias se enfrentaban a la quiebra. Finalmente, la solución al problema vino de uno de sus clientes, que le dijo: "¿Por qué no empezamos a producir mascarillas y las vendemos a la gente de la comunidad?". La urgencia de la pandemia y la escasez de equipos de protección personal animaron a Gabriel a probar esta idea inmediatamente. El resultado fue un gran éxito. Los préstamos aumentaron y las ventas de las clientas de Altitud también. Sin esta idea, el reto de hacer frente a la pandemia probablemente habría provocado la quiebra de Altitud y de sus clientas. "Después de esta experiencia, me pregunto si estas empresarias son mis socias o mis clientas", afirma.

La confianza en los clientes no solo se practica en países en desarrollo como México, sino que es una práctica emergente también en otras partes del mundo. Por ejemplo, en septiembre de 2013, Auchan creó un sitio web en el que invitaba a los clientes a presentar ideas de productos innovadores. El sitio funcionaba con Quirky, la plataforma de *crowdsourcing* creada por Ben Kaufman en 2009. En los dos meses siguientes, los clientes presentaron ochocientas ideas, de las que se preseleccionaron cuatro, según los resultados de una votación interactiva entre los compradores y la comunidad de diseñadores e inventores de Quirky. Esta red de expertos ayudó a convertir las ideas ganadoras en productos viables, que finalmente aparecieron en las estanterías la cadena de supermercados en abril de 2014. Desde entonces, esta ha lanzado una gama de productos de consumo diseñados por o con los clientes. Como señala Vianney Mulliez, miembro del Consejo de Auchan Holding: "Queremos integrar profundamente a nuestros clientes en nuestra cadena de valor como socios activos, comenzando por el diseño de nuestros productos".

Auchan es propiedad de la familia Mulliez, que también tiene intereses en Decathlon, una cadena de tiendas de artículos deportivos con 1 352 sucursales en 39 países; unos 250 millones de clientes en todo el mundo. Decathlon es conocida por sus productos innovadores, asequibles y de alta calidad. La mayoría son productos de marca propia desarrollados internamente. La empresa emplea a 150 diseñadores e incluso cuenta con un departamento de I+D (una posible primicia en el sector minorista), en el que trabajan unos cincuenta científicos y 530 ingenieros. Tradicionalmente, su equipo de innovación recoge nuevas ideas de productos de atletas profesionales, así como de sus 82 000 empleados, muchos de los cuales son ávidos aficionados al deporte que comprenden las necesidades cambiantes de sus clientes. Estos conocimientos han ayudado al equipo a introducir 2 800 productos innovadores cada año; un ejemplo es una tienda de campaña que puede montarse en solo dos segundos. Gracias a sus resultados en innovación, en 2018, Decathlon destronó a Amazon como marca preferida de los consumidores franceses.

En 2013, en un esfuerzo por democratizar el proceso de innovación y hacer que sus productos fueran más accesibles y asequibles, Decathlon consiguió que el público participara más en el desarrollo de nuevas ideas. Pidió a los clientes que votaran por nuevos productos realizados por su equipo interno y las ideas ganadoras llegaron a las tiendas. A principios de 2014, lanzó una plataforma de cocreación llamada Decathlon Creation, que permitía a los usuarios finales expresar sus necesidades reales, sugerir mejoras de los productos Decathlon existentes e incluso proponer nuevos productos. En 2016, la plataforma contaba con 11 000 miembros. Vincent Textoris, antiguo responsable de innovación abierta del Grupo Oxylane (que gestiona las tiendas Decathlon), explica: "La noción de cliente ha desaparecido. Ahora hablamos de miembros (de una comunidad)".

Decathlon ha rediseñado sistemáticamente sus productos existentes y ha creado nuevos artículos que utilizan recursos muy limitados y, sin embargo, ofrecen un valor superior a los clientes. Por ejemplo, ha rediseñado por completo una mochila para que dure más, almacene setenta artículos en lugar de treinta, tenga menos impacto ambiental y además cueste un 25% menos. Decathlon también ha creado tutoriales en video para mostrar a los clientes cómo utilizar el pensamiento frugal, para reutilizar ingeniosamente los recursos y fabricar sus propios artículos deportivos, como un balón de futbol hecho con residuos plásticos/textiles, una estufa de senderismo hecha con latas o una red de baloncesto hecha con cuerdas.

La familia Mulliez también es propietaria del Grupo ADEO, una de las mayores cadenas de artículos para el hogar del mundo. Esta ha puesto en marcha una nueva iniciativa para ampliar sus tiendas: añadió un espacio de fabricación (también conocido como Fablab), donde los clientes pueden acudir no solo a comprar, sino también a fabricar cosas. Pueden utilizar tanto herramientas tradicionales como impresoras 3D automatizadas de última generación o cortadoras CNC (control numérico por computadora). Los clientes reciben capacitación y apoyo de los empleados de ADEO y son asistidos por otros usuarios expertos. La estrategia transformó la relación transaccional comprador-vendedor en un modelo de cocreación de alto valor. Este nuevo modelo produce beneficios medioambientales y sociales. Por ejemplo, cuando una lavadora se estropea debido a una pieza defectuosa, en lugar de deshacerse de todo el electrodoméstico, el propietario puede ir a una tienda cercana e imprimir en 3D una nueva refacción.

Empresas visionarias de distintas partes del mundo como Altitud, Auchan, Decathlon y ADEO se han dado cuenta de que la noción tradicional de cadena de valor (de productores y consumidores) se está quedando obsoleta. Muchos clientes ya no quieren ser tratados como compradores pasivos o "carteras andantes"; quieren participar activamente en el diseño, la producción e incluso la distribución de bienes y servicios. Además, quieren contribuir al ciclo de vida de las marcas que consumen. En resumen, los clientes se están convirtiendo tanto en consumidores como en productores, es decir, en *prosumidores*. En consecuencia, los proveedores de productos o servicios de marca, así como los minoristas, deben encontrar formas de implicar a estos prosumidores, cocrear valor con ellos. De este modo, las empresas pueden reducir el costo global de la innovación, desarrollar y comercializar productos o servicios más rápido y mejor, deleitar a los clientes con experiencias personalizadas: aumentar su fidelidad.

El auge del prosumidor

Varios factores explican el auge de los prosumidores, entre ellos los siguientes:

Los consumidores buscan cada vez
más soluciones personalizadas

Henry Ford decía a sus clientes: "Puede tener un coche de cualquier color, siempre y cuando este color sea negro". Pero la época dorada de la producción en serie ya pasó. Los clientes quieren soluciones personalizadas para sus necesidades y preferencias individuales. Algunos fabricantes, como Volkswagen, ofrecen a sus clientes la posibilidad de configurar el coche a su gusto, con una amplia gama de opciones. Otros, como Local Motors, van más allá: permiten a los clientes diseñar y construir sus propios vehículos desde cero. Fundada en 2007 y con sede en Phoenix (Arizona), Local Motors consiste en una red de microfábricas que han surgido por todo Estados Unidos, las cuales permiten a los clientes construir sus propios coches utilizando diseños de vehículos de código abierto, creados y continuamente mejorados por una comunidad en línea de 85 000 aficionados al automóvil de más de 130 países.

Local Motors también vende productos de diseño de código abierto, desde el potente automóvil Rally Fighter (que aparece en la versión estadounidense de "Top Gear", un programa de televisión británico) hasta la bicicleta motorizada Cruiser, de aspecto clásico. En 2016, la empresa presentó un vehículo de transporte eléctrico autónomo llamado Olli, que se creó junto con una comunidad en línea y desde entonces se ha mejorado de forma continua. Organizaciones tan variadas como el ejército estadounidense, Airbus, Domino's, GE y Lego han recurrido a la comunidad creativa global de Local Motor para codesarrollar nuevos productos. El director general de la empresa, Jay Rogers, un veterano de la infantería de marina de Estados Unidos formado en Princeton, calcula que lanza un nuevo modelo por solo dos millones de dólares, en tan solo 18 meses (frente a los seis años y 200 millones de dólares de las grandes empresas automotrices). Local Motors quiere abrir cien microfábricas en todo el mundo en los próximos diez años.

*Los consumidores están cada vez
más insatisfechos con las ofertas existentes*

Según Eric von Hippel, catedrático de Innovación Tecnológica del MIT, los clientes que se sienten frustrados por la funcionalidad limitada de los productos existentes suelen manipularlos para ampliar sus funciones y adaptarlos a sus propias necesidades.[1] Aunque algunas empresas no ven con buenos ojos estas desviaciones del uso original del producto, otras consideran a estos macgyvers como desviaciones positivas e intentan aprovechar su creatividad. Cuando unos desarrolladores piratearon el controlador de movimiento para videojuegos Kinect, de Microsoft, inicialmente la empresa amenazó con demandarlos; sin embargo, no tardó en darse cuenta de que los *hackers* habían ayudado a identificar las limitaciones del periférico y a mejorar su funcionalidad. Limor Fried, un *hacker* de Nueva York, incluso había ofrecido una recompensa por la solución mejor pirateada. En algunos casos, los *hackers* idearon aplicaciones originales y prácticas para Kinect, como un minicoche auto-conducido y una aplicación que da a los cirujanos acceso ma-nos libres a los datos de las resonancias magnéticas o tomografías computarizadas de los pacientes mientras operan, mucho más allá de su función original. Tras esta lección de humildad, Mi-crosoft implica ahora activamente a los *hackers* en sus desarro-llos, una alternativa frugal a los 10 000 millones de dólares que gasta anualmente en I+D.

En algunos casos, los usuarios frustrados crean sus propias soluciones, alterando de forma legal objetos cotidianos, como coches o electrodomésticos. Según la Oficina del Censo de Es-tados Unidos, casi 11 millones de estadounidenses se desplazan diariamente al trabajo durante una hora o más. Es decir, más de 440 millones de horas perdidas cada mes. Pero ¿y si fuera posible que ese trayecto fuera tan productivo como usar un iPhone? Este es uno de los objetivos de Automatic, una *start-up* que vende el adaptador de bajo costo Link, el cual se enchufa a la computadora del coche y, al mismo tiempo, se conecta de forma inalámbrica con el *smartphone* del conductor. De esta manera, envía sutiles señales de audio cuando detecta malos hábitos de conducción, como frenazos bruscos o aceleraciones rápidas que desperdician gasolina. Descifra la molesta e impre-cisa alerta *check engine* y localiza el problema exacto. Recuerda dónde han estacionado sus coches los propietarios olvidadizos e incluso puede detectar si el coche ha sufrido un accidente, alertando a las autoridades locales y a los seres queridos de los involucrados.

Este tipo de soluciones aumentaron durante la pandemia, que en sí misma puede considerarse un experimento planeta-rio para encontrar formas creativas de realizar actividades que creíamos que requerían nuestra presencia física y, en su lugar, llevarlas a cabo en línea. Empresas como Zoom han aumenta-do exponencialmente su valor de mercado y han desarrollado funciones cada vez más complejas en su software. Además, las plataformas en línea tienen la ventaja de seguir de manera digital el comportamiento de los consumidores, y los análisis de datos resultantes proporcionan información valiosa sobre cómo crear mejores productos o servicios para las personas.

La creatividad de los clientes frustrados por la funcionalidad limitada de los productos existentes no es solo una característica de las grandes naciones tecnológicas. También suele estar presente en los entornos de bajos recursos de los países en desarrollo. Normalmente, las soluciones previstas para los entornos ricos no se aplican en el contexto de la pobreza, por lo que las soluciones para los pobres tienen que crearse desde cero. Es el caso de la organización Ciudad Saludable, en Perú, bajo el liderazgo de su fundadora Albina Ruiz. Este exitoso modelo de negocio muestra cómo la mejor manera de resolver el problema de la basura en la capital, Lima, implica colaborar con recicladores de base, que viven en la pobreza, a menudo cerca de donde se elimina la misma basura. Ruiz y su equipo utilizaron datos clave sobre las habilidades de estas personas y su conocimiento del contexto para realizar este trabajo; lo aprovecharon para vender un servicio de reciclaje tanto a ayuntamientos como a empresas.

Cada vez más ciudadanos, en distintas partes del mundo —especialmente los menores de 35 años—, demandan también creatividad; conscientes de los costos, así como del medio ambiente, prefieren renovar, arreglar o alterar sus productos para mejorar su funcionalidad y ampliar su uso. Así sacan más valor de sus inversiones, en lugar de sustituir sistemáticamente los productos ineficaces por versiones nuevas y más costosas.

Los consumidores quieren una conversación
con sus marcas

A los clientes que aman sus marcas también les gusta desempeñar un papel activo. Están dispuestos a ayudar a diseñarlas y producirlas, a compartir esta pasión con los demás. Esta cocreación no se centra simplemente en el producto en sí, sino también en la experiencia del usuario o en el estilo de vida que rodea al producto. Sin embargo, la mayoría de las empresas continúan con su monólogo de marketing y lanzan mensajes a los consumidores, en lugar de atraer a clientes activistas. Todo ello a pesar de que el 90% de los consumidores afirman que prefieren comprar productos de marcas con las que puedan "mantener una conversación". Alrededor del 40% de la generación del milenio (los nacidos entre 1982 y 2004), experta en tecnología, desea cocrear productos, servicios y experiencias con las marcas deseadas, especialmente a través de los canales de las redes sociales. Las empresas que no se comprometen de este modo pierden una gran oportunidad de construir y mantener sus marcas. En algunos casos, estas empresas también corren el riesgo de aislar a sus clientes más fieles que, en busca de una experiencia más significativa, pueden formar sus propias comunidades poderosas, independientes de la marca, que en algunos casos pueden incluso volverse contra ella.

Los consumidores ahora diseñan, construyen
y venden productos por sí mismos

Algunas filosofías orientales consideran que la expresión creativa es una necesidad humana básica, al mismo nivel que la comida y el refugio, noción que respalda la psicología occidental. En *Happy Money: The Science of Smarter Spending* (Dinero feliz: la ciencia de un gasto más inteligente), Michael Norton, profesor asociado de marketing de la Harvard Business School, demuestra que la inversión de tiempo, trabajo y dinero afecta la forma en que las personas valoran los productos y a las personas.[2] El estudio de 2012 de Norton, con Daniel Mochon y Dan Ariely, sobre el llamado efecto IKEA muestra que las personas valoran mucho más los productos cuando los montan ellas mismas.[3] Los clientes son cada vez más capaces de expresar su creatividad y su inversión emocional en objetos físicos, mediante su diseño y construcción.

El costo cada vez menor de las impresoras 3D y las plataformas de personalización han facilitado y abaratado este proceso. Por ejemplo, la Replicator, de Makerbot, "la Apple de la impresión 3D", se vende por 1 300 dólares. Pero varias *start-ups* financiadas por *crowdfunding*, como M3D, están comercializándolas en masa; las venden por trecientos dólares o menos. En 2014, Autodesk, líder en software de diseño asistido por computadora, lanzó una impresora 3D y su software de código abierto para el consumidor, en un esfuerzo por democratizar la manufactura. Y Shapeways, una red mundial de fábricas de impresión 3D a gran escala, permite a las personas que no desean imprimir objetos en casa subir sus diseños a un sitio web y recibir sus impresiones tridimensionales.

Por su parte, Imaginarium es la mayor empresa de servicios de impresión 3D de la India; permite cargar su diseño de joyería, dispositivo médico o pieza de automóvil, imprimirlo en 3D y lo entrega en la puerta de su casa en cuestión de días. Cuando visitamos su fábrica en Andheri, Bombay, vimos el futuro de la manufactura: personalización masiva de bajo costo y alta calidad, posible gracias a una acertada mezcla de superalta tecnología y artesanía milenaria india. Tanmay Shah, responsable de innovaciones de Imaginarium, lo llama: modelo industrial de "bajo volumen y gran variedad" (en contraste con el modelo chino de producción en masa de "alto volumen y poca variedad"). Además, Imaginarium está ayudando a preservar y modernizar la artesanía india; por ejemplo, anima a jóvenes diseñadores de joyas a experimentar con diseños atrevidos, que son tan intrincados que solo al imprimirse en 3D revelan toda su belleza.

En América Latina, empresas emergentes como Qactus, en Chile, y Frugal Lab, en Perú, utilizan la impresión 3D para crear productos y accesorios con diseños innovadores, a partir de plástico reciclado.

Ahora los consumidores no solo pueden diseñar y construir ellos mismos productos de calidad industrial, sino también venderlos en línea. Esto es posible a través de plataformas en línea como Etsy, un sitio líder de comercio electrónico especializado en artículos hechos a mano que actualmente cuenta con más de dos millones de vendedores, 37 millones de compradores activos y más de 3 000 millones de dólares en ventas.

El deseo de los clientes de crear, especialmente en comunidades afines, y la existencia de herramientas que les ayuden a hacerlo, están impulsando una revolución en la actividad económica. Las redes sociales y las plataformas de cocreación están reuniendo en comunidades creativas a millones de prosumidores distintos, lo que les permite colaborar en la producción de sus propios bienes y servicios. De este modo, están preparando el terreno para lo que se conoce como la *economía horizontal*.

El auge de la economía horizontal

Las cadenas de valor integradas verticalmente, controladas por empresas que excluyen a los clientes, están siendo desafiadas por nuevos ecosistemas de valor orquestados por los propios clientes. Los nuevos ecosistemas permiten a los consumidores diseñar, construir, comercializar, distribuir e intercambiar bienes o servicios por sí mismos y entre ellos, sin necesidad de intermediarios. Este enfoque ascendente está creando la *economía horizontal*. En un ensayo de 1937, Ronald Coase, economista galardonado con el Premio Nobel, sostenía que la razón por la que las economías occidentales están organizadas verticalmente, como una pirámide con unos pocos grandes productores en la cúspide y millones de consumidores pasivos en la base, se debe a los costos de transacción (intangibles asociados a la búsqueda, negociación, toma de decisiones y cumplimiento de las normas).[4] Pero con la explosión de internet, las tecnologías móviles y las redes sociales (pensemos en los más de 2 000 millones de usuarios de Facebook interconectados) estos costos de transacción, prácticamente, han desaparecido en muchos sectores. Esto ha permitido la aparición de una economía horizontal en Estados Unidos, Europa Occidental y Japón. Se están sentando las bases de un nuevo sistema comercial autosuficiente. Los pilares de la economía horizontal son los siguientes:

El movimiento Maker: un ejército de inventores

La Maker Faire es una gala anual que se originó en San Mateo (California), en 2006, para mostrar los inventos de ciudadanos ordinarios. Ofrece talleres, demostraciones y concursos para ayudar a desarrollar estas ideas. En 2017, más de 125 000 personas asistieron al evento de San Mateo. Estos eventos se han reproducido por todo Estados Unidos, por ejemplo, en Austin, Dearborn y Nueva York (cuyo exalcalde, Michael Bloomberg, declaró la Semana Maker del 24 al 30 de septiembre), así como en otras partes del mundo. Cuando Roma acogió una Maker Faire, en octubre de 2013, algunas partes de la ciudad se cerraron debido a la alta participación en el evento. Del mismo modo, la realizada en París, en junio de 2014, se consideró un gran acontecimiento. En 2017, se celebraron en todo el mundo más de

190 *mini maker faires* de producción independiente y más de treinta destacadas, a mayor escala, en París, Berlín, Barcelona, Tokio, Roma, Shenzhen, Seúl, Taipéi y Dubái. La primera de la India tuvo lugar en Bengaluru, en noviembre de 2017. En conjunto, estas Maker Faires atraen a más de 1.4 millones de asistentes anuales en todo el mundo.

Los alcaldes de las principales ciudades de Estados Unidos y Europa quieren organizar estas ferias y algunos se refieren a ellas como un TEDx para macgyvers: un evento para inventores, no para pensadores. Con motivo de la primera Maker Faire de la Casa Blanca, celebrada en junio de 2014, el expresidente Barack Obama afirmó: "Nuestros padres y nuestros abuelos crearon la economía más grande del mundo y la clase media más fuerte no comprando cosas, sino construyendo cosas, haciendo cosas, jugando, inventando y construyendo. El bricolaje de hoy es el 'Made in America' de mañana".[5]

A lo largo de varios siglos, Estados Unidos y Europa han mantenido una cultura popular del bricolaje. Benjamin Franklin, uno de los padres fundadores de Estados Unidos, era un inventor por excelencia, prolífico y uno de los primeros defensores del código abierto: él no patentó sus inventos, sino que los ofreció libremente al público.

Los creadores de hoy se diferencian de los genios solitarios del pasado en un aspecto vital. Como señala Dale Dougherty, fundador de la Maker Faire, estamos observando el auge de los *inventores sociales*, que pueden cocrear como una comunidad integrada en línea o en Fablabs y Techshops, generando así una oleada de movimientos *maker*.

Fablabs *y* makerspaces: *microfábricas*
de bricolaje que hacen cualquier cosa

Concebido y puesto en marcha por Neil Gershenfeld, profesor
del MIT, un Fablab es un taller de fabricación digital totalmente equipado con máquinas CNC, cortadoras láser e impresoras
3D. Es gratuito y está abierto al público para jugar y hacer "casi
cualquier cosa"; se ha descrito como una "fábrica en una caja".
De hecho, el contenido de los Fablabs cabe en un contenedor
de transporte estándar, lo que permite trasladarlos e instalarlos
fácilmente en cualquier ciudad del mundo.

En la actualidad hay mil Fablabs en más de cuarenta países. En 2012, Vigyan Ashram, en la India, fue el primero que
se creó fuera del MIT. Se calcula que hay unos 120 Fablabs en la
India. Solo en Kerala se han creado veinte en universidades y se
prevé añadir pronto otros cincuenta en todo el estado. México
y otros países de América Latina pueden inspirarse en esto para
ampliar sus propias iniciativas *maker*. Muchas ciudades de la
región, como Santiago de Chile, Lima (Perú) y Ciudad de México, ya cuentan con espacios formales para que los creadores y
los emprendedores exploren la creación de productos. Sin embargo, la mayoría de las veces ha habido una falta de apoyo por
parte de los gobiernos para albergar eventos más grandes que
podrían ampliar el movimiento *maker*. Además, en nuestra región abundan los ejemplos de *makers* que no necesariamente se
definen como tales. Los emprendedores en situación de pobreza
suelen desarrollar iniciativas de mercado con pocos recursos,
ensamblando diferentes piezas para crear productos y servicios.
Por ejemplo, los recicladores de base encuentran valor en la
basura; a través del inmenso mercado de la ropa usada, muchos
emprendedores encuentran la forma de dar valor a prendas que
desechan las clases económicas privilegiadas. Muchos dirían
que los altos índices de la economía informal latinoamericana

(que en los países de la región oscila entre el 30 y el 80% del PIB) se basan en una cultura *maker*.

Particularmente interesante es la aparición de una forma especial de Fablabs conocida como Techshops. Se trata de una versión avanzada de aquellos, la cual está apareciendo en todo el mundo; por una cuota de socio, inferior a 150 dólares al mes, los usuarios tienen acceso a equipos pesados para fabricar productos de calibre industrial. Muchas nuevas empresas de hardware se lanzan a estos talleres e incluso utilizan la sede de Techshop como dirección de su propia oficina. Curiosamente, los productos de hardware diseñados en los Techshops ya han revolucionado sectores no industriales, como la salud y los servicios financieros. Por ejemplo, Embrace, una incubadora de bebés de doscientos dólares, desarrollada en Techshop por cuatro licenciados de Stanford, ya ha salvado la vida de más de doscientos mil recién nacidos prematuros en todo el mundo.

Del mismo modo, Jim McKelvey, emprendedor en serie, utilizó Techshop para diseñar Square, un lector de tarjetas de crédito que permite a cualquiera aceptar pagos en un teléfono inteligente o una tableta. Square es un servicio sin compromiso ni contrato a largo plazo que procesó más de 20 000 millones de dólares en transacciones en 2013, y procesó 50 000 millones en 2016. Square está hoy dirigida por su cofundador Jack Dorsey, que también cofundó Twitter. Las perspectivas de Square son brillantes, ya que el mercado de pagos digitales ha crecido a más de 750 000 millones de dólares en 2020. En 2017, Techshop puso fin a sus operaciones en Estados Unidos (debido a dificultades financieras), pero sigue operando en París, Dubái y Tokio.

El atractivo de los Fablabs y Techshops es que no solo ofrecen (literalmente) herramientas de vanguardia, sino también asesoramiento y apoyo del personal o de otros inventores para los creadores primerizos. Incluso los neófitos pueden convertirse en expertos en poco tiempo.

Arduino y Raspberry Pi: bloques de construcción de bajo costo para productos de bricolaje

Cada vez es más fácil y barato construir tu propio dispositivo electrónico o electrodoméstico gracias al hardware de código abierto como Arduino. Inventado por el ingeniero italiano Massimo Banzi, Arduino es un minúsculo microcontrolador de placa única con el que aficionados y profesionales pueden construir dispositivos que interactúan con su entorno mediante sensores y actuadores. Estos dispositivos van desde termostatos y regadores automáticos de plantas hasta incluso instalaciones artísticas. El diseño del hardware de Arduino está disponible gratuitamente para cualquiera que quiera montar una placa manualmente. Con un costo de solo 20 euros (27 dólares) en kits preensamblados o de bricolaje, ya se han vendido más de un millón de unidades. Como señala Banzi, defensor de la creatividad de código abierto: "No necesitas el permiso de nadie para crear algo grande".[6]

Otro innovador frugal, Eben Upton, junto con sus colegas de la Universidad de Cambridge, creó Raspberry Pi, una computadora de una sola placa del tamaño de una tarjeta de crédito, con un conector USB y Ethernet soldado, que puede conectarse a cualquier monitor, ratón o teclado para funcionar como computadora de escritorio. El equipo de Upton desarrolló originalmente la Raspberry Pi para enseñar informática básica a alumnos.

Sin embargo, poco después de su lanzamiento en marzo de 2012, decenas de aficionados y profesionales empezaron a comprar la microcomputadora —cuyo precio es de apenas 25 dólares— para crear aplicaciones que van mucho más allá de la formación informática y abarcan la educación, la agricultura, la domótica, la salud y la comunicación. La ONG Learning Equality lo ha utilizado para ofrecer contenidos educativos en escuelas remotas, sin conexión a internet, de la India y África. Heartfelt Technologies, una *start-up* con sede en Cambridge (Reino Unido), ha desarrollado un dispositivo no intrusivo, alimentado por Raspberry, que puede detectar proactivamente fallos cardíacos en casa (los fallos cardíacos cuestan al Reino Unido más de 2 000 millones de libras al año). Aficionados de todo el mundo lo utilizan para fabricar desde cámaras digitales a medida hasta dispositivos de juego o sistemas de alarma domésticos. Un entusiasta, Dave Ackerman, llegó a enviar un globo meteorológico, equipado con una Raspberry Pi, a 40 km de la atmósfera, donde sobrevivió a temperaturas de -50 °C, para tomar fotos detalladas de la Tierra. Así, ha sido elogiada universalmente por los expertos (incluido el presidente ejecutivo de Google, Eric Schmidt) por su asequibilidad, utilidad y versatilidad. En 2015, la Raspberry Pi Zero se lanzó al módico precio de cinco dólares. No es de extrañar que las ventas totales de todos los modelos de Raspberry Pi se hayan disparado de unas modestas veinte mil unidades, en mayo de 2012, a la increíble cantidad de 23 millones de unidades en diciembre de 2018.

Plataformas de intercambio entre iguales

Cada vez es más fácil para los particulares compartir sus bienes, productos y habilidades, sin necesidad de intermediarios (ni interferencias de estos). En Alemania, los propietarios de viviendas pueden generar su propia energía solar y vender el excedente a la red. Y lo que es más espectacular, Airbnb está presente en más de 190 países, con más de seis millones de anuncios en 81 000 ciudades. (Más de la mitad de los anfitriones de esta plataforma depende de este mercado para pagar su alquiler o hipoteca). Una media de dos millones de personas se alojan a través de ella cada noche, es decir, desde 2008, quizá sume unos cuatrocientos millones de huéspedes. Sin poseer un solo edificio, Airbnb es ahora la mayor cadena hotelera del mundo (por número de camas).

Del mismo modo, Blablacar ofrece un servicio de coche compartido de larga distancia entre iguales; pone en contacto a conductores con asientos vacíos con personas que viajan en la misma dirección (en distancias medias de trecientos kilómetros) y comparten el costo del trayecto. En la actualidad, la red Blablacar cuenta con más de 60 millones de miembros en 22 países y transporta a más de 18 millones de pasajeros cada trimestre. En un estudio realizado con la Stern School of Business de la Universidad de Nueva York, el profesor Arun Sundararajan, experto en economía colaborativa, descubrió que el 88% de sus miembros confía plenamente en los desconocidos de la página de viajes compartidos, mientras que solo el 58% confía plenamente en sus colegas y solo el 42% confía en sus vecinos.[7]

Las aplicaciones de viajes compartidos también han aprovechado al máximo la oportunidad de ampliar sus servicios y aportar prosperidad económica a los consumidores latinoamericanos. Tras reconocer que algunos grupos de la sociedad no disponen de tarjetas de crédito o tienen poco acceso a internet, Uber, por ejemplo, ha permitido el uso de pagos en efectivo y ha desarrollado Uber Lite, una versión de la aplicación adaptada para dar servicio a los usuarios de zonas subdesarrolladas. En la misma línea, en México, ante los altos índices de violencia hacia las mujeres en el país, la plataforma les ha ofrecido un servicio especial llamado "Ellas", en el que las conductoras son mujeres. Esto ha sido todo un reto, ya que, según un estudio realizado por la organización Simetría A. C., las mujeres enfrentan más obstáculos para cumplir con los requisitos para registrarse como socias conductoras. Esto se explica por barreras culturales (la dificultad de aprender a conducir o los estereotipos de género asociados a la conducción, entre otras), pero también por dificultades inherentes a la documentación, como los costos que conlleva e incluso la autonomía necesaria para solicitar permisos de conducir.

El valor inicial de la economía colaborativa (impulsada por proveedores como Airbnb, Blablacar y Uber) residía en ahorrar dinero a los clientes; ahora se utiliza para ganar dinero convirtiendo a los clientes en prosumidores. Así, en 2013, generó unos ingresos de unos 3 500 millones de dólares, que fueron directamente a las carteras de los prosumidores. Y esto es solo el principio. Con un crecimiento anual superior al 25%, se espera que esta economía se convierta en un mercado de 335 000 millones de dólares en 2025, sin necesidad de grandes inversiones. En China, setecientos millones de personas participaron en la economía colaborativa en 2017, convirtiéndola en un mercado de 763 000 millones de dólares, que se espera que crezca a un ritmo del 30% anual en los próximos cinco años. La Comisión Europea predice: "A este ritmo, el uso compartido entre iguales está pasando de ser un aumento de los ingresos en un mercado salarial estancado a convertirse en una fuerza económica disruptiva".[8] En México, según un estudio de 2019 realizado por Americas Market Intelligence (AMI), el 56% de los milénial prefiere alojarse en apartamentos y casas de Airbnb antes que en hoteles. En 2020, tres ciudades latinoamericanas (Guadalajara, en México; Cali, en Colombia, y Ubatuba, en Brasil) entraron en la lista anual de los veinte mejores destinos de Airbnb a nivel mundial.

Plataformas de compra colectiva que eliminan intermediarios y apoyan a los pequeños productores

Las plataformas de compra colectiva ayudan a múltiples compradores a poner en común sus demandas para negociar mejores precios. Estas son especialmente relevantes para los consumidores que quieren productos locales, como alimentos. Un ejemplo de éxito es La Ruche qui dit Oui (La colmena que dice sí), un mercado en línea francés para productores de alimentos locales y sustentables dirigido a consumidores promedio. Esta red con más de 1 500 "colmenas" repartidas por Francia, Bélgica, Reino Unido, España, Alemania, Italia, Suiza, Países Bajos y Dinamarca, reúne a una masa crítica de clientes locales y les da acceso directo a alimentos frescos, de temporada y ecológicos producidos de manera local. Al eliminar a los intermediarios, pone en contacto directo a 160 000 socios con más de diez mil pequeños agricultores. Los productos que vende La Ruche solo recorren una media de 49 km.

Las grandes empresas y tiendas gestionan cadenas de suministro mundiales que generan economías de escala cada vez menos sostenibles (como la venta de plátanos durante todo el año). Las plataformas de compra colectiva, por el contrario, se centran en la localización mediante el apoyo a cadenas de suministro de circuitos pequeños que reducen el tiempo y la distancia entre la producción y el consumo; son así más sustentables desde el punto de vista medioambiental, financiero y socioeconómico.

Masisa, una multinacional forestal con oficinas latinoamericanas en México, Chile, Ecuador, Venezuela, Perú y Argentina, ha desarrollado un nuevo modelo de negocio para pasar de vender tableros de melamina para muebles de piel a centrarse en productos y servicios de mayor valor añadido. Este modelo se complementa con alianzas externas que satisfacen las necesidades de los clientes, situándolos en el centro de la estrategia de la compañía. En concreto, trabaja en colaboración con emprendedores y *start-ups* del sector del mueble con el fin de crear soluciones para espacios decorativos y funcionales.

Carla Fernández, como una de las marcas de moda y textil más reconocidas en México, también trabaja para empoderar a los pequeños productores en este sentido. De hecho, la empresa trabaja a la vanguardia de la moda ética, documentando y preservando el rico patrimonio textil de las comunidades mexicanas indígenas y mestizas. Sus diseños son creados en conjunto con más de 175 tejedores, bordadores, talladores de madera, peleteros, caladores y tintoreros de 12 estados del país, quienes utilizan técnicas y procesos tradicionales que dan lugar a la moda contemporánea. Su obra se ha expuesto en museos como el Victoria & Albert Museum, de Londres; el Isabella Stewart Gardner, de Boston; el Museo Jumex y el Centro Cultural España, en Ciudad de México; el Heath Ceramics, de San Francisco; el Fashion Institute of Technology de Nueva York, y el RISD Museum, de Rhode Island, entre otros.

Plataformas de crowdfunding que financian nuevos emprendimientos

Plataformas como Kickstarter, Indiegogo, Ulule y Kisskissbankbank permiten a inventores solitarios recaudar fondos para poner en marcha y ampliar empresas. Esto resulta especialmente atractivo para la generación milénial, que ya no confía en la seguridad de un empleo. El 66% de este sector de la población afirma que quiere ser su propio jefe como empresario. En Estados Unidos, el 72% de los estudiantes de secundaria quiere crear una empresa en algún momento. Pero la mayoría de los bancos e inversionistas de capital de riesgo no se aventuran a invertir en *start-ups* lanzadas por estos veinteañeros y adolescentes. Ellos no se molestan; intentan emular a Eric Migicovsky, quien a los 27 años lanzó Pebble, una *start-up* que fabrica relojes inteligentes que se conectan a los teléfonos y notifican a los usuarios sobre correos electrónicos, mensajes de texto, llamadas entrantes y alertas de redes sociales. A principios de 2012, Migicovsky presentó su proyecto en

Kickstarter, con la esperanza de recaudar cien mil dólares de capital inicial. En lugar de eso, recaudó diez millones de dólares de más de 68 000 patrocinadores, en solo cuatro semanas, lo que convirtió a Pebble en el mayor proyecto de financiación colectiva hasta ese momento. A finales de 2017, Pebble había vendido más de dos millones de sus *smartwatches*. Hasta la fecha, más de 15 millones de personas se han comprometido a donar más de 4 000 millones de dólares a más de 427 785 proyectos promovidos en Kickstarter. De estos proyectos, el 36% se ha financiado con éxito, creando así 155 260 nuevos emprendedores.

En países latinoamericanos como México las empresas de *crowdfunding* cubren una diversidad de sectores. Por ejemplo, Play Business ofrece múltiples y diferentes oportunidades para diversificar las inversiones por rendimiento, nivel de riesgo, instrumentos de inversión, empresa e industria; M2Crowd se enfoca en el *crowdfunding* inmobiliario, financiando algunos de los proyectos más grandes del país; y Donadora, Fondify e Hipgive se enfocan en el segmento no especulativo, para ayudar a fundaciones y otras entidades sin fines de lucro a desarrollar una canalización de recursos.

Estas plataformas han permitido que los tecnólogos y artistas ya no tengan que depender de filántropos adinerados como Warren Buffett o Bill Gates; plataformas de *crowdfunding* como Patreon permiten invertir incluso a personas con ingresos modestos. Podríamos referirnos a ellos como "los Medici de clase media" (una acaudalada familia italiana, de la época del Renacimiento, que apoyó a genios como Miguel Ángel y Galileo). Según Amy Cortese, en su libro *Locavesting: The Revolution in Local Investing and How to Profit from It* (*Locavesting*: la revolución en la inversión local y cómo beneficiarse de ella): "Si los estadounidenses destinaran solo el 1% de los treinta billones de dólares que tienen en inversiones a largo plazo a pequeñas empresas, equivaldría a más de diez veces el capital riesgo invertido en todo 2011".[9]

Esto es lo que ha llevado a la revista de negocios estadounidense *Forbes* a predecir que el *crowdfunding* podría pasar de ser un mercado de 4 000 millones de dólares en la actualidad a un mercado de un billón de dólares en 2030. Esta recaudación de fondos colectiva también está ganando el apoyo de los políticos en Estados Unidos y Europa. En 2016, la Comisión del Mercado de Valores de Estados Unidos (sec, por sus siglas en inglés) dio luz verde al *crowdfunding* basado en acciones, y el Senado francés aprobó una ley que aumenta el límite de *crowdfunding* para pequeñas y medianas empresas y *start-ups*. El expresidente Obama incluso alabó plataformas como Indiegogo por reforzar el ecosistema empresarial y desencadenar una nueva ola de innovación en Estados Unidos. No es descabellado pensar que, si el presidente John Kennedy hubiera enviado hoy un hombre a la luna, habría financiado mediante *crowdfunding* todo el programa espacial. Iniciativas como esta deberían replicarse en países latinoamericanos como México.

Más de 72 millones de estadounidenses (casi una cuarta parte de la población de los Estados Unidos) y el 23% de los británicos (15 millones) se consideran personas que comparten; y en Francia, más del 60% se considera participante activo en la economía colaborativa. Los clientes estadounidenses y europeos, de todas las generaciones, comparten y colaboran más que nunca para obtener los productos, servicios, conocimientos o capital que desean, más rápido, mejor y más barato que con las fuentes tradicionales. Las cifras en América Latina están aumentando cada vez más, con ciudades como São Paulo, en Brasil, y Ciudad de México, en México, en el top 10 de ciudades de todo el mundo según el Índice de Economía Colaborativa 2021.

La economía colaborativa también ofrece a los consumidores una experiencia social más significativa. Mientras que los *baby boomers* y sus descendientes pueden verla como una alternativa rentable y de convivencia con la economía de mercado de masas dominada por las marcas, las generaciones posteriores ven la colaboración como la única forma de consumir. Para ellos, compartir departamento o coche con completos desconocidos, o fabricar sus propios productos utilizando componentes de código abierto es la forma normal de vivir. De este modo, el poder económico en casi todas las industrias está pasando irrevocablemente del lado de la oferta (productores) al de la demanda (clientes). De ahí que para las marcas tradicionales la economía colaborativa, que funciona de forma horizontal, sea tanto una amenaza como una oportunidad.

La cuestión crucial es si los consejos de administración de las empresas ven el vaso medio lleno o medio vacío. Incluso aquellas que se sienten amenazadas por estas nuevas comunidades de prosumidores no pueden permitirse ignorarlas. Como se expone a continuación, las empresas más antiguas deben plantearse cómo integrar sus propias cadenas de valor en esta economía que funciona de forma horizontal.

Empoderar e implicar a los prosumidores

El término *cocreación* puede inducir a error; implica que las empresas deben limitarse a involucrar a los clientes para crear productos y servicios. Hay dos pasos críticos que preceden y siguen a la cocreación: el primero identifica qué producto o servicio diseñar; y el segundo determina cómo comercializarlo y venderlo. Por tanto, las empresas deben involucrar a los clientes como socios en las tres fases diferenciadas: concepción, desarrollo y comercialización.

Fase 1: Codescubrimiento de necesidades y sueños

Para su Barómetro Global de la Innovación 2014, GE encuestó a más de tres mil ejecutivos de empresas de todo el mundo. De ellos, el 84% afirmó que, para innovar con eficacia y éxito, es fundamental que su empresa comprenda a los clientes y se anticipe a la evolución del mercado. A pesar de los retos, como el COVID-19, los contratiempos en el ritmo de la innovación, las restricciones a la movilidad y la confianza empresarial, sigue siendo prioridad la innovación. Sin embargo, muchas empresas siguen recurriendo a costosas encuestas a clientes y a ineficaces grupos de discusión para recabar información sobre el mercado.

Algunas empresas visionarias han encontrado una forma frugal de identificar los deseos y necesidades más profundos de los clientes involucrando a los propios clientes. Por ejemplo, desde hace más de seis años, Starbucks, una empresa mundial de cafeterías, gestiona mystarbucksidea.com, donde los clientes pueden expresar sus necesidades publicando ideas para nuevos productos y mejores experiencias (además de crear un sentimiento de comunidad). Otros clientes evalúan y votan las ideas más prometedoras, que Starbucks pone en práctica. Hasta la fecha, Starbucks ha recogido, prácticamente sin costo alguno para ella, más de 190 000 ideas y ha puesto en práctica más de trecientas. Entre ellas, un chai de sabor intenso, wifi gratuito y más rápido en las tiendas, y el suministro de un inflador y un kit de parches a los clientes ciclistas con ruedas pinchadas.

Del mismo modo, para contrarrestar la embestida de Airbnb, Marriott, una de las mayores empresas hoteleras del mundo, con más de cuatro mil propiedades en más de ochenta países, ha lanzado Travel Brilliantly, un sitio web específico donde los clientes pueden presentar (y votar) ideas innovadoras para nuevos servicios que puedan mejorar la experiencia de alojarse en los hoteles Marriott (en un afán de superación a esta propuesta, Airbnb utilizó Twitter en 2017 para realizar un *crowdsourcing* de ideas sobre qué servicios lanzar a continuación). En 2016, Marriott inauguró en Charlotte (Carolina del Norte) el M Beta, un hotel que funciona también como laboratorio de I+D. En este hotel beta todo es experimental y cambia en función de las opiniones de los huéspedes en tiempo real. Unos botones rojos colocados por todo el hotel recogen las impresiones de los huéspedes sobre los nuevos servicios que se están probando. Esos comentarios en vivo determinan qué nuevas ideas funcionan y cuáles no. Marriott elige las ideas más prometedoras y las implementa en otros establecimientos de todo el mundo.

Los fabricantes que venden productos físicos pueden utilizar ahora el *crowdsourcing* como técnica de bajo riesgo y alto rendimiento para llegar a segmentos de clientes no tradicionales y evaluar el potencial de mercado de nuevos productos. Por ejemplo, en junio de 2014, el fabricante estadounidense de motocicletas Harley-Davidson puso en marcha el Proyecto Livewire, una gira por treinta ciudades de Estados Unidos para ofrecer a los clientes un paseo de prueba en la primera motocicleta eléctrica de la marca. (Mientras tanto, los no conductores pueden probar Jumpstart, una experiencia de conducción simulada de la moto eléctrica). Aunque la empresa no tiene un calendario concreto para el desarrollo y lanzamiento de su motocicleta eléctrica, espera que Livewire arroje luz sobre qué es lo que más interesa a los clientes de este tipo de vehículos. La empresa está especialmente interesada en lo que denomina grupos de alcance (mujeres, afroamericanos, hispanos y adultos jóvenes), entre los que la demanda está creciendo el doble de rápido que en su mercado principal. Livewire es la estrategia de Harley-Davidson para involucrar a los futuros clientes en la definición de lo que podría convertirse en uno de sus principales productos.

Identificar las necesidades de los clientes es una cosa. Pero ¿qué hay de percibir sus sueños? Como señala Bruce Nussbaum, autor de *Creative Intelligence: Harnessing the Power to Create, Connect, and Inspire* (Inteligencia creativa: aprovechar el poder de crear, conectarse e inspirar): "Pregunte a la gente qué necesita y le dará una lista de diez o veinte cosas. La lista cambiará de la mañana a la noche, de un día para otro. Pregúntale a la gente con qué sueña y te dirá una o dos cosas que nunca cambiarán".[10]

Esto es especialmente cierto en el caso de los milénial, el 68% de los cuales quiere que las marcas sean más activas en la resolución de problemas sociales, y casi la mitad quiere que las marcas les proporcionen formas sencillas de hacer una diferencia en el mundo, por pequeña que sea. Las marcas deben ofrecer a los consumidores, especialmente a los de este sector, una vía para expresar o compartir sus aspiraciones, inspirar sueños más grandes y cocrear no solo nuevos productos o servicios, sino cambios positivos en la sociedad.

Fase 2: Codesarrollo de soluciones

El involucrar al cliente en el proceso de desarrollo puede ir desde la validación de nuevos conceptos y características del producto hasta el codiseño de una solución completamente nueva. Por ejemplo, en el sector de bienes de consumo, a pesar de los miles de millones de dólares gastados en I+D e investigación de mercado, el 90% de los productos fracasan en su lanzamiento porque no tienen la combinación adecuada de características que los clientes quisquillosos quieren. Conseguir esta combinación es difícil en el mejor de los casos, pero especialmente cuando se lanza un producto pionero en una categoría de productos totalmente nueva.

Sin embargo, los profesionales del marketing pueden utilizar herramientas de redes sociales como Affinnova para probar rápidamente docenas de ideas de nuevos productos con decenas de clientes en línea que pueden votar sus características preferidas. De este modo pueden ayudar a las empresas a eliminar ideas no viables en una fase temprana del ciclo de desarrollo, a concentrar sus esfuerzos en perfeccionar y desarrollar los conceptos de producto que más desean los clientes. Por ejemplo, cuando los responsables de marketing de Dannon, filial estadounidense de Danone, empresa mundial de alimentos y bebidas, decidieron lanzar un yogur bajo en carbohidratos, el primero de su clase en Estados Unidos, tuvieron que elegir entre más de diez mil ideas de producto e innumerables combinaciones de nombres, posicionamiento, tamaños de ración y colores de envase. Gracias a Affinnova, Dannon identificó los elementos más importantes del producto para la mayoría de los consumidores: un yogur ligero con un 25% menos de carbohidratos (aunque eso supusiera una ración más pequeña) y mucho menos azúcar (aunque eso supusiera menos proteínas). Basándose en esta información, Dannon lanzó Light & Fit Carb & Sugar Control, una primicia en esa categoría de productos. El producto alcanzó unas ventas de 75 millones de dólares durante su primer año (y varios cientos de millones desde entonces), ayudando a Dannon a hacerse con el 11% del mercado de yogures *light*.

En algunos casos, los clientes pueden modificar el producto de una empresa y utilizarlo de forma distinta a su propósito original. En lugar de ofenderse, las marcas deberían considerar a estos *hackers* como un equipo de I+D subcontratado, celebrar sus desviaciones creativas y mostrarlas como ingeniosos inventos. IKEA ha creado ikeahackers.net, donde muestra soluciones útiles fabricadas por clientes ingeniosos que manipulan o combinan sus productos, como un portarrollos de papel higiénico Grundtal convertido en colgador de auriculares, o armarios Pax unidos para hacer vitrinas en una joyería.

El codesarrollo no se limita a los productos y servicios de consumo. También puede utilizarse en industrias B2B. Por ejemplo, IBM tiene un programa llamado First of a Kind (FOAK) que reúne a clientes pioneros y equipos de I+D de IBM para coinventar soluciones empresariales revolucionarias con tecnologías de vanguardia. Hasta la fecha, IBM ha realizado más de 150 proyectos FOAK, desde mejorar el acceso a la información médica sin violar la privacidad de los pacientes hasta reducir el costo de la electricidad mediante redes inteligentes. FOAK es una forma frugal de que IBM pruebe la viabilidad de mercado de nuevas tecnologías con un cliente líder, antes de comercializarlas a mayor escala. Asimismo, GE Additive ha abierto dos Centros de Experiencia del Cliente en Pittsburgh (Estados Unidos) y Múnich (Alemania). En estos laboratorios experimentales, GE y sus clientes industriales crean conjuntamente nuevas soluciones; pueden pasar del diseño al prototipo y a la producción a bajo ritmo en cuestión de días (gracias a las impresoras 3D de alta gama instaladas de forma local). En la misma línea, en sus laboratorios de innovación de Ciudad de México, los investigadores de Accenture colaboran con empresas y *start-ups* de distintos sectores, lo que les permite transformar teorías e ideas novedosas en soluciones reales para clientes específicos.

Sin embargo, como ya se ha dicho, los clientes (especialmente los milénial y la generación Z) no solo quieren cocrear productos y servicios de marca, sino también resolver problemas sociales más amplios. Por eso, Jez Frampton, exdirector general de Interbrand, una consultora global de branding, anima a las marcas a trabajar con los consumidores para crear valor compartido que ayude a la sociedad. Plataformas de *crowdsourcing,* como Openideo, permiten a las marcas organizar retos en los que participan miles de clientes actuales y potenciales en línea para codiseñar soluciones socialmente relevantes. Por ejemplo, Steelcase, desarrollador y manufacturero mundial de productos y servicios de oficina, utilizó Openideo para encontrar formas de revitalizar ciudades en declive económico como Detroit. Coca-Cola recurrió a Openideo para identificar técnicas que animen a los hogares a reciclar más. Del mismo modo, Unilever tiene un portal en línea en el que reta al público a ayudar a resolver problemas sociales como mejorar el acceso al agua potable, reducir la sal y el azúcar en los alimentos y almacenar energía renovable. Las ideas del público ayudan a Unilever a desarrollar mejores productos y mejorar sus procesos empresariales al tiempo que contribuyen a la sociedad.

Fase 3: Comarketing, cobranding *y codistribución*

El 92% de los consumidores confía más en las sugerencias y recomendaciones de amigos y familiares que en la publicidad. De hecho, solo el 10% de los consumidores confía plenamente en las marcas. En consecuencia, una vez que un nuevo producto o servicio está disponible, las empresas necesitan movilizar comunidades de prosumidores para crear demanda de este, convirtiéndolos en embajadores de marca que promocionen e incluso vendan sus productos y servicios favoritos. Por desgracia, los equipos de marketing de las grandes empresas, acostumbrados a dedicar meses al diseño y lanzamiento de sus campañas, no están organizados para captar clientes a la velocidad de Twitter. Por eso, el 59% de los directores de dicha área considera que la agilidad de sus procesos es una prioridad absoluta. Para ganar flexibilidad, los responsables del área pueden recurrir a los servicios de agencias de publicidad expertas, como Saatchi & Saatchi, que utilizan las redes sociales como plataforma rentable para lanzar campañas de marketing *online* de boca en boca (e incluso *flash mobs*) en 24 horas.

Algunas empresas inteligentes están integrando a los clientes en sus cadenas de valor y ofreciéndoles incentivos

reciben de los defensores que si se enteran por otros canales de marketing.

Agentes de ventas

En los mercados emergentes de África, Brasil e India, las multinacionales resuelven el reto de la última milla (distribuir productos en zonas remotas sin un sistema organizado de distribución minorista) mediante la contratación de personas de las comunidades locales para que actúen como sus representantes de ventas de base. Esta frugal estrategia es más rentable y productiva que abrir puntos de venta.

Por ejemplo, Essilor, fabricante de lentes oftálmicos, contrata a jóvenes de la India rural llamados Eye Mitras (amigos de los ojos) para que vayan de puerta en puerta por las aldeas, donde vive el 70% de los indios, y realicen pruebas oftalmológicas. Cuando es necesario, también prescriben lentes que se fabrican de manera local a bajo costo y se venden baratos a los clientes rurales. Esto forma parte de la iniciativa de negocio inclusivo de Essilor para llevar una atención oftalmológica asequible a los 2 500 millones de personas de todo el mundo que carecen de este servicio esencial.

Las empresas occidentales pueden aplicar una estrategia similar en las economías desarrolladas, contratando a clientes como vendedores locales en nuevos segmentos de mercado. Avon, fabricante estadounidense de productos de belleza y cuidado personal, lleva años utilizando este modelo. Seleccionando y formando a mujeres (y cada vez más, a hombres) locales para que vendan sus productos de puerta en puerta en sus comunidades, Avon lleva mucho tiempo haciendo un uso frugal de clientes potenciales o existentes como fuerza de ventas.

En América Latina, Kingo sigue una estrategia similar para proporcionar servicios de energía solar a comunidades rurales de Guatemala. La empresa emplea a personas locales para que actúen como su fuerza de ventas y servicio al cliente. Estas realizan un mapeo del mercado y elaboran una evaluación exhaustiva de las necesidades sobre el terreno. La mayoría de las organizaciones de acceso a la energía suele utilizar los datos de las evaluaciones para saber dónde tienen que adaptar mejor el servicio o realizar nuevas ventas. El caso de Kingo es un ejemplo porque los datos usualmente son escasos en entornos de pobreza. La mayor parte de las empresas carece, por tanto, de la información correcta para evaluar y reconocer las oportunidades de negocio en esos contextos. Por ello, empresas como esta han desarrollado herramientas analíticas de datos y procesos operativos para profundizar y comprender el comportamiento energético de los consumidores en las comunidades rurales, junto con sus socios en campo. Como decíamos en el capítulo anterior, han conectado cada dispositivo Kingo a una plataforma de análisis de datos ubicada en su sede central. Esta plataforma se revisa diariamente con los datos de uso de los dispositivos Kingo en los hogares, y nuevos datos introducidos por los vendedores y los asistentes técnicos que trabajan en campo. El análisis de datos les permite comprender todos los comportamientos de uso de los elementos de los hogares y las tendencias de venta, mediante un mapeo del mercado para entender quién vive en el hogar, cuáles son sus necesidades y por qué. Esto permite a la empresa utilizar un enfoque de marketing dirigido, una estrategia de comunicación y una cesta de productos en contextos rurales de extrema pobreza.

El ejemplo de Kingo demuestra que es sumamente importante crear un sistema local de ventas y servicio posventa para conseguir un modelo de negocio rentable en las comunidades pobres de los países en desarrollo. Además, demuestra que una red descentralizada tiene muchas ventajas, ya que nos ayuda a acceder a información local más actualizada, sobre el perfil de los hogares y la información de las aldeas, para fundamentar las decisiones de entrada en el mercado. Este enfoque también puede considerarse cocreación, ya que implica un modelo integrado en el que los hogares rurales cocrean los productos que más les afectan. Los datos analíticos aportan información al proceso de diseño que las empresas pueden repetir para garantizar que los productos finales no solo sean prácticos, sino también útiles. Las empresas también pueden realizar pruebas de productos con los clientes finales para comprender mejor la calidad, la funcionalidad y la facilidad de uso basándose en estos datos. Este enfoque garantiza que las empresas se mantengan plenamente conectadas con las necesidades de los clientes antes de tomar la decisión de almacenar o distribuir un producto en concreto.

Reparadores

Los clientes expertos pueden actuar como unidades de servicio subcontratadas por las empresas y ayudar a solucionar los problemas de otros clientes, o atender las necesidades de comunidades enteras de usuarios. Marcas tan diversas como Microsoft, Virgin, BNP Paribas y Airbnb utilizan ahora plataformas impulsadas por IA como iAdvize, Insided y Directly para poner en contacto a clientes que tienen problemas específicos con usuarios expertos que pueden resolverlos rápidamente. Cada vez que el usuario experto resuelve con precisión un problema del cliente, recibe una recompensa económica. Este modelo de atención al cliente entre iguales (también conocido como marketing *conversacional*) está creciendo, ya que no solo ahorra dinero a las empresas (que no necesitan contratar costosos grupos de soporte internos), sino que también aumenta la fidelidad de los clientes. Insided cuenta con una comunidad de más de 150 000 usuarios expertos que atienden cada día a dos millones de clientes de más de cien marcas.

Capítulo 7

Sexto principio:
hacer amigos innovadores

Ek aur ek gyarah hote hain. (Uno y uno hacen once.)
Proverbio hindi

Thomas Edison era un genio creativo. Un Inventor prolífico (quizá el más famoso por inventar la bombilla), que construyó el primer y mayor laboratorio corporativo de I+D de Estados Unidos a principios del siglo xx. Este laboratorio se convirtió en la base tecnológica de General Electric (GE). Durante más de un siglo, sus dirigentes se han esforzado por estar a la altura de los elevados estándares de innovación de Edison, invirtiendo masivamente en I+D y produciendo un torrente de avances tecnológicos. Entre ellos hay dispositivos médicos, motores de aviación, turbinas eólicas, centrales nucleares, fábricas automatizadas y mucho más. A finales del siglo xx, GE, una de las empresas más innovadoras del mundo, había alcanzado el liderazgo industrial. Sin embargo, en 2012, su entonces directora de marketing, Beth Comstock, confesó: "Nuestros equipos tradicionales son demasiado lentos. No estamos innovando lo suficientemente rápido. Necesitamos sistematizar el cambio".[1]

Esto se debe a dos razones. En primer lugar, las necesidades de los clientes de GE han cambiado radicalmente. Los hospitales ya no solo le quieren comprar aparatos de resonancia magnética, sino que también quieren que les ayude a atender mejor y de forma más rentable a sus pacientes. Las aerolíneas no solo quieren que les suministre motores de avión, sino también que les ayude a transportar más pasajeros de forma más rápida, segura y barata. En otras palabras, los clientes no solo quieren productos sofisticados de GE, sino también servicios personalizados que les ayuden a gestionar mejor sus negocios.

En segundo lugar, el panorama competitivo está cambiando radicalmente. En los próximos años, los competidores más duros de la empresa no serán otras potencias industriales como Siemens o Schneider Electric, sino GAFA (Google, Apple, Facebook y Amazon). De hecho, a medida que más dispositivos físicos —desde gigantescas turbinas eléctricas hasta modestas bombillas— se conecten al internet de las cosas, se desatará un torrente de *big data* en el mundo. Si GAFA accede a los datos generados por los productos industriales de GE, podrán extraer información de ellos para ofrecer servicios de valor añadido a los clientes que los usan. Y como dice el refrán: "Quien posee los datos del cliente, posee al cliente". Lo que es más preocupante, GAFA y otras empresas de software se están expandiendo rápidamente hacia el hardware; por ejemplo, Google y Apple están invirtiendo en productos de consumo conectados, mientras que Amazon se está introduciendo en el negocio de drones y robots.

Al reconocer estos cambios masivos en las necesidades de los clientes y el panorama competitivo, GE decidió transformar radicalmente su modelo de negocio principal. Está pasando de ser un gigante industrial que vende productos tecnológicos a los clientes, a ser un proveedor ágil de soluciones empresariales integradas que puede detectar y responder a las necesidades de los clientes. La empresa quiere aprovechar sus 130 años de experiencia en el sector industrial (un factor clave de diferenciación competitiva frente a GAFA). Al mismo tiempo, busca adoptar nuevas herramientas y métodos para innovar más rápido, mejor y de forma más rentable, como una *start-up* de Silicon Valley.

Como parte de esta estrategia, GE decidió hacer amigos innovadores. Como explicó Comstock: "Hay millones de personas inteligentes, emprendedores inquietos, inventores ingeniosos y científicos apasionados con ideas y soluciones brillantes... Queremos que nuestros equipos de I+D y marketing aprovechen este 'cerebro global'".[2] En 2013, GE se asoció con Quirky, la plataforma de *crowdsourcing* (véase el capítulo 3), para poner sus tecnologías patentadas a disposición de la gente común que quiera crear productos de consumo conectados a internet. Una vez que alguien concibe un producto innovador, los diseñadores e ingenieros internos de Quirky transforman la invención en un producto práctico y ayudan a comercializarlo, todo ello en cuestión de semanas. Si el producto se vende bien, GE y Quirky se reparten los beneficios después de que el inventor reciba su parte.

A principios de 2014, Garthen Leslie, un consultor informático autónomo de unos 60 años, propuso una idea para un aire acondicionado de bajo consumo, controlado por teléfono inteligente. Basándose en esa idea, en solo tres meses Quirky había desarrollado un producto viable, Aros, que se vende por trecientos dólares o menos, en Amazon y en las principales cadenas minoristas; tan solo por ventas anticipadas, recaudó cinco millones de dólares y ya se han vendido miles de unidades. Quirky, cuya sede está en Manhattan, abrió una oficina cerca de la sede de I+D de GE en Schenectady, la ciudad donde Edison fundó la empresa y dio electricidad al mundo. La proximidad de ambas permitirá colaborar estrechamente a su personal para lanzar nuevos productos con rapidez.

En línea con estos cambios, en 2013, Comstock ayudó a lanzar GE Ventures, un fondo de 150 millones de dólares que invierte en prometedoras *start-ups* de Silicon Valley, especializadas en software, energía, salud y manufactura avanzada. La cartera de GE Ventures incluye Veniti (una empresa de software y análisis de terapia celular y génica, basada en la nube, que quiere poner la medicina personalizada al alcance de todos), Stem (cuyo sistema de almacenamiento inteligente de energía impulsado por IA puede reducir los picos de carga energética en un 20%) y Mocana (un proveedor de sistemas de seguridad integrados para internet industrial). La asociación con estas *start-ups* no solo da a GE acceso a tecnologías disruptivas, sino que también crea una cultura de trabajo disruptiva. Comstock señaló: "Trabajar con impacientes emprendedores veinteañeros crea fricción y tensión dentro de la cerrada cultura corporativa de GE. Pero también es energizante. El entusiasmo de las *start-ups* es contagioso".

GE también está organizando retos de innovación abierta alojados en la plataforma de *crowdsourcing* Ninesigma. Por medio de ellos, invita a mentes inventivas de todo el mundo a crear soluciones asequibles y sostenibles en sus actividades principales de atención a la salud, energía y aviación. Su programa Healthymagination, por ejemplo, busca nuevas formas de luchar contra el cáncer de mama. El reto recibió quinientas propuestas de cuarenta países; cinco ganadores recibieron cada uno cien mil dólares de capital inicial, tutoría y acceso a sus recursos de I+D.

GE también lanzó el concurso 3D Printing Design Quest, para diseñar soportes de motor de avión de nueva generación, más ligeros, que puedan imprimirse en 3D. El ganador, Arie Kurniawan, un ingeniero de Salatiga (Indonesia), se impuso

a otras 699 propuestas de 56 países. Su soporte pesa un 84%
menos que el original, pero puede aguantar cargas de 4310 kg.
Sorprendentemente, Kurniawan no tenía experiencia en ingeniería aeronáutica, y solo tardó unas semanas en crear su oportuna solución.

Reconociendo el valor de los aficionados y los inventores,
GE se asoció con Techshop para crear GE Garages, unidades
móviles con laboratorios de manufactura avanzada totalmente
equipados con impresoras 3D, fresadoras CNC, cortadoras láser
y moldeadoras por inyección. Estos garajes ponen la innovación al alcance de los estadounidenses comunes, ofreciéndoles experiencia práctica en el uso de modernas herramientas
de manufactura para desarrollar prototipos con rapidez. En
los GE Garages, la gente recibe formación y apoyo para convertir sus ideas más descabelladas en productos, ya sean para
uso personal o más amplio. Las personas más emprendedoras,
que inventan algo relevante para la empresa, pueden acceder a
las plataformas de *crowdfunding* y *crowdsourcing* apoyadas por
GE Indiegogo y Quirky, con el fin de desarrollar la idea de manera comercial. Tras viajar a Nueva York, Washington y otras
grandes ciudades estadounidenses, GE Garages también visitó
Nigeria, Argelia y Turquía en 2014. Su enorme éxito en Lagos
ese año llevó a GE a establecer, dos años después, un *makerspace*
permanente (llamado Lagos Garage), ubicado en sus oficinas
en dicha ciudad. Desde 2016, este *makerspace* ha formado en
prototipado y manufactura digital a más de 250 emprendedores
locales, y ha convertido veinte ideas en negocios. Patricia Obo-
zuwa, jefa de comunicaciones y asuntos públicos de GE África,
explica cómo un emprendedor nigeriano se benefició enormemente de su formación en GE Lagos Garage:

> Hay un joven que participó en nuestro programa. Se llama An-
> jola Badaru. Diseñó y construyó con éxito un ventilador de aire

acondicionado totalmente funcional para el coche de su amigo. En lugar de que su amigo se gastara el equivalente a novecientos dólares en comprar ese ventilador para su Mercedes Benz, él lo rediseñó y construyó uno nuevo. Eso le ha llevado a montar un negocio de piezas de automóvil.

Otro graduado de GE Lagos Garage es Tochukwu Clinton Chukwueke, quien desarrolló el Toochi Device, un soporte ajustable para libros que permite a los estudiantes leerlos mejor. El dispositivo ganó un premio a la innovación social de la Sociedad Americana de Ingenieros Mecánicos. Tochukwu también ganó un Premio al Ingenio de la Fundación Ford. Después, él mismo fundó Clintonel Innovation Centre, el primer *makerspace* autóctono de Nigeria; quiere construir un ecosistema tecnológico que fomente la creación de nuevas empresas de hardware y transforme a Nigeria —país que superará a Estados Unidos como el tercero más poblado del mundo en 2050— en un productor de tecnología de talla mundial.

A mediados de 2014, GE también se asoció con Local Motors para lanzar Firstbuild, una comunidad abierta de diseñadores e ingenieros, para idear, construir y vender electrodomésticos de nueva generación. Estos proyectos se presentan a menudo como retos alucinantes, como por ejemplo cómo convertir una superficie de dos metros cuadrados en una cocina totalmente funcional. Las ideas más prometedoras (votadas en línea por la comunidad Firstbuild) serán rápidamente prototipadas, construidas y expuestas en una microfábrica del tamaño de un garaje de Local Motors. Cada microfábrica está equipada con equipos de prototipado rápido, como impresoras 3D, herramientas de soldadura y tallado en madera, así como equipos de manufactura que pueden producir artículos personalizados en pequeños lotes para satisfacer la demanda local. La microfábrica cuenta incluso con una sala de exposiciones integrada

para demostrar y vender productos innovadores y obtener la
opinión de los clientes.

GE inauguró en julio de 2014, en Louisville (Kentucky), su
primera microfábrica Firstbuild, que desde entonces ha ideado
454 prototipos y lanzado 15 productos comerciales. En función
de su contribución al desarrollo de un nuevo producto de GE,
los miembros de la comunidad pueden recibir un premio de
hasta 2 500 dólares y hasta un 0.5% de regalías de las ventas
de funciones por concepto. Con la creación de microfábricas de
este tipo en todo el mundo, GE espera obtener ideas innovadoras para su negocio de electrodomésticos y llevarlas más rápidamente del concepto a la sala de exposición.

Empresas multinacionales como GE tienen una fuerte presencia en los países en desarrollo de América Latina y están im-
plantando esta cultura de colaboración en todo el mundo. Por
ejemplo, desde que inició operaciones en México, en 1896, solo
cuatro años después de que Thomas Alba Edison fundara la Edison General Electric Company, GE ha sido parte del desarrollo
y las grandes transformaciones industriales del país. Actualmente, la empresa cuenta con cuatro plantas de manufactura en la
República mexicana, un Centro de Servicios y un Centro Global de Operaciones en Monterrey, dedicado a ofrecer servicios
compartidos a 34 países de América Latina. Tiene además un
centro de ingeniería que es el más grande para el negocio de
aviación y el segundo para energía renovable y de gas.

En los últimos años, GE se ha reestructurado en cuatro unidades de negocio para centrarse en ofrecer tecnología industrial innovadora y sustentable en todo el mundo: GE Gas Power,
GE Healthcare, GE Aviation y GE Renewable Energy. Esta última
ha instalado más de 400 GW de energía limpia y renovable,
alimentando a más del 90% de las empresas de suministro eléctrico del mundo. En México, pronto alcanzará una base instalada de 450 MW de energía eólica, suministrando energía limpia

a un gran número de hogares mexicanos. Adicionalmente, la empresa ha construido y conectado más de 140 subestaciones a la red nacional de transmisión y distribución, además de haber suministrado tecnología de punta para contribuir a la disponibilidad y confiabilidad de la red. Mientras tanto, la división GE Healthcare ayuda a hospitales y clínicas públicas y privadas a salvar vidas, todos los días, con más de treinta mil máquinas funcionando en todo México. El país es fundamental para la estrategia global de GE Healthcare, ya que cuenta con dos plantas de fabricación enfocadas en componentes de equipos médicos, resonancia magnética y ultrasonido.

Cabe señalar también que la empresa es líder en el mercado de ultrasonido en México por la producción y venta de sus equipos. De igual forma, la empresa cuenta con una planta de cables y conectores para la industria de motores de aviación, que junto al servicio de soluciones de GE, están ayudando a las más importantes aerolíneas a retomar vuelos con la vista puesta en la reactivación del sector. Como parte de su compromiso e inversión en México, en 1999 la compañía inauguró General Electric Infrastructure Querétaro (GEIQ), el principal centro de ingeniería avanzada de la región, el más grande de GE Aviation fuera de Estados Unidos y el segundo más grande de GE Gas Power y GE Renewable Energy a nivel mundial. Actualmente, más de 1 500 ingenieros mecánicos, industriales, eléctricos, de software, mecatrónicos y de sistemas de control, así como diseñadores industriales, invierten cerca de cuatro millones de horas de investigación anualmente, por lo que, desde su apertura en 1999, han desarrollado más de cincuenta patentes hasta la fecha. "Somos conscientes de que el mundo es impredecible y debemos saber adaptarnos rápidamente. Desde hace 125 años estamos comprometidos con la construcción de una sociedad que funcione a través de la tecnología y la innovación, lo que a largo plazo nos permitirá mejorar los procesos de transferencia de conocimientos y recursos", afirma Vladimiro de la Mora, presidente de GE en México. Además, la empresa colabora en 19 proyectos con 250 estudiantes de 42 universidades del país. "Pedimos a los empleados y estudiantes que traigan ideas, les damos tiempo y recursos para desarrollarlas", dijo Gallegos. Añadió: "Nuestros colaboradores en México han sido un eslabón clave para el éxito de la empresa en el país. Debemos estar muy orgullosos de este gran logro que hemos alcanzado de la mano de nuestro talento mexicano, ubicado en todo el territorio nacional".

A pesar de gastar 5 600 millones de dólares en I+D cada año, GE reconoció la necesidad de asociaciones externas y, en consecuencia, está creando una operación de I+D eficiente, flexible y altamente interconectada. Este capítulo muestra que, así como GE, otras empresas pueden involucrarse en una red global de socios externos creativos (proveedores, universidades, capitalistas de riesgo, nuevas empresas, inventores, etc.) para desarrollar conjuntamente productos, servicios y modelos comerciales frugales de manera más eficiente.

La imperativa hipercolaboración

Olaf Groth, profesor de la Hult International Business School en San Francisco, señala que las empresas de todas las industrias en el mundo desarrollado ahora enfrentan problemas "perversos", que por su propia naturaleza son complejos y prolongados.[3] Estos son de índole social y económica. Por ejemplo, los gobiernos de Estados Unidos y Europa están pidiendo a los fabricantes de dispositivos médicos y a las grandes compañías farmacéuticas que brinden atención médica de alta calidad a más y más personas, al mismo tiempo que reducen los precios. Contra el telón de fondo de la rápida urbanización y la

disminución de los recursos naturales, los planificadores urbanos hacen un llamado a la industria de la construcción para
construir ciudades inteligentes, cómodas y energéticamente
eficientes. Con una fuerza laboral industrial que envejece y
costos de materias primas en aumento, a los fabricantes, especialmente en Japón y Alemania, se les pide que reduzcan
el personal, aumenten la productividad y originen productos
asequibles y ecológicos. Las empresas no pueden resolver estos complejos problemas por sí solas. Ya no es el caso de *conocimiento es poder*; ahora *compartir conocimiento es poder*.
Los países en desarrollo se enfrentan a una situación mucho
más crítica, ya que es probable que los problemas sistémicos
como el cambio climático, las pandemias y la pobreza sean los
que más les afecten. Es muy probable que los pobres paguen
más para adaptarse a los cambios dramáticos que enfrentamos
actualmente.

Los lectores escépticos podrían preguntarse: ¿y qué hay de
nuevo? Durante al menos una década, las empresas han adoptado la innovación abierta: la práctica de abrir y conectar operaciones de I+D con socios externos. Para 2010, más de la mitad
de las empresas de Fortune 500 tenían una estrategia de innovación abierta. En los últimos años, muchas empresas de Fortune 500, no solo las industriales, sino también proveedores de
servicios financieros y de atención médica, han lanzado centros
de innovación y programas aceleradores inmersivos en Silicon
Valley para brindarles a sus gerentes comerciales la oportunidad de abrirse y aprender de emprendedores ágiles. Los gigantes tecnológicos chinos (Alibaba, Baidu, Tencent, Huawei) y
los titanes indios de servicios de TI Wipro y TCS también están
reforzando su presencia en I+D en Silicon Valley. Empresas
en América Latina como Grupo Bimbo, Cemex y Accenture
—en países como México— también están desarrollando estrategias de innovación abierta. ¿Qué directores ejecutivos no

hablan con orgullo sobre cómo su empresa está construyendo *redes de innovación abiertas* y *ecosistemas de socios* para servir mejor a sus clientes? Sin embargo, la verdad es que sus redes de innovación no son tan abiertas y sus ecosistemas de socios realmente no sirven a los clientes.

En primer lugar, cuando las empresas buscan conocimientos externos, se inclinan hacia el conocimiento que refuerza, en lugar de desafiar su visión del mundo. Como señaló Sócrates, la sabiduría consiste en saber que no sabes, no en creer que sabes cuando no lo sabes. Argumentó que la sabiduría podría cultivarse simplemente siendo curioso: una vida sin examinar no vale la pena vivirla. Tristemente, como señala Tod Martin, CEO de Unboundary —una firma de consultoría "intencionadamente pequeña" que asesora a empresas Fortune 500 como Coca-Cola, IBM y Fedex—: "La curiosidad se sofoca en la mayoría de las grandes organizaciones que tienden a vivir según el proverbio 'La curiosidad mató al gato'. Impiden que su propia gente mire hacia arriba y hacia afuera y le dé sentido al mundo".[4] Agrega: "Están abiertos a nuevas ideas siempre que estas provengan de otros que se les parezcan. Pero no están abiertos a nuevas perspectivas, especialmente de quienes son muy diferentes a ellos".[5]

La vida no examinada que llevan estas organizaciones poco curiosas termina abruptamente cuando el mundo cambia de forma repentina e inesperada. En otras palabras, las empresas practican la innovación abierta en la actualidad principalmente para ser más eficientes, haciendo mejor lo que ya hacen, en lugar de volverse más adaptables y ágiles, desaprendiendo lo que ya saben y aprendiendo a hacer cosas nuevas. Pero solo sobreviven las especies más adaptables, no las más eficientes. De hecho, las organizaciones están muriendo antes: la vida útil promedio de una empresa en el índice Standard & Poor's 500 (las quinientas principales empresas que cotizan en bolsa en los Estados Unidos) se redujo, de 61 años en 1958, a 18 años en 2011, y está a punto de reducirse a solo 12 años para 2027.

En segundo lugar, cuando las empresas afirman estar construyendo ecosistemas de socios, no hacen más que encontrar nuevas formas de vincular a los clientes con sus marcas. Están reemplazando la integración vertical con un ecosistema vertical. Pero un enfoque específico de la marca se está volviendo irrelevante, incluso contraproducente, ya que los propios clientes pueden crear los productos que desean, independientemente de las marcas establecidas. En su lugar, las empresas necesitan construir ecosistemas horizontales que integren sus marcas con las de otras empresas, incluidas sus rivales, para brindar a los clientes las opciones ricas y las experiencias altamente personalizadas que esperan.

Este nuevo enfoque individualizado y centrado en el consumidor se ha denominado Mecosystems.[6] Y, aunque amenaza a las organizaciones físicas tradicionales como GM y Bank of America, es una bendición para GAFA. De hecho, mientras GM está ensamblando un ecosistema de socios verticales para construir autos conectados que funcionan como "iPhones sobre ruedas", Apple y Google están invirtiendo en un ecosistema horizontal para brindarles a los clientes experiencias perfectas en múltiples dispositivos, ya sea que estén en casa, en el trabajo o conduciendo entre los dos. De manera similar, mientras Bank of America está ocupado reforzando sus capacidades de banca móvil, Apple se está asociando con Goldman Sachs para lanzar una tarjeta de crédito. Amazon planea introducir una cuenta de cheques. Y Facebook ha creado un equipo de *blockchain* para crear su propia criptomoneda, similar a bitcoin, para pagos. Una encuesta de Bain & Co muestra que los clientes confían en Amazon y Paypal tanto como en los bancos.

Un informe de McKinsey, de 2017, defiende que la digitalización está creando una división en el sector bancario mundial entre los "fabricantes", que brindan servicios bancarios básicos como financiamiento y préstamos, y los "distribuidores", que generan demanda y manejan las ventas. Las grandes empresas tecnológicas pretenden convertirse en estos distribuidores, ya que esta lucrativa actividad genera el 65% de las ganancias totales, relegando a los bancos tradicionales a la fabricación, que representa solo el 35% de las ganancias totales (aunque simboliza el 53% de los ingresos de la industria).

Para ganar en este nuevo contexto, las empresas deben practicar la hipercolaboración; es decir, deben aumentar la amplitud y profundidad de sus asociaciones para comprender la naturaleza real de los llamados problemas y soluciones perversos. La hipercolaboración mejorará la adaptabilidad y la resiliencia de las empresas para servir mejor a los Mecosystems. Al hacerlo, podrían desarrollar una mentalidad abierta y fomentar ecosistemas de innovación verdaderamente abiertos en los que, como dice Groth, "diversos conjuntos de talentos son inducidos a pensar como Da Vinci, en todas las disciplinas".[7]

Entonces, ¿cómo pueden los ejecutivos de negocios involucrar a los pensadores y hacedores del "Renacimiento" para un entorno empresarial cada vez más dinámico e impredecible?

Seis maneras de hipercolaborar

Las empresas hipercolaborativas deben hacer uso de un grupo ecléctico de socios para desafiar el pensamiento a nivel de alta dirección y fomentar un proceso continuo de desaprendizaje y reaprendizaje. Esto se puede hacer de las siguientes maneras.

Hablar con proveedores
que piensen originalmente

Como consultores de estrategia de grandes empresas durante varios años, los autores de este libro a menudo han informado a los altos ejecutivos sobre una tecnología o solución innovadora desarrollada por sus proveedores. La respuesta habitual es: "Es un invento asombroso. ¿Por qué nuestros proveedores no nos lo dijeron?". Pero los proveedores sí se lo dijeron a los gerentes de compras de la empresa, quienes no mostraron interés. Y tampoco se puede culpar a los responsables de compras; están bajo presión para reducir costos, con demasiada frecuencia exprimiendo a sus proveedores. Al igual que el capitán del Titanic cuando les pide a los mecánicos que ahorren carbón mientras el barco se dirige hacia un iceberg, demasiadas empresas que van hacia una colisión similar están respondiendo irracionalmente.

Para cambiar de rumbo, las empresas ahora deben trabajar de manera más estratégica con los proveedores en nuevos modelos de negocios. Por ejemplo, a fines de la década de 1990, muchos fabricantes de equipos originales (OEM) occidentales, especialmente en Alemania, descartaron el Nano de 2 500 dólares como un automóvil barato para el mundo en desarrollo. Pero ahora que los Dacias de bajo costo de Renault se venden como pan caliente en los principales mercados europeos, los fabricantes de automóviles alemanes se están acercando a proveedores como Bosch (que desarrolló el motor central del Nano y las tecnologías de inyección de combustible) para explorar cómo aprovechar esas innovaciones frugales para crear coches asequibles. La Agencia de Desarrollo Económico de Bavaria, el corazón industrial de Alemania, ha creado un grupo de investigación y consultoría dirigido por la Dra. Petra Blumenroth, quien asesora y capacita a las medianas empresas regionales sobre cómo adoptar principios de *innovación frugal* para crear productos de alto valor a menor costo, al cual pueden vender tanto en economías avanzadas como en mercados emergentes.

De manera similar, Marks and Spencer (M&S), un minorista multinacional del Reino Unido, organiza una conferencia anual de más de mil de sus proveedores globales para aprender cómo implementar su Plan A y convertirse en el minorista principal más ambientalmente sustentable del mundo para 2025. Tiene sitios web dedicados a varias comunidades de proveedores, como Food Supplier Exchange para sus proveedores agrícolas, donde pueden compartir sus mejores prácticas (el negocio de alimentos representa el 61% de la facturación de M&S solo en el Reino Unido). Dado que la cadena de suministro representa el 50% de su huella de carbono, la empresa claramente no puede lograr sus objetivos de sustentabilidad para 2025 por sí sola. Como confiesa Mike Barry, director de negocio sostenible (Plan A) de M&S: "No cambiaremos el mundo solos; de hecho, ni siquiera podemos cambiar nuestro propio negocio solos".[8]

En 2007, Jaguar Land Rover (JLR), propiedad del Grupo Tata, y su proveedor Novelis, un productor líder de aluminio laminado propiedad del Grupo Aditya Birla, comenzaron a colaborar en un proyecto llamado *Recycled Aluminum Car* (Realcar, por su acrónimo en inglés), cuyo objetivo es hacer la transición de la cadena de suministro de producción lineal de JLR a una cadena de valor de circuito cerrado. El objetivo de Realcar es utilizar la mayor cantidad posible de aluminio reciclado sin comprometer la calidad en la producción de vehículos JLR para que los vehículos sean más livianos y eficientes en combustible, tengan menos emisiones y puedan reciclarse al final de su vida.

La primera innovación que resultó de Realcar es RC5754, una nueva aleación de aluminio con hasta un 75% de contenido reciclado. Jaguar XE se convirtió en el primer modelo JLR producido con esta aleación y la integró en muchos de sus modelos nuevos y clásicos. RC5754 no solo cumple con los altos criterios de reciclaje establecidos por JLR, sino que también ofrece la resistencia y durabilidad requeridas por sus ingenieros. Curiosamente, Novelis la fabrica utilizando chatarra de aluminio recolectada en las fábricas de JLR, lo que significa que compra material de bajo valor a su cliente, lo convierte en un producto de alto valor y luego se lo vende (solo en 2016-17, JLR recuperó más 75 000 t de residuos de aluminio, suficiente para producir trecientas mil carrocerías de Jaguar XE).

RC5754 ofrece muchos beneficios tanto para JLR como para Novelis. El reciclaje de aluminio requiere un 95% menos de energía y emite un 95% menos de CO_2 en comparación con la producción de aluminio primario. Realcar ya ha reducido el potencial de calentamiento global de un modelo Range Rover TDV6 2013 en casi un 14% durante el ciclo de vida completo de un vehículo típico. Realcar ayudó a JLR a lograr su objetivo de una reducción del 30% en los impactos ambientales clave durante el ciclo de vida de sus vehículos para 2020, desde una línea de base de 2007, y a alcanzar sus objetivos del 54% para 2030. También ayudó a Novelis a reducir sus emisiones de carbono en un 13% (desde 2011, esta ha aumentado sus insumos reciclados del 33 al 50%).[9] Animado por el éxito de Realcar, JLR ha lanzado un proyecto de extensión llamado Reality que tiene como objetivo extraer aluminio de los coches viejos al final de su vida útil y utilizarlo para fabricar vehículos nuevos. Con este, JLR espera lograr su objetivo de fabricar todos sus automóviles con un 75% de aluminio reciclado.

¿Pueden otros fabricantes de equipos originales (OEM) replicar el éxito de JLR con Realcar? Sí, sí pueden, pero solo si están dispuestos a cambiar radicalmente su mentalidad e involucrar a los proveedores en verdaderas asociaciones en las que todos ganan. En un estudio publicado por el Instituto de Liderazgo en Sostenibilidad de la Universidad de Cambridge, los

ejecutivos clave de JLR y Novelis que codirigieron Realcar destacan la importancia de que los OEM y sus proveedores adopten
una "mentalidad de valor compartido":

> Dentro de un modelo de cadena de valor lineal tradicional,
> el flujo de creación de valor es generalmente del proveedor al
> cliente y la relación se gestiona sobre una base transaccional. Sin
> embargo, en un modelo de circuito cerrado, el flujo de valor es
> más complejo, de modo que los clientes pueden terminar abas-
> teciendo a su propio proveedor. Esta modificación en la relación
> requiere un cambio real entre las partes interesadas, pasando
> de una mentalidad transaccional a una basada en el valor com-
> partido. Se necesita un cambio mental de ser "compradores de
> componentes" a convertirse en "gestores de la cadena de valor".[10]

Trabajar con socios para servir a Mecosystems

En las economías desarrolladas, los clientes preocupados por
los costos y el medio ambiente ensamblan diferentes productos
y servicios para satisfacer sus necesidades individuales, construyendo así sus propios Mecosystems. Por lo general, a estos
clientes no les importa si estos productos y servicios tienen
marca. Por lo tanto, las empresas establecidas deben trabajar
con otras en su sector (por ejemplo, fabricantes de automóviles,
ferrocarriles y aerolíneas del sector del transporte) para integrar
sus respectivas capacidades y brindar a sus clientes experiencias
impecables. Solo uniendo fuerzas podrán resistir la disrupción
causada por los gigantes tecnológicos. Como explica Akio To-
yoda, presidente de Toyota: "Nuestros competidores ya no solo
fabrican automóviles. Empresas como Google, Apple y Facebook son en lo que pienso por la noche".

Esta es la razón por la que el operador ferroviario francés
SNCF está colaborando con Renault en proyectos disruptivos de

I+D, para ofrecer soluciones de transporte integrales y asequibles a clientes compartidos. Estas soluciones de movilidad frugal buscarán optimizar la infraestructura existente, por ejemplo, combinando un viaje en tren de larga distancia con un viaje de última milla en un vehículo eléctrico, o aprovechar activos de transporte energéticamente eficientes, por completo nuevos, desarrollados en conjunto por ambas empresas. sncf también se asoció con Orange, Total, Air Liquide y Michelin para lanzar Ecomobility Ventures, el primer fondo de inversión multiempresarial de Europa, que invierte en una cartera de prometedoras empresas emergentes que pueden ofrecer, colectivamente, soluciones integrales en movilidad sostenible.

Las marcas que no compiten también pueden trabajar juntas, no solo para responder a las necesidades actuales de sus clientes compartidos, sino también para anticipar sus necesidades futuras. Simon Mulcahy, director de innovación de salesforce.com, que ofrece una plataforma de gestión de relaciones con los clientes basada en la computación en la nube, alienta a las empresas a adoptar una perspectiva amplia para percibir las necesidades de sus clientes a través de las diversas perspectivas de otras industrias, y abordar estas necesidades tomando prestadas las mejores prácticas de otros sectores.[11] Por ejemplo, diversas industrias como la construcción, el diseño de interiores y la renovación, la alimentación, el comercio minorista, el entretenimiento, la logística, la salud, los servicios financieros, la energía y la comunicación comparten un solo cliente en un lugar particular: su hogar. Por eso, Orange, Kingfisher, Carrefour, Legrand, La Poste, seb y Pernod Ricard, siete empresas líderes en los sectores mencionados, han creado Inhome, una incubadora de innovación entre industrias dirigida por Inprocess, una consultora de innovación.

Los altos ejecutivos de estas empresas participan en una serie de talleres facilitados por Inprocess. Allí adquieren conocimientos más profundos sobre el comportamiento y las necesidades de las familias típicas que vivirán en los hogares del mañana, y una comprensión de los nuevos usos y prácticas emergentes (desde compartir departamento hasta vivir en yurtas contemporáneas y alojar a extraños en casa) que reflejan nuestro cambiante estilo de vida y valores. (El taller en sí se basa en un estudio etnográfico profundo de un año de duración realizado por Inprocess con familias reales). Durante el taller, se le pide a cada participante que se "ponga en los zapatos" de otro participante y trate de comprender cómo se pueden satisfacer sus necesidades futuras desde la perspectiva de otra industria. Una vez que se ha establecido la empatía y la confianza, los participantes consideran escenarios en los que pueden integrar sus respectivas ofertas y capacidades para servir mejor a su cliente en común. Al final de estos talleres, según el director general de Inprocess, Christophe Rebours: "[Los participantes son] capaces de eliminar sus 'direccionales de la industria' y ver las cosas desde el punto de vista de sus clientes compartidos. La motivación de los participantes también cambia: de maximizar su parte individual de lo que creen que es un pastel fijo, a maximizar el tamaño del pastel completo para el beneficio de todos".[12] Para Rebours, este proceso tiene éxito porque sus miembros evitan el problema de que unas pocas empresas grandes dominen a los miembros más pequeños. En cambio, los goliats quieren reinventarse como ágiles davides. Finalmente, las empresas colaboradoras reducen el riesgo y ahorran dinero porque invierten en soluciones de manera colectiva.

En países en vías de desarrollo como México hay que destacar casos como el de la alianza entre Rappi y Grupo Banorte. En 2020, esta trajo al mercado la tarjeta de crédito Rappicard que combina lo mejor en servicios financieros y comercio electrónico. Además de no cobrar anualidad, ofrece recompensas como *cashbacks* ("devolución de efectivo": 3% por compras en

Rappi, 2% por compras en línea y 1% por compras con la tarjeta física) y descuentos (hasta -50% y 18 meses sin intereses en establecimientos participantes). Además, para una mayor protección con las compras en línea, la tarjeta digital vive en el entorno seguro de la aplicación Rappi, protegida por contraseña o, en su caso, reconocimiento facial o huellas dactilares. En este sentido, el análisis de datos es una parte importante de la propuesta de valor de Rappicard. Hay atención al cliente 24/7 vía chat en la aplicación y las transacciones se registran en tiempo real, con un mapa que muestra a los usuarios dónde pueden realizar sus compras. Carlos Hank González, presidente del Consejo de Administración de Grupo Financiero Banorte, comenta: "La banca ahora debe centrarse en la personalización y los servicios digitales. Nuestra alianza con Rappi nos permite transformar la experiencia de los mexicanos en el ecosistema financiero digital, combinando lo mejor de dos mundos: la fortaleza y experiencia de Banorte y el ADN digital de Rappi".

Involucrar a los competidores en la realización
de grandes objetivos audaces y amenazantes

Las empresas que hipercolaboran prestan atención al consejo de Sun Tzu: "Mantén a tus amigos cerca, pero a tus enemigos más cerca". Esta cooperación entre empresas rivales es una estrategia frugal, porque, al invertir conjuntamente —en un proyecto de innovación de alto riesgo y alta recompensa impulsado por un gran objetivo audaz y amenazante (llamados BHAG, por sus siglas en inglés)—, reducen su exposición al riesgo de forma colectiva. Del mismo modo, al trabajar juntos, pueden ayudar a establecer y acelerar la adopción de un nuevo estándar de la industria que podría beneficiarlos a todos.

Por ejemplo, el Natural Capital Impact Group está dirigido por el Instituto de Liderazgo en Sustentabilidad (CISL) de la Universidad de Cambridge para abordar un BHAG: cómo mitigar la rápida pérdida de capital natural, como el agua y las tierras agrícolas. Para 2030, al Reino Unido le faltarán dos séptimas partes de la tierra agrícola necesaria para alimentos, espacio y energía renovable. De manera similar, enfrenta la amenaza paradójica de inundaciones frecuentes y sequías severas. Esta inminente escasez de tierra y agua amenaza con aumentar los precios de los productos básicos y dañar los negocios. Por ello, las empresas de agua rivales Thames Water, Anglian Water, Yorkshire Water y los minoristas competidores Primark y ASDA se han unido al Natural Capital Impact Group, junto con las agroindustrias Volac y Mars. Su objetivo compartido es comprender y gestionar mejor su impacto y dependencia del capital natural. Juntos, esperan identificar nuevas oportunidades comerciales y soluciones frugales, como reducir los desechos y aumentar el rendimiento de las tierras agrícolas con menos agua.

Una alianza mucho más habitual entre competidores y que normalmente desconocemos es la que existe entre aerolíneas, una que no ha hecho más que aumentar durante la pandemia. En estas alianzas, las aerolíneas pueden compartir recursos, recoger o extender rutas asociadas e incluso ofrecer la posibilidad de ganar y canjear millas a través de los programas de recompensas de los demás. Además, una nueva generación de sistemas de reserva de aerolíneas se está enfocando más en la distribución directa, así como en la venta digital minorista. Esto se debe principalmente a que los costos y las complejidades han disminuido de manera significativa, como resultado, combinar dos aerolíneas diferentes en una sola reserva ya no es difícil. Para garantizar el mayor número de conexiones potenciales y, por lo tanto, obtener el itinerario más eficiente, los vuelos de cada aerolínea deben poder combinarse con los de otras. La interlínea virtual se está convirtiendo lentamente en la norma. Ahora, las aerolíneas participantes tienen la opción de ampliar su red no solo a través de asociaciones con otras, sino también de combinar sus vuelos con el transporte por carretera y ferroviario para ofrecer itinerarios eficientes a sus clientes. Al combinar vuelos y transporte ferroviario pueden ofrecer una alternativa a un itinerario que de otro modo no estaría disponible, tomaría más tiempo o sería más costoso.

Compartir residuos con otras empresas
y generar beneficios

Las empresas industriales deberían implementar juntas la economía colaborativa y circular de dos maneras importantes. Primero, deben integrar su propia cadena de valor con las de otros fabricantes, ya que a menudo en los negocios "la basura de un hombre es el tesoro de otro". En segundo lugar, deben monetizar los activos infrautilizados compartiéndolos con empresas que los necesitan más. Esta estrategia dual permite a los fabricantes reducir costos, maximizar la eficiencia y generar nuevas fuentes de ingresos. Más importante aún, cambia la forma en que se maneja un negocio, lo que genera oportunidades lucrativas en el proceso.

Por ejemplo, la sinergia de subproductos (bps, por sus siglas en inglés) es un proceso de uso del flujo de desechos de un proceso de producción para producir materias primas o productos terminados. Como señaló Deishin Lee, profesor de gestión de operaciones en la Escuela de Administración Carroll de Boston College, Chaparral Steel, una empresa tejana que ahora forma parte de Gerdau Corporation, ha adoptado con éxito bps y utiliza acero reciclado para fabricar nuevos productos. Los residuos de escoria generados durante el proceso de producción se venden a un fabricante de cemento cercano, Texas Industries (que en 2014 se fusionó con Martin Marietta), que los utiliza para fabricar cemento de escoria en Portland. Lee descubrió que esta estrategia de BPS no solo beneficia a ambos fabricantes, sino que también aporta beneficios ambientales, al reducir las emisiones de carbono en un 10% y reducir el consumo de energía hasta en un 15% en la actividad de producción de concreto. Esto fue posible en gran parte porque la escoria de acero se había procesado previamente para agregar valor a la producción de cemento. Las empresas Fortune 500 ahora también están adoptando la simbiosis industrial, una versión a gran escala de BPS, que convierte los flujos de desechos en centros de ganancias. Con la ayuda de su socio Protomax, ASDA, una cadena de supermercados del Reino Unido, recicla sus ganchos de plástico y sus desechos de café en paneles de plástico ligeros y estables. Con estos, se fabrican las mesas de centro que se utilizan en las cafeterías de sus tiendas. Los paneles se pueden reciclar más tarde para hacer nuevos paneles.

Varios gobiernos y ciudades occidentales fomentan una adopción sistemática similar de simbiosis industrial. Kalundborg, en Dinamarca ha sido pionera en la simbiosis industrial desde 1972, cuando Statoil, una empresa energética multinacional noruega, suministró gas sobrante a Gyproc, un productor local de yeso, para secar las placas de este material producidas en sus hornos. Desde entonces, esta práctica se ha convertido en el parque ecológico industrial de Kalundborg, que es una red interconectada de nueve empresas públicas y privadas líderes, las cuales intercambian desechos materiales, energía, agua e información. El gerente de la planta de energía de Kalundborg, inspirado por las especies cooperativas, acuñó el término *simbiosis industrial* para describir este enfoque. Él lo define como: "Cooperación entre diferentes industrias mediante la cual la presencia de cada una aumenta la viabilidad de las otras, y mediante la cual se consideran las demandas de la sociedad para el ahorro de recursos y la protección del medio ambiente".

El ecosistema de Kalundborg ya ha reducido las emisiones anuales de carbono en 240 000 toneladas y el uso de agua en tres millones de metros cúbicos. El éxito de Kalundborg también ha inspirado a otros gobiernos occidentales a fomentar la simbiosis industrial. En 2003, el gobierno del Reino Unido estableció el Programa Nacional de Simbiosis Industrial (NISP) para considerar las oportunidades industriales de compartir agua, energía y materiales de desecho. Este atrajo a 15 000 miembros corporativos. Juntos, redujeron las emisiones de carbono en 42 millones de toneladas y redirigieron 48 millones de toneladas de desechos de los vertederos para su reutilización, reduciendo costos o generando ingresos de más de tres mil millones de libras. El programa ha ayudado al fabricante de neumáticos Michelin a reducir sus residuos de vertedero en un 97% en solo tres años, 18 meses antes de lo previsto. Estima que cada tonelada de dióxido de carbono ahorrada cuesta a los miembros apenas alrededor de un dólar. Este es un enfoque mucho más rentable que, digamos, el comercio de carbono, con su alto costo de transacción. La OCDE declaró que el NISP cambia las reglas del juego en la gestión de residuos. En 2018, la Comisión Europea modificó la Directiva Europea de Residuos que exige a los estados miembros que "promuevan la simbiosis industrial" y "prioricen prácticas de simbiosis industrial replicables".

Países como Chile y México también han desarrollado estrategias nacionales para promover una economía circular. El Plan Nacional de Economía Circular de Chile 2020-2040 ya está siendo impulsado por el gobierno a través de su ministerio del medio ambiente. La Cámara de Senadores de México presentó una iniciativa para poner en consideración la ley general de economía circular. Este proyecto de ley tendrá que pasar a la Cámara de Diputados para su revisión y aprobación. Esto significaría que se podría impulsar la economía circular no solo de manera voluntaria como hasta ahora, sino por la fuerza de la ley y esto permitirá avanzar en la transformación de la economía mexicana. Dentro de la propuesta de ley, se encuentra el establecimiento de una serie de instrumentos para el control, gestión y mejoramiento de la economía circular, tales como planes de manejo de residuos sólidos, planes de responsabilidad compartida, estudios de impacto ambiental y el plan nacional de economía circular.

Compartir activos, empleados, clientes y propiedad intelectual

Las empresas pueden ir más allá de compartir desechos y aprender a compartir activos o recursos infrautilizados, e incluso empleados, clientes y, en última instancia, propiedad intelectual, siendo así pioneras en la economía colaborativa B2B. Floow2 es un mercado de empresa a empresa que permite a estas compartir e intercambiar equipos, servicios, habilidades y conocimientos infrautilizados. En los Países Bajos, permite que los hospitales optimicen por completo sus activos al poner su equipo médico infrautilizado a disposición de los pacientes de otros hospitales sobrecargados. Al integrar estrechamente sus cadenas de suministro, las empresas pueden mantener sus activos fijos completamente utilizados y también ahorrar costosas materias primas y energía. Otro ejemplo, en el sector de la logística, es el fabricante mundial de alimentos Mars, que ha desarrollado una red de distribución sostenible en Alemania al compartir sus vehículos con sus rivales.

En Francia, Venetis ha reemplazado los precarios trabajos de medio tiempo con un nuevo concepto radical: trabajos de tiempo compartido. Venetis contrata de tiempo completo a 150 expertos, quienes trabajan para un grupo de trecientas pequeñas empresas que tienen membresía con la primera, para así "compartir" a estas personas, en funciones clave, cuando sea necesario.

Algunas empresas ilustradas incluso se atreven a compartir su propiedad intelectual (pi) con otras empresas, incluidos los rivales. Por ejemplo, Unilever y Levi Strauss han desarrollado tecnologías patentadas para hacer que sus productos sean más sostenibles. Después de implementarlas con éxito en sus propias cadenas de suministro, estas dos empresas han abierto sus inventos con el objetivo de mejorar el desempeño ambiental de toda su industria.

Este tipo de iniciativas pueden tener un enorme impacto en los países de América Latina que suelen experimentar escasez de recursos y que tienen tasas de desempleo formal mucho más altas que las de los países desarrollados. Por ejemplo, Nestlé México apuesta por un ecosistema de innovación abierta, apoyando a *start-ups* y emprendedores internos. La empresa líder en alimentos y bebidas tiene como objetivo apoyar el emprendimiento local y conectar a sus empleados con el ecosistema externo, acercándolos a ideas disruptivas que puedan inspirarlos a innovar dentro de la empresa.

Trabajo con los sectores social y público

Las grandes empresas se enfrentan a una presión cada vez mayor por parte de gobiernos, clientes y empleados para actuar como ciudadanos corporativos responsables al resolver problemas sociales apremiantes como el acceso a la atención médica y la exclusión financiera. Con demasiada frecuencia se asume que las corporaciones son simplemente monstruos hambrientos de ganancias que ignoran los problemas sociales. De hecho, a muchos de ellos les importa, pero carecen del conocimiento, las habilidades, los recursos o el modelo comercial adecuado para abordar los desafíos sociales de manera sistemática y rentable. Incluso pueden ser demasiado orgullosos para admitir su ignorancia o inexperiencia.

Afortunadamente, muchas empresas buscan ayuda de organizaciones sin fines de lucro para forjar cadenas de valor híbridas (hvc), un modelo de negocio que tiene como objetivo crear productos y servicios asequibles para los pobres. Es más que responsabilidad social corporativa (rsc) o filantropía, ya que funciona en una asociación de beneficio mutuo con todas las partes interesadas. Las empresas obtienen acceso a nuevos mercados rentables, mientras que las organizaciones sin fines de lucro logran el impacto social deseado. De esta forma, multinacionales como Citigroup, Essilor, ge y Unilever han servido a clientes de la base de la pirámide (bop) en África, Asia y América Latina.

Por ejemplo, Femsa y la Fundación Femsa han apoyado a más de 1 200 organizaciones en México y América Latina. Asimismo, empresas como Nestlé en México están colaborando con el gobierno y ong para implementar la Agenda 2030 en torno a los objetivos de desarrollo sostenible. Las empresas buscan hacer lo mismo en Europa y Estados Unidos, donde millones de ciudadanos ya no pueden pagar los servicios financieros y de salud básicos. La fdic estima que casi 65 millones de estadounidenses adultos actualmente tienen poco o ningún acceso a los servicios financieros básicos. Peor aún, a las personas marginadas económicamente se les cobraron 173 000 millones de dólares en tarifas e intereses en 2017. De hecho, los estadounidenses de bajos ingresos incurren en casi 40 000 dólares en tarifas innecesarias durante sus vidas.

Dan Schulman, director general de Paypal y expresidente del grupo de crecimiento empresarial de la corporación multinacional estadounidense de servicios financieros American Express (Amex), lo resume sucintamente: "Ser pobre es realmente costoso".[13] Considera que las altas tarifas bancarias, las restricciones en el saldo mínimo y la infraestructura bancaria enfocada solamente en sectores de ingresos altos han llevado a millones de estadounidenses a cambiar de las empresas de servicios financieros tradicionales a una nueva generación de pequeñas empresas con conocimientos digitales que brindan servicios financieros asequibles. Hace dos años, Amex reconoció que 70 millones de estadounidenses financieramente excluidos presentaban un nuevo mercado para las finanzas frugales y que su modelo de negocios no era adecuado para atender a estos clientes.

Como resultado, el famoso servicio exclusivo que funcionó bien a los sectores privilegiados decidió reinventarse como una marca inclusiva para todos. En 2012, Amex lanzó dos soluciones frugales: Bluebird, un servicio de tarjeta de débito y cheques sin lujos y de bajo costo disponible a través de Walmart y en línea; y Serve, una tarjeta de prepago. En 2014, Amex comenzó a desarrollar HVC, que comprende un ecosistema multisectorial de organizaciones sin fines de lucro, agencias gubernamentales, grupos de defensa, institutos de políticas y empresas emergentes. También trabajó con Commonwealth (anteriormente D2D Fund), una consultoría que utiliza herramientas de ciencias del comportamiento, como la ludificación, para impulsar a los consumidores a adoptar hábitos financieros más saludables, y promover y defender los ahorros basados en premios.

De manera similar, para enseñar a los jóvenes buenos hábitos financieros, Amex puso a prueba un proyecto con las organizaciones sin fines de lucro Moneythink y Everyoneon para brindar tutoría financiera, wifi gratis y aprendizaje basado en teléfonos móviles para estudiantes en Mississippi. Además, American Express Ventures (AEV), establecida en 2011 en Silicon Valley, está invirtiendo en nuevas *start-ups* en etapas tempranas para ayudar a las personas a administrar mejor sus finanzas. A pesar del desarrollo económico del país, casi la mitad de los estadounidenses no tienen dinero para cubrir un gasto de emergencia de cuatrocientos dólares y más de la mitad tiene problemas para administrar sus finanzas diarias. Para abordar este problema, AEV ha invertido en Albert, una empresa emergente que desarrolló una aplicación móvil que ayuda a realizar un seguimiento de sus finanzas y, a través de un conserje humano, lo asesora sobre cómo reducir su deuda, gastar de manera inteligente y ahorrar más. En junio de 2014, Amex lanzó un Laboratorio de Innovación Financiera, donde investigadores y asesores trabajan juntos para apoyar la creación de créditos y ahorro; los resultados del laboratorio se ponen a disposición del público.

A través de estas múltiples iniciativas, Amex intenta comprender y resolver un problema socioeconómico complejo y multidimensional. Las personas sin cuenta bancaria y los que no cuentan con suficiente cobertura bancaria gastan el 10% de su ingreso disponible, de un billón de dólares, en tarifas; la misma cantidad que gastan en alimentos. Schulman invita a pensar: "Imagínese si pudiera devolver casi 100 000 millones de dólares a la economía".[14]

Involucrar a emprendedores inquietos,
hackers e inventores

Airbnb fue lanzada en 2008 por Brian Chesky y Joe Gebbia, dos jóvenes sin experiencia en la industria hotelera. Hoy se ha convertido en la cadena hotelera más grande del mundo, llenando más habitaciones por noche que todas las principales cadenas hoteleras juntas. Sin embargo, Airbnb no posee un solo hotel. Del mismo modo, en 2006 Frédéric Mazzella y Nicolas Brusson fundaron Blablacar que, en 2014, se había convertido en la empresa de coches compartidos más grande de Europa. Blablacar transporta más de 18 millones de pasajeros por trimestre, que es casi el doble de la cantidad de pasajeros que viajan cada año en Eurostar, un servicio ferroviario de alta velocidad que conecta Londres con París y Bruselas. Lo mismo se aplica a Uber, un servicio móvil que conecta directamente a los pasajeros con los conductores contratados. Cofundado en 2009 por Garrett Camp y Travis Kalanick, Uber ha revolucionado la industria tradicional de los taxis. En 2018 estaba valorado en 120000 millones de dólares. Aunque la pandemia frenó por ciertos momentos el crecimiento de algunas de estas iniciativas, siguen siendo parte de una creciente economía colaborativa.

Ni Mazzella, Brusson, Camp ni Kalanick tenían experiencia en el sector automotriz o de servicios de transporte y, sin embargo, consiguieron irrumpir en ambos. ¿Cómo? Todos se enfrentaron a un problema apremiante o una necesidad crítica y, después de sentirse frustrados con las soluciones existentes, decidieron resolverlo ellos mismos. Chesky y Gebbia estaban luchando para pagar la renta de su departamento tipo *loft* en San Francisco cuando se les ocurrió la idea de convertir su sala de estar en un *bed-and-breakfast* (casa de huéspedes). Una Navidad, Mazzella no pudo subirse a un tren para visitar a su familia en la campiña francesa porque estaban todos llenos. Pero vio muchos autos en las carreteras con un solo ocupante. Y así nació la idea del servicio de coches compartidos Blablacar. Una noche de diciembre de 2008, cuando Kalanick no pudo encontrar un taxi en los suburbios de París, comenzó a pensar en una aplicación móvil que lo conectaría con un conductor de alquiler con solo tocar un botón; así se le ocurrió Uber.

Jacques Birol, emprendedor en serie y consultor de estrategia que enseña y asesora a emprendedores en Francia, explica: "Los emprendedores son un grupo frustrado e inquieto que se niega a aceptar el *statu quo*. La adversidad alimenta su creatividad. A diferencia de los científicos, crean soluciones innovadoras por pura necesidad (personal)".[15] Birol señala que los emprendedores frustrados piensan y actúan como "expertos en problemas" que se hacen cargo de todo el problema con todo su ingenio y tenacidad. Están dispuestos a aprender todo. Por el contrario, en las grandes empresas de industrias establecidas, los ejecutivos complacientes operan como "expertos en soluciones" que buscan utilizar lo que ya saben o crear necesidades para las soluciones que ya tienen. Están mal entrenados para desaprender. Liz Wiseman, experta en liderazgo clasificada en Thinkers50 y autora de *Rookie Smarts: Why Learning Beats Knowing in the New Game of Work* (*Rookie Smarts*: Por qué aprender supera el conocimiento en el nuevo juego del trabajo), comenta: "Los empresarios sin experiencia son novatos (o primerizos) con mentes como esponjas que absorben nuevos conocimientos rápidamente, mientras que los ejecutivos experimentados tienden a operar como si sus mentes estuvieran hechas de teflón: ningún conocimiento nuevo se les pega".[16] Los novatos viven siguiendo el adagio de Steve Jobs: "Mantente insaciable. Mantente ingenuo". Es hora de que las grandes empresas comiencen a inculcar esta mentalidad de novato en sus propios ejecutivos.

Para aprender a transformar la adversidad en oportunidad, los goliats tradicionales deben enfrentarse a los davides digitales no como oponentes, sino como aliados. Por ejemplo, Pearson, una de las principales empresas editoriales educativas del mundo, fundada en 1844, ha reconocido que las herramientas de aprendizaje digital y las soluciones educativas en línea, como los MOOC, Raspberry Pi y Khan Academy, no son rivales de las soluciones convencionales basadas en el aula que los productos y servicios tradicionales de Pearson siempre han respaldado. Más bien, las herramientas y enfoques de aprendizaje digital presentan tres beneficios principales para Pearson. En primer lugar, se adaptan mejor a las necesidades y preferencias de los jóvenes estudiantes con conocimientos digitales. En segundo lugar, representan una forma rentable de ampliar la entrega de contenido educativo a millones de estudiantes hambrientos de conocimiento, que están en economías de rápido crecimiento en África y Asia. En tercer lugar, lo que es más importante: las herramientas y los datos de aprendizaje digital permiten a Pearson medir mejor la eficacia de la educación y optimizar los resultados del aprendizaje.

Reconociendo estos beneficios, Pearson ha redoblado sus esfuerzos para asociarse con nuevas empresas innovadoras de aprendizaje electrónico para reinventar colectivamente la educación para la era digital. Por ejemplo, en 2013, lanzó Pearson Catalyst for Education, seleccionando diez nuevas empresas prometedoras cada año para trabajar con sus expertos. El objetivo es crear soluciones innovadoras que aborden diez desafíos educativos clave identificados por la empresa. En 2014, 215 *start-ups* de treinta países solicitaron participar en el programa.[17] Pearson también se vinculó con incubadoras de tecnología educativa como Mindcet, con sede en Israel, que reúne a empresarios, educadores e investigadores para desarrollar tecnología educativa innovadora, y así ayudar a identificar proyectos prometedores. Pearson cree que las asociaciones con jugadores digitales ágiles impulsarán la agilidad y la innovación y le permitirán crear soluciones educativas asequibles en todo el mundo de forma más rápida, mejor y más rentable. Además, quiere aprovechar todas estas asociaciones de innovación para convertirse en el "Netflix de la educación" al integrar todos sus productos, servicios y capacidades en una sola plataforma. Esta plataforma altamente escalable basada en la nube podrá brindar experiencias de aprendizaje de alta calidad a millones de personas en todo el mundo.[18] Las universidades también se están asociando con nuevas empresas para innovar en la educación. Por ejemplo, la Universidad Adolfo Ibáñez en Chile se asoció con Coding Dojo, una *start-up* global enfocada en promover habilidades de programación. Coding Dojo nació en Silicon Valley y se ha internacionalizado a Latinoamérica para brindar a los estudiantes de todo el mundo la posibilidad de desarrollar sus habilidades digitales.

Mientras Pearson y la Universidad Adolfo Ibáñez están involucrando a jóvenes *start-ups* de tecnología para expandirse más allá de sus raíces analógicas hacia el mundo digital, Ford Motor Company, que tiene más de 115 años, se ha unido a una comunidad de expertos para reconectarse con su antigua tradición de fabricar coches a mano. De hecho, los ingenieros de las principales empresas automotrices, incluida Ford, ya no fabrican automóviles. Los equipos de I+D utilizan software de diseño asistido por ordenador (CAD) para diseñar nuevos coches. Gran parte del proceso de desarrollo de productos se lleva a cabo en línea (incluso las pruebas de choque se simulan en un entorno virtual).

Esto está muy lejos de 1896 cuando, en un pequeño taller improvisado detrás de su casa, Henry Ford, de 32 años, construyó manualmente su primer automóvil experimental a gasolina desde cero, un vehículo al que llamó Quadricycle. En ese momento, muchos expertos se burlaron de este carruaje sin caballos, pero Ford perseveró. Incluso después de establecer su compañía en 1903, siguió inventando, produciendo autos llamados Modelo A, B, C, etc., antes de lanzar el legendario Modelo T en 1908. Este se convirtió en el primer automóvil económico producido en masa de los Estados Unidos, que revolucionó el transporte en todo el mundo. Sin embargo, a principios del siglo XXI, Ford pareció haber perdido el contacto con sus raíces empresariales. Con 175 000 empleados en seis continentes, se había vuelto inflado y desenfocado, con demasiada burocracia y demasiadas marcas. Sus esfuerzos de innovación se distribuyeron en demasiadas plataformas de automóviles para marcar la diferencia necesaria en un mercado competitivo.

Cuando Alan Mulally se convirtió en director general en 2006, Ford, que había perdido el 25% de su cuota de mercado en los últimos 15 años, estaba sufriendo una hemorragia de efectivo. Tuvo problemas para vender sus numerosos modelos aburridos y anticuados. Mulally dio la vuelta a la empresa eliminando marcas no rentables y programas de vehículos duplicados, uniendo a la empresa bajo el plan ONE Ford y apuntalando la I+D en nuevos productos prometedores. La compañía sobrevivió y prosperó. En 2008, superó con éxito la crisis económica mientras GM y Chrysler se declaraban en quiebra.

Los gerentes de toda la empresa vieron la experiencia cercana a la muerte de Ford como una llamada de atención. Se lanzaron a una serie de iniciativas de innovación para acelerar el progreso a fin de volverse más ágiles para sobrevivir a futuras crisis. Sería todo un desafío volver a sus raíces de empresa emergente ágil. Una forma de animar a sus ingenieros de I+D a emular a Henry Ford, y pensar y actuar como emprendedores ingeniosos que persiguen audazmente ideas no convencionales, les permitiría volver a construir cosas rápidamente con sus manos.

Para hacer realidad esta visión, Ford se asoció con Techshop en 2012 y estableció un taller de bricolaje y un estudio de fabricación de 33 000 pies cuadrados (3066 m^2) en Detroit equipado con impresoras 3D, cortadoras láser y máquinas herramienta. Ubicado al lado del centro global de I+D de Ford en Dearborn, Michigan, Techshop mantiene este patio de recreo gigante para los aficionados y está abierto al público los siete días de la semana. Su objetivo es "democratizar el acceso a las herramientas de innovación" (la membresía cuesta 175 dólares al mes). Bajo el programa de premios como incentivos de Patentes para Empleados de Ford, los ingenieros de I+D de Ford que presentan una patente reciben una membresía gratuita de tres meses en este patio de juegos, donde pueden inventar, experimentar, construir prototipos y dar vida a sus ideas rápidamente.

Desde el lanzamiento del taller de bricolaje, Ford ha cosechado varios beneficios:

- Los ingenieros de Ford encuentran estimulante el entorno no estructurado, ya que les permite dedicar tiempo a proyectos que les interesan personalmente.
- Tener una nueva salida para su ingenio permite a los ingenieros de Ford ser más creativos y productivos en su trabajo diario de I+D.
- Dado que el estudio de bricolaje está abierto al público, los empleados de Ford pueden socializar con macgyvers y *geeks* de otras industrias, obteniendo así nuevos conocimientos y perspectivas para crear cosas nuevas.
- En este entorno colaborativo y no jerárquico, se pueden explorar nuevas herramientas. Por ejemplo, se han llevado a cabo eventos de capacitación para enseñar a los empleados y desarrolladores externos no solo a crear aplicaciones de software inteligentes utilizando la plataforma Openxc de código abierto de Ford, sino también a crear un indicador programable y probarlo en un vehículo real. Como parte de su iniciativa Openxc, Ford está totalmente comprometida con hacer que los datos del vehículo sean ampliamente accesibles en un formato de código abierto para que desarrolladores externos puedan integrarlos fácilmente en sus aplicaciones innovadoras.

Un año después de su lanzamiento, más de mil empleados de Ford se beneficiaron de la membresía de Techshop. Durante este tiempo, estos inventores han ayudado a Ford a impulsar ideas patentables en más del 100% (y la calidad de las patentes también ha aumentado) sin tener que gastar mucho más en I+D. La cultura más emprendedora e innovadora ha hecho que Ford sea más abierto, ágil y tolerante al riesgo. Bill Coughlin, director general de Ford Global Technologies (la rama de propiedad intelectual de Ford), quien hizo que todo sucediera, explica cómo Techshop ha cambiado radicalmente la cultura corporativa:

> Ahora hay una mayor apreciación por el valor de los nuevos inventos. Matar un concepto que solo está en papel es relativamente fácil, incluso un concepto disruptivo o innovador. Pero las posibilidades de obtener una consideración seria son notablemente mayores cuando puede crear un prototipo rápidamente, como en (nuestro *makerspace*), y mostrárselo a otros. Así es como se desarrolla el futuro de la movilidad en Ford en los próximos años.[19]

Inspirándose en este éxito, en 2017, Ford estableció dos *makerspaces* en Asia: uno en su centro de I+D en Nanjing, China, y otro en su Centro de Servicios Empresariales Globales en Chennai, India. Estos *makerspaces* permitirán a sus empleados chinos e indios codiseñar, cocrear y crear prototipos de soluciones disruptivas e involucrar a proveedores locales y escuelas Steam (ciencia, tecnología, ingeniería, artes y matemáticas) en proyectos de coinnovación.

Accenture, como empresa de consultoría global, ha lanzado un programa similar y se ve a sí misma como un intermediario potencial entre emprendedores, inversionistas y multinacionales. En consecuencia, la compañía ha lanzado Accenture Ventures como un programa diseñado para construir puentes entre nuevas empresas innovadoras y clientes. Con inversiones en más de treinta nuevas empresas y más de cincuenta socios, ayuda a las empresas jóvenes a desarrollar todo su potencial y permite a sus clientes aprovechar la innovación líder que crean las nuevas empresas a nivel mundial. Además, Accenture Ventures ha lanzado Project Spotlight, que brinda un acceso sin precedentes a la experiencia tecnológica y de dominio para su base de clientes. Este ofrece a *start-ups* la oportunidad de trabajar con el talento de Accenture, brindándoles acceso a las herramientas para ayudarlas a adaptar sus soluciones al mercado, escalar e innovar más rápidamente. Project Spotlight aborda la parte más desafiante de la creación de soluciones de mercado reales, ofreciendo a las nuevas empresas una comprensión matizada de los problemas comerciales reales y los dominios de la industria. Otra empresa con una visión similar en México es Bluebox, que es la empresa de riesgos compartidos más grande de América Latina, conectando *start-ups* y corporaciones en un ecosistema poderoso.

Como se describe anteriormente, empresas visionarias como SNCF, American Express, Pearson, Ford, Accenture y Bluebox colaboran en exceso con una amplia red de socios externos para diseñar y ofrecer soluciones frugales innovadoras, de manera más rápida, mejor y más económica. Otras empresas pueden aprender a practicar la hipercolaboración de forma estratégica mediante la participación de proveedores, organizaciones no gubernamentales (ONG) e incluso competidores. También pueden reducir costos o generar nuevos ingresos al compartir activos y recursos con otras empresas. Pueden volverse ágiles y aprender a innovar más rápido y de manera más económica, como lo hacen los novatos, conectando a sus empleados con emprendedores e ingenieros ágiles. Sin embargo, para que estas asociaciones de innovación externas realmente funcionen, las empresas deben realizar cambios relevantes dentro de su organización.

Acertar con la hipercolaboración

Las empresas deben poner su casa en orden antes de comunicarse con socios de innovación externos, de lo contrario, estas asociaciones fracasarán. Para lanzar y mantener iniciativas de hipercolaboración, las empresas deben tomar tres pasos críticos.

Crear una función de intermediación de la innovación

Las empresas deben invertir en nuevas competencias para garantizar que las asociaciones frugales funcionen eficazmente. Esta intermediación puede ser asumida por un equipo especializado o por personas de los departamentos de I+D o tecnología. El papel del intermediario consiste en identificar, facilitar y fomentar las asociaciones de la empresa con innovadores externos, ya sean proveedores, empresarios, universidades o agentes del sector social. Los intermediarios deben extraer ideas innovadoras del ecosistema externo cuando apoyen la estrategia de la empresa, e impulsar ideas externas prometedoras entre sus propios directivos. Los intermediarios deben ser trilingües, entender las unidades de negocio internas, los socios de innovación externos y los clientes. Deben ser capaces de ver el panorama general; discernir las megatendencias de la tecnología, la empresa y la sociedad; ser emprendedores, capaces de integrar ideas externas en la empresa y llevarlas rápidamente al mercado; tienen que ganarse el respeto del director general y del Consejo de Administración para conseguir la aceptación de los altos cargos.

Un ejemplo es BNP Paribas, una de las principales empresas de servicios financieros del mundo, que dirige L'Atelier, una unidad gestionada de forma independiente que sigue la tecnología de vanguardia y las tendencias del mercado en todo el mundo. Con tres puestos de escucha en tres puntos críticos de la tecnología mundial (San Francisco, París y Shanghái), L'Atelier supervisa cómo las tecnologías emergentes —redes sociales, teléfonos móviles y ciudades inteligentes— están cambiando los valores y las necesidades de los clientes, así como creando nuevas oportunidades de negocio en sectores como el comercio minorista, la salud y los servicios financieros. Las oficinas de L'Atelier están profundamente integradas en los ecosistemas tecnológicos regionales y conectadas con cientos de emprendedores locales. La unidad ofrece sus servicios de intermediación de innovación (conocimiento del mercado, experiencia digital y contactos) a los líderes de BNP Paribas y a empresas no rivales.

En TCS, el gigante indio de servicios informáticos, la función de intermediación de la innovación la asume el Departamento de Investigación e Innovación, dirigido por Ananth Krishan, director de tecnología. En 2006, TCS puso en marcha su red de coinnovación (COIN) para reunir a start-ups, académicos y laboratorios corporativos de I+D, con el fin de cocrear soluciones para los clientes Fortune 1000 de TCS. En la actualidad, TCS COIN cuenta con una red mundial de 2500 start-ups repartidas por Silicon Valley, Canadá, Israel, Europa, India y cincuenta socios universitarios, entre ellos MIT, Stanford, Carnegie Mellon, Cornell y UC Berkeley. Los miembros globales de COIN están codesarrollando actualmente soluciones disruptivas en áreas prometedoras como la IA, la computación cognitiva, la ciberseguridad y el aprendizaje automático.

Para convertirse en intermediarios eficaces de la innovación, los responsables de I+D y los directores de tecnología deben pensar, sentir y actuar como sabios estrategas que son "en parte empresarios, en parte diplomáticos, en parte padres y en parte psicólogos", en palabras de Daru Darukhanavala, antiguo director técnico de British Petroleum (BP).[20] La función de intermediación también es relevante cuando se obtienen ideas en mercados de rápido crecimiento en África, India y China, regiones que fueron pioneras en la innovación frugal. Por ejemplo, el Xerox Research Centre India (xrci), creado en 2010, permite a los científicos e ingenieros de Xerox asociarse con las principales universidades, laboratorios de investigación, empresas emergentes y socios industriales de la India. Como resultado, han creado conjuntamente soluciones asequibles, innovadoras y de alta calidad para mercados globales, como la monitorización de pacientes por video, soluciones de flujo de trabajo de documentos remotos mediante teléfonos móviles y soluciones de análisis y flujo de trabajo para la salud, transporte, educación y atención al cliente. Según Sophie Vandebroek, exdirectora de tecnología de Xerox: "En cuatro años, nuestro centro de investigación en India, el primero de Xerox en un mercado emergente, se ha convertido en un centro importante en la red de innovación global de Xerox".[21] xrci pasó a llamarse Conduent Labs India (cli) y ahora es parte de Conduent, una empresa de servicios de procesos que Xerox generó en 2017. Actualmente, cli trabaja en estrecha colaboración con la Universidad de Manipal; los iit de Bombay, Kanpur y Madrás; el Instituto Indio de Ciencias; y el Instituto de Estadística de la India.

En México, Grupo Bimbo, la panificadora multinacional más grande del mundo, ha decidido crear una función de intermediación a través de la fundación de Bakelab, una aceleradora de *start-ups*. El objetivo de esta es buscar proyectos emprendedores que puedan ofrecer soluciones innovadoras y que tengan el potencial de generar un impacto positivo en la empresa. A través de este papel pretenden convertir a Grupo Bimbo en una fuente de una mejor y más sostenible cadena de suministro que pueda entregar valor a sus clientes.

Aumentar la agilidad interna

No es suficiente que las grandes empresas accedan a tecnologías e ideas disruptivas desde fuera de su organización. También necesitan aumentar la velocidad de su reloj interno para mantenerse al día con los emprendedores ágiles con los que trabajan. Esto significa reducir la burocracia y simplificar los procesos de diseño, producción y entrega. En particular, como se discutió en el capítulo 3, en lugar de desperdiciar recursos tratando de escalar nuevas ideas que podrían fracasar rápidamente, las grandes empresas deben aprender a reducirlas cuando buscan probarlas en el mercado de manera más rápida y rentable.

En GE, durante su mandato de 16 años como director general —desde 2001 hasta 2017—, Jeff Immelt intentó impulsar la agilidad organizativa de esta empresa de casi 130 años, inculcando lo que él llama "una cultura de simplificación". Quería que la compañía fuera más eficiente, más rápida y mejor conectada con los clientes, y que aprovechara las herramientas digitales y de TI de forma inteligente para poder, por ejemplo, cerrar tratos un 50% más rápido e introducir nuevos productos un 30% más rápido. Con ese fin, en 2013, GE lanzó Fastworks, un conjunto de herramientas y principios que la está ayudando a unir escala e innovación con velocidad y agilidad. Ha capacitado a cerca de cuarenta mil empleados mediante talleres y herramientas en línea para crear productos mínimos viables que resuelvan rápidamente las necesidades bien definidas de los clientes. En lugar de realizar un exceso de ingeniería para encontrar la solución óptima y crear modelos comerciales complejos, los empleados de GE están aprendiendo a diseñar y lanzar soluciones lo suficientemente buenas, obtener comentarios rápidos de los clientes y ajustarlos más tarde a medida que los equipos aprenden más. A mediados de 2014, más de trescientos proyectos en GE, en todo el mundo, usaban Fastworks.

Por ejemplo, se utilizó para desarrollar con Chevron y el Laboratorio Nacional de Los Álamos una solución innovadora para la medición de flujo en pozos de petróleo multifásicos. Todo el proyecto, desde la declaración del problema hasta los prototipos, se completó en menos de un año, lo que resultó en un producto comercial, el medidor de flujo Safire, que GE y Chevron ahora comercializan conjuntamente para todo el sector petrolero y de gas.

En India, como parte de su negocio de soluciones de atención médica sostenible, el equipo de investigación y desarrollo de GE aplicó el enfoque de prueba, aprendizaje e iteración de Fastworks para rediseñar su incubadora neonatal. Los ingenieros de GE optaron por desaprender todo lo que sabían sobre una incubadora y comenzaron su diseño desde cero. Utilizando una caja de zapatos y una muñeca como su primer prototipo, observaron cómo los médicos o las parteras de las ciudades o los pueblos metían y sacaban a los bebés de la "incubadora". Los ingenieros aprendieron que, por ejemplo, en las clínicas rurales, las incubadoras se apilan una al lado de la otra y llevan dos bebés en lugar de uno. Estos profundos conocimientos llevaron a I+D de GE a desarrollar una incubadora que se pudiera abrir fácilmente y que tuviera una fuente de calor que lo disipe uniformemente.[22]

Métodos como Fastworks ayudan a reducir lo que llamamos *tiempo de credibilidad*: cuando un empleado le muestra a su jefe un prototipo funcional de una idea, y no verbalmente o en diapositivas de Powerpoint, es más probable que el jefe la acepte. Como explica Beth Comstock, exvicepresidenta de GE: "Si muestra alguna evidencia de que su idea disruptiva realmente funciona y que los clientes la comprarán, incluso sus colegas más escépticos en GE lo ayudarán a llevar su idea al siguiente nivel". Agrega que Fastworks ayudó a validar docenas de ideas innovadoras simultáneamente en el mercado antes de decidir cuál ampliar. Ella dice: "Estamos aprendiendo a reducir primero para escalar mejor después. Nuestro objetivo es construir una nueva cultura híbrida dentro de GE". En 2016, el *New York Times* llamó a GE una "*start-up* de 124 años". por sus esfuerzos para que sus empleados pensaran e innovaran rápidamente, como los ágiles gigantes tecnológicos Amazon y Google.

No solo hay que proteger el capital intelectual, hay que monetizarlo

A menudo, la primera pregunta de una empresa sobre su asociación externa es: "¿Cómo protegemos nuestra propiedad intelectual (PI)?". Pero empresas como GE, Ford e IBM, que practican la hipercolaboración, plantean una pregunta más pertinente: "¿Cómo podemos maximizar el valor de nuestro capital intelectual a través de asociaciones?". La cuestión es que las empresas invierten miles de millones de dólares en I+D, millones para patentar sus inventos e incluso más millones para defenderlos. Y necesitan invertir aún más para monetizar su propiedad intelectual. Por ejemplo, el costo de lanzar un nuevo producto empaquetado para el consumidor se cuadruplicó entre 2007 y 2012. A las grandes compañías farmacéuticas les cuesta 2 600 millones de dólares lanzar un nuevo fármaco. Sin embargo, la mayoría de los productos fallan en el lanzamiento o tienen un rendimiento inferior a las expectativas iniciales. Según *Forbes*, cada año se introducen 250 000 productos nuevos en todo el mundo. Booz & Company (ahora Strategy&) y los consultores de innovación Doblin (parte de Deloitte, una de las cuatro grandes firmas de servicios profesionales) afirman que dos tercios de los nuevos productos fallan en dos años y el 96% no genera suficientes ventas para recuperar su costo de capital. De hecho, Estados Unidos genera propiedad intelectual por valor de 6.6 billones de dólares, casi el 40% de su economía (en junio de

2018, la Oficina de Patentes y Marcas de Estados Unidos emitió su patente número diez millones; la primera patente se otorgó en 1790). Pero las empresas de Estados Unidos desperdician la asombrosa cifra de un billón de dólares al año en propiedad intelectual infrautilizada, como patentes, derechos de autor y conocimientos técnicos, porque no logran extraer el máximo valor de estos activos intangibles. BTG (British Technology Group), una empresa internacional especializada en el cuidado de la salud, informa que más de dos tercios de las empresas estadounidenses poseen tecnologías que no logran explotar y, en promedio, el 35% de las tecnologías patentadas por empresas estadounidenses se desperdician porque estas organizaciones carecen de una clara estrategia comercial.

Es hora de que las empresas reconozcan que lo que importa no es qué tan buenas son sus ideas, sino qué tan rápido pueden ejecutarlas. Como Matt Bross, exdirector de tecnología de British Technology (BT) y Huawei, lo expresó: "No existen tecnologías innovadoras, solo aplicaciones de mercado innovadoras". Por lo tanto, las empresas necesitan abrir su cartera de PI y compartir sus activos intelectuales con socios externos con los que puedan utilizar la PI como base para cocrear nuevos productos mejor, más rápido y de forma más económica. Al hacerlo, las empresas pueden maximizar el rendimiento de su capital intelectual y, al mismo tiempo, generar nuevos ingresos a partir de estos productos. En 2017, IBM gastó 5 400 millones de dólares en I+D y presentó la mayor cantidad de patentes (9 043) entre todas las empresas estadounidenses. Pero IBM también generó casi 1 400 millones de dólares en ingresos al otorgar licencias de sus patentes a otras empresas en 2016, incluidas *start-ups* en etapa inicial financiadas por su rama de capital de riesgo (queda por ver si Amazon, que gastó 26 000 millones de dólares en I+D y ganó casi dos mil patentes en 2017, seguirá el liderazgo de IBM en la concesión de licencias y la monetización de sus patentes).

Asimismo, luego de gastar millones en el desarrollo de su sistema operativo Android, Google regaló la tecnología para que pudiera incorporarse al mayor número de dispositivos, asegurando así un amplio mercado para su buscador y otros servicios digitales. La estrategia de código abierto de Google dio sus frutos: Android está disponible en más de 2 300 millones de dispositivos, superando al iOS de Apple como el sistema operativo móvil líder en el mundo.

En junio de 2014, Elon Musk, el iconoclasta fundador del fabricante de automóviles eléctricos Tesla Motors, conmocionó a los mercados al anunciar que regalaba su tecnología central a todas las empresas del sector, incluidas las rivales de Tesla. Su decisión está motivada por un "interés propio ilustrado"; al abrir la cartera de patentes, puede expandir más rápidamente el mercado global de automóviles eléctricos, que representa menos del 2% de las ventas de automóviles en Estados Unidos, y hacer que los vehículos eléctricos sean más asequibles y rentables de mantener. Finalizando 2021, el valor de mercado de Tesla estaba en un máximo histórico de más de 900 000 millones de dólares. Como comenta Musk en un blog:

Dado que la producción anual de vehículos nuevos se acerca a los 100 millones por año y la flota mundial es de aproximadamente dos mil millones de automóviles, es imposible que Tesla construya automóviles eléctricos lo suficientemente rápido como para abordar la crisis del carbono. El liderazgo tecnológico no se define por las patentes, que la historia ha demostrado repetidamente que son una pequeña protección contra un competidor determinado, sino por la capacidad de una empresa para atraer y motivar a los ingenieros más talentosos del mundo. Creemos que aplicar la filosofía de código abierto a nuestras patentes fortalecerá en lugar de disminuir la posición de Tesla en este sentido.[23]

Capítulo 8

FOMENTO
DE UNA CULTURA FRUGAL

> Uno no puede resolver un problema con el mismo
> tipo de pensamiento que lo creó en primer lugar.
>
> ALBERT EINSTEIN

Los capítulos 2 a 7 describieron los seis principios que en conjunto forman una estrategia de *innovación frugal* y explicaron cómo los líderes pueden usar estos principios para reinventar su modelo de negocios con base en la frugalidad. Describieron cómo varios líderes funcionales pueden reestructurar sus divisiones para permitir que las organizaciones diseñen, construyan y entreguen soluciones asequibles y sostenibles a largo plazo. Sin embargo, al final, la innovación frugal representa una nueva forma de pensar y actuar para todos los empleados dentro de una organización. Después de todo, son las personas, no las máquinas ni los procesos, las que innovan. Y las personas (o empleados, para ser precisos) forman colectivamente la cultura de una empresa. Desafortunadamente, como dice el dictamen de la gestión, "la cultura se come a la estrategia para el almuerzo"; y la cultura equivocada puede matar incluso una gran estrategia de innovación frugal.

Este capítulo, por lo tanto, analiza cómo los líderes corporativos pueden fomentar la cultura adecuada para incorporar la innovación frugal dentro de sus organizaciones. Pueden hacer esto cambiando fundamentalmente la mentalidad de todos los empleados, en todos los niveles de la organización, permitiéndoles crear más valor con menos.

Cambio evolutivo

La gestión del cambio, en las grandes empresas, normalmente se aplica de arriba hacia abajo. Las transformaciones de la empresa comienzan con la contratación de un ejército de consultores de gestión, quienes crean un plan para lograr un objetivo estratégico. El plan por sí solo podría tardar dos años en desarrollarse y más aún en implementarse. En general, incluso antes de que los resultados sean visibles, el entorno ha cambiado, lo que requiere una transformación incluso mayor. Por el contrario, algunas empresas intentan cambiar demasiado rápido, provocando únicamente pánico y estrés en el personal. Por lo tanto, no sorprende que casi la mitad de todos los programas de gestión del cambio fracasen. O terminan haciendo solo cambios cosméticos o superficiales, sin un impacto real en la organización: es solo un "teatro de innovación". Esto ocurre cuando las organizaciones dicen más de lo que realmente hacen en términos de innovación. En una encuesta, las organizaciones informaron que el 80% de su esfuerzo de innovación estaba en términos de capacitación y comunicación, pero solo el 2% en términos de procesos, cultura y capacidades. En nuestra investigación sobre este tema, en México, Colombia y España, hemos observado que los impulsores que fomentan el teatro en lugar de la innovación real son:

- Impulsores organizacionales: cuando las empresas se comprometen a realizar grandes cambios, pero no comprometen suficientes recursos para poner en marcha una cultura adecuada que facilite la innovación y el aprendizaje.
- Impulsores de legitimidad: cuando las organizaciones o los ejecutivos inician cambios cosméticos solo para aumentar la reputación externa e interna, para ser vistos como una empresa o un ejecutivo/líder receptivo o innovador o para responder superficialmente a las presiones externas.
- Impulsores psicológicos: los líderes creen que los cambios son demasiado costosos o arriesgados o que deben ocurrir rápidamente. Por estas creencias, prefieren apostar por cambios cosméticos o superficiales, que frustran a las personas o crean la falsa impresión de que "estamos innovando".

En México y otros países de América Latina, el teatro de la innovación es un gran problema común, en parte porque las organizaciones creen que la innovación es costosa y que los cambios son demasiado complejos. Para que la transformación organizacional real funcione, las empresas deben cambiar el pensamiento y el comportamiento del personal, a un ritmo y con costos correctos. Una cultura frugal necesita un marco de gestión de cambio frugal. Dicho marco se puede definir como uno que permite a las empresas inducir un cambio sistémico y armonioso, que logra el impacto positivo más grande y duradero en toda la organización o su ecosistema, a un ritmo óptimo, utilizando recursos mínimos y mitigando los efectos secundarios negativos para todos los involucrados.

El marco frugal debe responder a tres preguntas interrelacionadas:

- ¿Cuál es el objetivo final?
- ¿Cómo lo logramos de manera rentable (cuáles son los procesos, sistemas, tecnologías, perspectivas, actitudes y cualidades personales que deben utilizarse)?
- ¿Por qué alguien en la empresa debería cambiar?

La última pregunta es crucial, ya que aborda la motivación e implica una combinación de recompensas y valores.

Los programas tradicionales de gestión del cambio no incorporan correctamente el *qué*, el *cómo* y el *porqué* por tres razones:

- Rara vez son transparentes, lo que deja a los empleados sin saber por qué deberían hacer el esfuerzo.
- Por lo general, se impulsan de arriba hacia abajo, con una actitud de "tómalo o déjalo", lo que estimula una resistencia generalizada.
- Pueden ser demasiado inflexibles y suponer que el personal se catapultará de un estado a otro sin desviarse.

Por el contrario, un marco de gestión del cambio frugal garantiza una transparencia total al involucrar activamente a los empleados, ajustando los objetivos y las herramientas según sea necesario en todo momento. Implica un constante descubrimiento y exploración. Enfatiza la prueba y error y el aprender mediante la práctica. Lo que es más importante, no ve una cultura corporativa como inherentemente buena o mala. Como dijo el gurú de la gestión, Peter Drucker: "Las culturas de las empresas son como las culturas de los países. Nunca intentes cambiar uno. Intenta, en cambio, trabajar con lo que tienes". Los líderes frugales no intentan cambiar la cultura de su empresa, sino lo que hace. En México y América Latina esto resuena con fuerza dadas nuestras limitaciones, falta de recursos y miedo a la innovación, junto con desafíos regionales como la pobreza, la falta de servicios, la contaminación, etcétera.

En resumen, un marco de gestión del cambio frugal crea una organización de aprendizaje que prospera en un entorno dinámico y complejo al iterar, experimentar, improvisar y descubrir constantemente. El *qué*: compromiso audaz y establecimiento de objetivos dinámicos. Esto implica definir y articular adecuadamente el objetivo de la estrategia de innovación frugal de una empresa. Puede haber un objetivo único y específico, como poner a un hombre en la Luna o, en el caso de Renault, diseñar y lanzar un automóvil de seis mil dólares. Podría implicar una nueva línea de productos o negocios frugales. Otras empresas pueden querer incorporar la frugalidad en todos sus productos y funciones. Por ejemplo, el Plan de Vida Sustentable de Unilever tiene como objetivo *i)* reinventar toda la gama de productos y procesos de la compañía con base en la sustentabilidad, *ii)* mejorar la salud y el bienestar de más de mil millones de personas, *iii)* reducir en un 50% su huella ambiental y *iv)* mejorar los medios de subsistencia de millones.

Sean cuales fueren los objetivos, las empresas deben asegurarse de que tengan las siguientes características.

Audaz, creíble y aspiracional

Para captar la atención de las partes interesadas internas y externas, los objetivos deben ser audaces. Pueden ser tan audaces que desafíen el paradigma dominante de la industria y obliguen a las personas a responder al desafío imposible, diciendo: "¿Por qué no?". En 1999, Louis Schweitzer, entonces director general de Renault, cuando otros pensaban que era imposible, preguntó: "¿Por qué no fabricar un automóvil de seis mil dólares?". Las marcas resultantes, Logan y Dacia, ahora representan más del 40% de las ventas globales de Renault. En 2007, Stuart Rose, entonces director general del minorista británico Marks and Spencer (M&S), preguntó: "¿Por qué no construir un minorista ecológico y rentable?". Luego dio a conocer el Plan A, un conjunto de cien metas ambiciosas (para la reducción de desperdicios, la eficiencia energética, el comercio justo, el abastecimiento sustentable, un estilo de vida más saludable, la ética laboral y la participación comunitaria) en las fábricas, tiendas, productos y proveedores de la compañía. Su credibilidad ayudó a motivar a los 86 000 empleados de M&S a encontrar soluciones innovadoras para alcanzar estos ambiciosos objetivos. De hecho, muchas de las nuevas personas contratadas por la empresa citan el audaz Plan A como una de las principales razones para trabajar allí. De ahí que, para 2020, contara con una tasa de compromiso de los empleados del 80%, una de las más altas entre los minoristas a nivel mundial. A los inversionistas también les gusta el plan porque genera nuevos ingresos y reduce los residuos y el consumo de energía. Las empresas emergentes también pueden comunicar objetivos aspiracionales y audaces para atraer inversionistas, talento o atención de los medios. Por ejemplo, la meta de la *start-up* Iluméxico es "promover que doscientos mil hogares mexicanos para 2025 tengan igual acceso a soluciones energéticas sustentables más fáciles y económicas". Comenzaron con 38 hogares en 2010, y hoy en día se han impactado más de 23000 hogares.

Compromiso inquebrantable en la cima

Las empresas no deben comunicar sus objetivos de innovación audaces y frugales solo a través de un comunicado de prensa. En cambio, los líderes corporativos deben arriesgar su reputación personal haciendo importantes anuncios públicos sobre estos objetivos y reiterándolos constantemente a los empleados, clientes, inversionistas y socios. Las investigaciones sugieren que cuando las empresas y los líderes lo hacen públicamente, es más probable que ocurran los cambios anunciados, porque hay presión y responsabilidad tanto dentro como fuera de la empresa.

En 2007, el lanzamiento masivo del Plan A de M&S hizo que Rose apareciera en los canales de los medios para subrayar su compromiso. Usó repetidamente el eslogan del Plan A: "Porque no hay un Plan B", para indicar que él y su equipo de alta gerencia no veían alternativa a un modelo de negocios ambientalmente frugal. Los líderes también deben apegarse a su compromiso frente a las críticas y los periodos más difíciles. Cuando las ganancias de M&S cayeron un 40%, en 2008-2009, durante el peor momento de la recesión, Rose se mantuvo firme. Explicó: "Siempre habrá luditas, cortoplacistas, escépticos, cínicos y los *no-en-mi-traspatio*, a los que no puedes echar atrás solo porque las cosas están difíciles".[1]

Al demostrar su poder de permanencia, los líderes resilientes, como Rose, pueden afianzar modelos comerciales radicales junto con la transformación cultural de la empresa, de manera que se dificultará que otros lo reviertan en el futuro. De hecho, cuando Marc Bolland reemplazó a Rose como director general de M&S en 2010, el nuevo líder continuó y mejoró el Plan A. Su Plan A 2020, presentado en 2014, revisó y aumentó los cien objetivos originales. Por ejemplo, creció el objetivo de eficiencia energética del 35 al 50%, y se puso como objetivo obtener el 75% de todos los alimentos de la marca con fábricas que tengan los más altos estándares ecológicos y éticos. El plan revisado, que cubre las operaciones globales de M&S, aclara cómo los cien objetivos beneficiarán a los clientes, empleados y socios. También incorpora esos objetivos en todas las actividades de comunicación y marketing.

Diez años después del lanzamiento del Plan A, Steve Rowe, quien sucedió a Bolland como director ejecutivo en 2016, llevó el Plan A a un nivel aún más alto. En 2017, anunció un plan audaz que comprometió a M&S a apoyar a mil comunidades, ayudar a diez millones de personas a vivir más felices, tener un 50% de ventas de alimentos más saludables y adquirir todas las materias primas de fuentes sustentables; además, la empresa se transformaría en un negocio sin desperdicios y reduciría las emisiones de CO_2 en un 80%, todo antes de 2025.[2]

México y otros países de América Latina enfrentan problemas importantes, como el cambio climático, la pobreza, la falta de productos y servicios dirigidos a la base de la pirámide, etc. Creemos que cualquier empresa que se comprometa, de manera audaz, pero creíble, a buscar soluciones con un enfoque frugal prosperará, como M&S.

Coherente, pero personalizado

Las empresas deben asegurarse de que sus objetivos de innovación frugal se apliquen de manera consistente en toda la organización, para inducir un cambio en toda la empresa. Por ejemplo, para satisfacer la demanda mundial de servicios educativos de mejor desempeño a menor costo, Pearson nombró a Michael Barber como asesor principal de educación. Experto en sistemas educativos y en reforma, él se había desempeñado como jefe de la Unidad de Entrega del primer ministro del Reino Unido, Tony Blair. En Pearson, se le asignó la tarea de implementar la estrategia de innovación frugal de la empresa, construida en torno a un objetivo central: la eficacia (o mostrar resultados medibles del aprendizaje). El concepto deriva de la industria farmacéutica, que depende de los ensayos sistemáticos de nuevos medicamentos. Pearson quiere traer el mismo rigor a la educación. Esta estrategia centrada en la eficacia, es intrínsecamente frugal, porque al cambiar el enfoque de los insumos (diseño y entrega de contenido, herramientas y servicios educativos) a los resultados (impacto medible en los estudiantes), Pearson se ve obligado a *hacer más con menos*, es decir, entregar más rápidamente el mayor impacto y valor para sus alumnos mientras maximiza el valor de sus activos educativos.

Durante su mandato en Pearson, Barber dirigió un equipo pequeño y frugal de personas altamente comprometidas; trabajaron con una red de campeones de la eficacia en todo el negocio para integrar el concepto en el modelo operativo de Pearson. La idea es garantizar que cada decisión, acción, proceso e inversión que realiza la empresa esté informada por cómo la decisión logrará un impacto medible en los resultados del aprendizaje. Para impulsar este cambio cultural, el equipo de Barber trabajó con el equipo de liderazgo, con el fin de iniciar una conversación sobre la eficacia dentro de la empresa, y trabajaron activamente en cómo informar su progreso hacia sus objetivos de eficacia, junto con sus resultados financieros en 2018.[3] Barber explica:

> Al cambiar la conversación, queríamos asegurarnos de que fuera económico en cuanto a las demandas de tiempo y recursos, y también fuera lo menos burocrático posible. Adoptamos un enfoque frugal hacia la innovación y, como resultado, desarrollamos la eficacia como una improvisación: encontramos colegas que querían aprender sobre la eficacia y convertirse en parte de un movimiento, y luego, con estos seguidores, generamos interés e intriga en los beneficios de la eficacia en el resto de la organización.[4]

Como parte de este esfuerzo, Pearson ha creado una comunidad en toda la empresa, con campeones regionales que trabajan para incorporar la eficacia dondequiera que opere la empresa. Por ejemplo, si un equipo en los Estados Unidos está creando un nuevo producto, el campeón regional se asegura de que aquel tenga en cuenta las necesidades del estudiante en todo momento. (Esto se puede hacer asegurándose de que el curso aumente la capacidad de inserción laboral de los estudiantes). Estas conversaciones en toda la empresa ayudan a identificar áreas que los equipos de productos pueden refinar. Por ejemplo, podrían ayudar a mejorar la forma en que se recopila la evidencia a lo largo del camino y cómo se logran las metas de los estudiantes.

En poco más de tres años, esta pequeña comunidad, trabajando mano a mano con el equipo de liderazgo, ha tenido un impacto significativo en Pearson, una gran empresa con cuarenta mil empleados. El resultado ha incluido un marco de eficacia, una herramienta de apoyo a la toma de decisiones que ayuda a la empresa a comprender cómo los productos y servicios de aprendizaje pueden lograr los resultados esperados. Esta herramienta se usa internamente, para, por ejemplo, evaluar la eficacia de todas las inversiones por un valor superior a un millón de dólares. Pero también está disponible para todos los clientes institucionales de Pearson, como escuelas, proveedores de tecnología y *start-ups*; los ayuda a crear nuevos materiales y contenidos educativos que produzcan un mayor impacto.

El enfoque frugal de Barber combinado con el compromiso del equipo de liderazgo ha logrado un compromiso de toda la organización con la eficacia y la facilitación de un cambio cultural más amplio dentro de Pearson. Como dijo Vaithegi Vasanthakumar, miembro del equipo de Barber:

La misión de Pearson de establecer la eficacia en el corazón de la empresa comenzó con un enfoque de *start-up* que ayudó a instigar un cambio radical en la empresa, por ejemplo, al garantizar que se incorporara un recurso de eficacia dedicado en cada línea de negocio y ubicación clave. Como resultado, en un corto periodo de tiempo, la eficacia ya no está "al borde de Pearson, impulsándola hacia adelante", sino que está "en el corazón de la estrategia central de Pearson, cambiándola desde adentro".[5]

Hace tres años, Pearson publicó su primer conjunto de informes de eficacia, todos auditados por PwC, sobre sus diversos productos educativos que, en conjunto, utilizan 18 millones de estudiantes en todo el mundo. Los informes muestran que la mayoría tiene un impacto significativo en el desempeño de los alumnos. Por ejemplo, un estudio realizado en cinco instituciones de educación superior de los Estados Unidos muestra que los estudiantes que usan Mylab Math de Pearson de manera constante, para sus tareas, tienen una mayor probabilidad de aprobar el curso de matemáticas. Y, según un estudio realizado en Turquía, casi el 76% de los estudiantes dijo que usar la herramienta interactiva Speakout con Myenglishlab aumentó significativamente su confianza para leer y hablar inglés.[6]

Si bien los objetivos del programa de gestión del cambio deben ser coherentes entre las unidades de negocio y las regiones, también deben adaptarse a diferentes contextos, regiones, funciones e incluso personas. M&S ha alineado todos los compromisos de su Plan A con los objetivos individuales de todas las funciones dentro de la empresa y sus proveedores. Munish Datta, quien dirigió la entrega de este proyecto para las propiedades de la empresa en todo el mundo, explica cómo su equipo impulsó la eficiencia energética en sus 1 200 edificios (un total de 21 millones de pies cuadrados [1.95 millones de metros cuadrados]), incluida su sede mundial en Londres, que tiene más de cuatro mil ocupantes.[7] Las instalaciones de M&S se han vuelto un 34% más eficientes en energía y un 27% más eficientes en agua.

De manera similar, esta empresa está trabajando con unidades regionales para adaptar y priorizar los cien objetivos teniendo en cuenta las necesidades, limitaciones y valores del mercado local, como explica Mike Barry, director del Plan A:

Hemos estado trabajando arduamente con nuestro negocio internacional para implementar el Plan A en los más de cincuenta países donde tenemos negocios minoristas. No podemos tratar este despliegue como un estándar establecido en Londres que se cumplirá en otros lugares. Tenemos que desarrollar la capacidad local en nuestros equipos, para trabajar con sus clientes, empleados y partes interesadas en lo que les importa localmente.[8]

Integrado y sistémico

Si bien los objetivos deben asignarse para individuos, respetando la diversidad de los empleados, también deben ser sistémicos para lograr las máximas sinergias. Específicamente, deben considerar la interdependencia de las diferentes funciones y partes interesadas. Los objetivos de uno no deben establecerse a expensas de los de otro, y los objetivos de todos deben integrarse en el sistema más amplio.

En 2008, Franck Riboud, entonces director general de Danone, se comprometió públicamente a reducir su huella de carbono en un 30% en un plazo de cinco años. El actual director general de dicha empresa, Emmanuel Faber, cuenta: "Muchas personas en Danone sintieron que la meta del 30% era una locura total. Todos tuvieron que salir de su zona de confort y aprender a colaborar más allá de los límites funcionales, comerciales y regionales para lograr colectivamente el objetivo del 30%".[9] Se concibieron más de dos mil planes de reducción en todas las unidades de negocio y filiales, con metas claras para cada uno de los cinco años. Unos 110 *maestros del carbono* se encargaron de ejecutar estos planes y realizar un seguimiento de los resultados; 1 400 gerentes de I+D, abastecimiento, manufactura y logística tenían sus bonificaciones vinculadas al logro del objetivo del 30%. Al integrar sus esfuerzos de reducción de carbono, las diversas unidades y funciones comerciales pudieron crear sinergias y acelerar sus iniciativas de innovación.

En 2017, el sucesor de Riboud, Emmanuel Faber, lanzó una nueva firma empresarial: One Planet One Health, reconociendo así que la salud de las personas y la salud del planeta están interrelacionadas. Faber también definió los Objetivos 2030 de Danone, un conjunto integrado de nueve objetivos a largo plazo que están alineados con los Objetivos de Desarrollo Sostenible (ODS) de Naciones Unidas, que deben alcanzarse para 2030. Al integrar profundamente estos nueve objetivos en todas sus marcas y modelo de negocio central, Danone quiere *innovar más con menos*: usar ingredientes de fuentes sustentables para producir alimentos más saludables utilizando menos recursos naturales y energía más limpia (planea usar electricidad 100% renovable en 2030 y volverse neutro en carbono para 2050).[10]

La unidad norteamericana de Danone ya está certificada como B Corp, una *corporación de beneficio* que equilibra el propósito y las ganancias al crear más valor para la sociedad, el medio ambiente, los empleados y los accionistas de manera integrada. Faber quiere que toda la organización global obtenga la certificación B Corp para 2030, lo que la convertirá, con ingresos de 28 000 millones de dólares, en la compañía más grande del mundo comprometida con "hacerlo bien mientras se hace el bien".

Medible

El mantra "no puedes mejorar lo que no puedes medir" se aplica a la frugalidad. Las empresas deben vincular sus objetivos de gestión del cambio a indicadores clave de rendimiento (KPI) específicos. Estos permiten a los empleados de todos los niveles realizar un seguimiento del rendimiento frente a los objetivos, con el fin de ajustar los esfuerzos individuales o colectivos en consecuencia. Los kpi hacen que todos los empleados, desde los altos directivos hasta los trabajadores de primera línea, sean responsables de cumplir los objetivos frugales de su empresa, de forma individual o colectiva. Pueden actuar como hitos y señales para medir el progreso o aumentar la moral en etapas clave. También señalan cuando el progreso se está retrasando.

Hace algunos años, la empresa Kingfisher anunció su objetivo de volverse "Net Positive", es decir, devolver a la Tierra más recursos de los que extrae y consume, en respuesta a las previsiones de escasez de recursos, desigualdad social y cambio climático. Su plan Net Positive tiene cuatro áreas prioritarias (madera, energía, innovación y comunidades) y tres áreas relacionadas (empleados, proveedores y medio ambiente) para mejorar. Kingfisher utiliza cincuenta kpi, llamados Fundamentos, para medir el progreso diario frente a una línea de base original. Con ellos rastrea e informa el progreso cada seis meses. La empresa es transparente tanto en sus logros como en sus fracasos. Su informe Net Positive de 2013-14, por ejemplo, reveló que, si bien el 87% de la madera utilizada en sus productos se obtiene de manera responsable (frente a un objetivo del 100% en 2020), actualmente vende solo 170 productos con circuito cerrado (los más ecológicos) frente a un objetivo ambicioso de mil productos. Richard Gillies, que dirigió los esfuerzos de sustentabilidad de la empresa hasta 2016, admitió que aunque Kingfisher ya ha generado quinientos millones de libras esterlinas (790 millones de dólares) en ventas de sus productos de circuito cerrado, la empresa "todavía está rascando la superficie de los beneficios comerciales que Net Positive puede brindar".[11] Como señala el exdirector general Ian Cheshire, que dirigió la empresa hasta finales de 2014: "Lo que hemos aprendido es que los negocios 'inusuales' no son fáciles".[12] En los últimos años, sin embargo, Kingfisher ha hecho grandes avances en el cumplimiento de sus objetivos de sustentabilidad y lo ha hecho de forma rentable. Por ejemplo, sus productos sostenibles para el hogar representaron casi un tercio de sus ventas en 2020.

Muchos pioneros de la innovación frugal publican un informe anual, y auditado, del progreso que han realizado en el cumplimiento de sus KPI. Estos también son útiles para motivar a los empleados y hacer que todos sean responsables del desempeño frugal de la organización, especialmente si los KPI están vinculados a salarios y bonificaciones. Precisamente, Kingfisher ha vinculado sus KPI Net Positive a las ganancias de sus 250 gerentes principales y a todos los empleados relevantes. En M&S, el 20% de las bonificaciones del director general y los directores está vinculado al progreso del Plan A. Pearson ha hecho de la entrega de resultados de aprendizaje un pilar central de sus políticas de recursos humanos, que incluyen contratación, capacitación, gestión del desempeño y sistemas de incentivos. Eventualmente, se mide a todos sus altos directivos en KPI orientados a los resultados del alumno junto con rendimientos financieros, y se les recompensa. Danone utiliza Danprint, una herramienta de medición desarrollada con el proveedor de software SAP; esta rastrea la huella de carbono de un ciclo de vida completo del producto, en cada subsidiaria de Danone. Así se alienta a sus altos directivos a desempeñarse mejor para cumplir con el objetivo del grupo de estabilizar las emisiones de CO_2, mientras se mantiene el crecimiento de las ventas.

Dinámico y emergente

Los objetivos de innovación frugal no deben ser inamovibles. Lo que debe permanecer constante es la visión de una empresa para crear cada vez más valor para todas las partes, de una manera cada vez más sustentable, social y ambientalmente. Como tal, es posible que las empresas deban revisar los objetivos iniciales a medida que cambian su estrategia de innovación frugal para reflejar los cambios en su entorno de mercado. Algunas empresas ambiciosas podrían incluso decidir mantener la presión, estableciendo objetivos cada vez más estrictos.

En 2010, M&S agregó ochenta nuevos compromisos a los cien originales, les asignó plazos de 2015 y 2020, y siguió con un Plan A 2020 aún más audaz, como parte de un nuevo modelo de negocio colaborativo a partir de la crisis del COVID-19. Marc Bolland, exdirector general de M&S lo explicaba así: "Sabemos que no podemos cumplir el Plan A 2020 solos. Por eso, estamos intensificando nuestros esfuerzos para 'liderar con otros' al participar en coaliciones más amplias para lograr un cambio en todo el sector".[13] En junio de 2017, M&S lanzó el Plan A 2025. Diseñado después de un extenso ejercicio de consultoría, esta última versión se basa en tres pilares con tres objetivos principales: "Ayudar a diez millones de personas a vivir una vida más feliz y saludable; transformar mil comunidades; y convertirse en un negocio sin desperdicios".[14]

La empresa también inició un importante programa de participación del cliente para compartir la historia del Plan A en la tienda, a través de sus canales minoristas digitales y redes sociales. La respuesta de los clientes fue alentadora: la empresa logró la tasa de apertura más alta de su historia con un correo electrónico que contaba la historia de lo que estaban haciendo sus tiendas en sus comunidades locales. Un año después del lanzamiento, el director general de la empresa, Steve Rowe, informó que M&S había logrado un progreso constante hacia sus objetivos. Sin embargo, reconoció:

> Pero para mí, el éxito es más que la cantidad de compromisos que hemos cumplido. Se trata del panorama general: involucrar a nuestros clientes e integrar el Plan A 2025 en la forma en que hacemos negocios. Y en estos dos frentes estratégicos también hemos avanzado, aunque soy el primero en recono-

cer que las cosas no siempre se mueven tan rápido como nos gustaría.[15]

Aunque el Plan A de M&S ha implicado una estrategia clara y global desde el principio, es posible que otras empresas prefieran comenzar con un proyecto pequeño y metas modestas, cambiar solo una parte de su organización o cumplir con un requisito específico del mercado. Una vez completado este con éxito, las empresas pueden adoptar nuevos proyectos, iniciados desde cualquier parte del negocio y respaldados por la alta dirección.

Siemens, por ejemplo, permitió que sus iniciativas frugales de innovación se crearan orgánicamente en los mercados emergentes antes de formalizarlas como una estrategia de toda la empresa. Este conglomerado industrial alemán invierte anualmente más de 5 200 millones de euros en I+D y emplea a casi cuarenta mil ingenieros y desarrolladores en todo el mundo que reportan 34 inventos cada día laborable (en 2020 la empresa contaba con unas 63 000 patentes concedidas). A principios de la década de 1990, cuando las economías emergentes como India y China comenzaron su rápido crecimiento, Siemens inicialmente intentó vender sus sofisticados productos de alta gama importados de Alemania. Pero los clientes indios y chinos los encontraron demasiado caros y complejos para operar y mantener. Peor aún, estos productos de alta calidad a menudo fallaban debido a las condiciones climáticas locales o los patrones de uso, lo que dañaba la imagen de Siemens. En China, las micropartículas de la fuerte contaminación por polvo se infiltraron en los circuitos electrónicos de sus convertidores de potencia y provocaron averías. En India, los regulares cortes de energía y el uso intensivo en hospitales abarrotados provocaron el mal funcionamiento de sus dispositivos médicos.[16] Christophe de Maistre, quien dirigió varias de sus unidades comerciales en China, a mediados de los años noventa y también dirigió su división de operaciones en Francia y el suroeste de Europa, confesó:

> Nos sentimos humillados. Durante más de un siglo, Siemens equiparó la calidad con la sofisticación tecnológica. China e India nos obligaron a reformular la noción de calidad en términos de valor percibido por los clientes en un contexto local. Nos dimos cuenta de que nuestros clientes indios y chinos querían productos "suficientemente buenos" que fueran más simples y rentables de instalar, operar y mantener.[17]

Por lo tanto, la empresa decidió repensar su estrategia de innovación en los mercados emergentes. Comenzó a utilizar su talento de I+D de India y China para diseñar una nueva generación de productos más simples, más confiables, de bajo consumo y fáciles de usar. En China, desarrolló un convertidor robusto y confiable adaptado a las condiciones climáticas locales, que se convirtió en un gran éxito.

De manera similar, el equipo indio de I+D de Siemens desarrolló un método de tratamiento de aguas residuales, rentable y que ahorra energía, perfecto para un país que genera más de 40 000 millones de litros de estas al día y de los cuales solo se trata el 20%. Reconociendo que las soluciones convencionales que existen para este problema no son sostenibles, los desarrolladores diseñaron un biorreactor donde ciertas bacterias y algas forman una relación simbiótica. Las bacterias generan CO_2 que las algas utilizan para la fotosíntesis; estas, a su vez, emiten oxígeno que aquellas consumen, formando así un ciclo autosostenible. Esta solución de tratamiento de agua utiliza un 60% menos de energía que los métodos convencionales. El creciente éxito de estos nuevos productos convenció a la alta gerencia para desarrollar una estrategia de innovación frugal formal simple, fácil de mantener, asequible, confiable y oportuna para el mercado: Smart (por su acrónimo en inglés). Esta se dirigió a un tipo de línea de productos de gama media llamada M3, que complementa las líneas de productos de gama alta M1 y M2 existentes de Siemens.

Dado que los mercados emergentes ahora representan más del 30% de sus ventas globales, la compañía ha estado expandiendo constantemente esa cartera M3; diseña, construye y comercializa sus productos Smart frugales en todo el mundo. Más de 15 000 ingenieros en India, China, Brasil, Estados Unidos y Europa participan activamente en el desarrollo de los productos Smart que hoy suman más de 150. Más de treinta de ellos se han lanzado solo en India y se tienen docenas más en preparación.

Los productos Smart tienen un impacto positivo en los resultados de Siemens: generan ingresos significativos y cuestan hasta un 50% menos en comparación con productos más sofisticados. Aprovechando la rápida adopción de productos Smart en el mercado, la empresa ve enormes oportunidades comerciales en este campo, especialmente en las economías emergentes, donde el mercado M3 suele ser más grande que el mercado de productos de gama alta. También vende los productos M3 a clientes europeos y estadounidenses conscientes de los costos. Por ejemplo, en China inventó un dispositivo de tomografía computarizada de 16 cortes, fácil de usar, que brinda valiosos datos clínicos cotidianos a un precio asequible. Estados Unidos es ahora su mayor mercado.

Hermann Requardt, exdirector general de la Unidad de Atención Médica de Siemens —cuyo valor ronda los 13 800 millones de euros (rebautizada como Healthineers)—, que lidera la estrategia de innovación frugal de la empresa, explica: "Nuestro objetivo también es estar entre los mejores jugadores en el mercado masivo. Ahí es donde entran nuestros productos suficientemente buenos y juegan un papel cada vez más importante".[18]

Siemens ha establecido un grupo de consultoría interno para capacitar a sus diversas unidades de negocios en innovación frugal para que puedan aprender rápidamente cómo diseñar, construir y entregar, de manera sistemática, soluciones simples y asequibles en todas las áreas geográficas.[19] El uso de diferentes métodos, como la creación de metas audaces y ambiciosas, la aplicación constante de objetivos de innovación frugales, la metodología sistemática para lograr sinergias, la definición de KPI, etc., son todos muy importantes al implementar una cultura de innovación frugal. Pero vale la pena señalar que las empresas latinoamericanas pueden ser diferentes en algunos aspectos. En el informe "Tendencias humanas globales de Deloitte", el 95% de los ejecutivos latinoamericanos afirmó que la necesidad más importante para ellos era cómo construir una organización preparada para el futuro. Sin embargo, en el estudio "El desarrollo de los intraemprendedores de alto potencial en América Latina", realizado por uno de nosotros, argumentamos que algunas circunstancias son únicas en la región y pueden disminuir la innovación o el cambio, entre ellas:

- Un concepto estrecho de liderazgo, que dificulta su enseñanza y desarrollo.
- Una historia de líderes controvertidos.
- Presencia masiva de empresas familiares con modelos tradicionales y jerárquicos de toma de decisiones.
- Una influencia gubernamental profundamente arraigada en los asuntos comerciales.

En el mismo estudio reconocimos que el estilo gerencial tradicional mexicano —al igual que en muchos países en América Latina— es directivo, autocrático y paternalista, evita conflictos y no solicita aportes a los empleados. Dadas estas circunstancias únicas, las organizaciones latinoamericanas deben comenzar a reconocer que los nuevos líderes gerenciales deben ser participativos y solidarios, delegar el trabajo a los empleados, trabajar en equipo y estar orientados a las relaciones.

Respecto a su capacidad de innovación, el potencial de América Latina sigue estando en gran parte desaprovechado. Según el Índice de Innovación Global 2021, a pesar de las mejoras incrementales, no se ven señales claras de un despegue significativo en la región. De 129 países, los tres primeros en el *ranking* secuencial de innovación son Chile (51), Costa Rica (55) y México (56). Le siguen Uruguay (62), Brasil (66) y Colombia (67). Los líderes y organizaciones mexicanos y latinoamericanos deben impulsar una cultura de innovación frugal como una manera de innovar de forma sustentable más rápido, más barato y mejor.

El cómo: adoptar disruptivos modelos mentales y de negocio

Además de establecer objetivos audaces, las empresas también deben considerar cómo los van a cumplir; esto significa decidir qué herramientas es mejor usar, ya que estas, en manos de los empleados, aumentarán su intensidad frugal (FI, por sus siglas en inglés), como se señaló en el capítulo 1. FI es la capacidad innata de una empresa para generar valor cada vez más sostenible y, al mismo tiempo, minimizar el uso de recursos escasos (capital, materias primas y tiempo). Los capítulos 3 y 4 mostraron cómo las empresas pueden flexibilizar sus activos operativos y hacer que sus productos y servicios sean autosuficientes. Pero también es necesario que las empresas impulsen la FI de todo su modelo de negocio si quieren generar más valor para todas las partes, de una manera rentable, eficiente en el uso de los recursos y responsable con el medio ambiente.

Cambio de modelos mentales

Al adoptar nuevos modelos comerciales diseñados desde cero, basados en los principios de la innovación frugal, las empresas pueden comenzar por actualizar el componente de hardware de su cultura corporativa. Pero para incorporar la frugalidad a su ADN corporativo, las empresas también deben actualizar el componente de software de su cultura: los modelos mentales de sus empleados. Esto podría llamarse *alteración del modelo mental*.

Las empresas deben lograr que el personal piense de manera diferente sobre su papel en el mundo corporativo. Una forma es lograr que consideren al cliente del futuro, dentro de cinco, diez o treinta años. Por ejemplo, el Centro Colaborador sobre Consumo y Producción Sostenibles (CSCP, por sus siglas en inglés), un grupo de reflexión y acción con sede en Alemania, lleva a cabo sesiones de visualización en las que los altos directivos de grandes empresas estadounidenses y europeas tienen experiencias inmersivas para explorar el posible mundo de 2025, 2035 o incluso 2050. En estas sesiones, los participantes conocen las personalidades de los futuros consumidores, los cuales tienen diferentes orígenes socioeconómicos y culturales. Cada persona se describe con datos reales sobre su comportamiento, percepciones, valores y motivaciones. A pesar de su diversidad, todos los futuros consumidores comparten un valor importante: aspiran a llevar una buena vida consumiendo mejor en lugar de consumir más. Eso significa compartir autos y bicicletas, cultivar sus propios alimentos o trabajar y vivir en edificios energéticamente eficientes. Se alienta a los participantes a pensar en cómo podrían satisfacer las necesidades y estilos de vida frugales de estos futuros consumidores.

Pronto se dan cuenta de que la mayoría de sus productos y servicios existentes, para satisfacer las necesidades futuras, debe reinventarse. Los clientes del futuro también serán mayores, especialmente en las economías desarrolladas de Europa occidental, Japón y Estados Unidos. Ya hay 130 millones de personas mayores de 50 años en la UE; en 2025, uno de cada dos adultos ahí tendrá más de esta edad. Para 2050, una quinta parte de la población estadounidense tendrá 65 años o más. Esta generación de *baby boomers* que está envejeciendo, que controlaba el 70% de los ingresos disponibles de Estados Unidos en 2017, representa un enorme mercado: la economía de la longevidad casi se duplicará de 7.1 billones de dólares en 2016 a 13.5 billones de dólares para 2032 (equivalente al PIB combinado de Japón, Alemania, Francia y el Reino Unido).[20]

Dadas sus limitaciones físicas, estos clientes que envejecen rápidamente exigirán soluciones accesibles y asequibles, y los equipos de I+D corporativos deberán cambiar sus modelos mentales en consecuencia. Tendrán que desarrollar productos con una funcionalidad mínima y fácil de usar, en lugar de productos complejos sobrecargados de funciones. La simplicidad es el eje del diseño inclusivo, definido por el British Standards Institute como "el diseño de productos o servicios convencionales que sean accesibles y utilizables por tantas personas como sea razonablemente posible, sin la necesidad de una adaptación especial o un diseño especializado".

Las organizaciones mexicanas, y latinoamericanas en general, pueden hacer lo mismo al descubrir cómo serán sus clientes en el futuro. Por ejemplo, según el Banco Interamericano de Desarrollo de América Latina, alrededor del 8% de la población de América Latina tiene 65 años o más, muy por debajo del 18% de Europa. Sin embargo, para 2050, se espera que esta cifra se duplique al 17.5% y supere el 30% a finales del siglo. En México, la mayoría de la población pertenece a la generación milénial y es desproporcionadamente joven: más de una cuarta parte de los mexicanos tiene menos de 15 años de edad. Esta población está ansiosa por soluciones nuevas, asequibles y ambientales. Esperamos que esta tendencia sea todavía más fuerte en el futuro, pero las organizaciones deben descubrir cómo evolucionarán los ciudadanos y qué nuevas necesidades surgirán, según ciertas circunstancias, como el envejecimiento de la sociedad o el rápido crecimiento de la región.

En el Centro de Diseño de Ingeniería de la Universidad de Cambridge, el Grupo de Diseño Inclusivo (IDG) ha desarrollado un conjunto de herramientas de este tipo, con el fin de ayudar a los equipos de I+D a desarrollar productos más simples, mejores, más accesibles y rentables para consumidores con necesidades particulares. Incluye, por ejemplo, unas gafas de simulación, que replican varios niveles de discapacidad visual, de modo que los diseñadores pueden desarrollar productos que son visualmente claros para el 99% de la población, no solo para los que tienen buena vista. También incluye guantes de simulación que imitan la artritis de las articulaciones de los nudillos, por lo que los diseñadores pueden desarrollar productos como envases de alimentos y herramientas de jardinería que se pueden usar sin ejercer demasiada presión sobre los dedos. Estas herramientas de simulación fueron desarrolladas por Sam Waller, un investigador de diseño inclusivo en el IDG, que quiere que sus inventos sean utilizados por fabricantes del mercado masivo para que puedan tomar mejores decisiones al desarrollar nuevos productos. Quiere evitar la suposición falsa de demasiados fabricantes de: "Si yo puedo usarlo, todos pueden". Con la explosión del comercio electrónico y las redes sociales, Waller también ha desarrollado Clari-Fi, una aplicación que simula la dificultad de ver imágenes en un teléfono móvil. Unilever está utilizando Clari-Fi para aumentar la claridad visual de sus imágenes de comercio electrónico que se muestran en los móviles. Según la investigación del IDG, desarrollar un nuevo producto basado en principios de diseño inclusivo no aumenta los costos, e incluso podría reducirlos al eliminar características no esenciales que dificultan su uso.[21]

Hosking y otros investigadores del IDG están colaborando con organizaciones líderes, incluidas Procter & Gamble, Stora Enso, Transport for London, Heathrow Airport y John Lewis, que se han unido al Inclusive Design Consortium. Los equipos de I+D de Nestlé también han utilizado las herramientas de IDG; Anne Roulin, vicepresidenta de Nutrición, Salud y Bienestar, y Sustentabilidad de esta empresa, afirma: "Poner al consumidor en el centro del desarrollo del empaque significa crear productos y empaques que sean fáciles de usar independientemente de su edad, discapacidad o condición física".[22]

Las economías occidentales se están volviendo no solo más inclusivas sino también más circulares, ya que los clientes, conscientes del medio ambiente, aspiran a vivir y trabajar en edificios energéticamente positivos o a consumir productos reciclables y ecológicos. Para tener éxito en la economía circular emergente, las empresas deben considerar la sustentabilidad en sus decisiones de diseño. Deben replantear la sustentabilidad como "más buena" en lugar de "menos mala". Los clientes se irritarán con la compañía de automóviles que compra compensaciones de carbono mientras fabrica devoradores de gasolina, o con el proveedor de muebles que hace campaña para salvar la selva amazónica mientras agota los bosques de Indonesia para fabricar sus muebles.

Greg Norris, profesor de la Escuela de Salud Pública de Harvard, quiere que las empresas aumenten su *huella ecológica positiva*, es decir, el impacto positivo directo que pueden tener (por ejemplo, generar agua potable como subproducto). Para los fabricantes, la fase de diseño del producto, donde se determina más del 70% de sus costos en su ciclo de vida, ofrece las mejores oportunidades para reducir su impacto ambiental, al ahorrar materiales y energía, así como al aumentar esa huella ecológica positiva (optando por energía renovable y eligiendo materiales reciclables). Por ejemplo, los clientes corporativos estadounidenses, europeos y japoneses de empresas de arquitectura, ingeniería y construcción quieren edificios más ecológicos. El ciclo de vida de los edificios de Estados Unidos representa casi el 40% de todo el uso de energía, el 72% del consumo de electricidad, el 14% del uso de agua potable, casi el 40% de las emisiones de CO_2 y el 30% de la producción de desechos. Como resultado, los reguladores de los países desarrollados están imponiendo normas ambientales cada vez más estrictas a las nuevas construcciones.

Para cumplir, e incluso superar, estas normas exigentes, los arquitectos e ingenieros necesitan herramientas como Tally. Esta es una aplicación proporcionada por Autodesk, un proveedor de software de diseño, para realizar una evaluación del ciclo de vida (LCA) de los materiales de construcción antes de seleccionarlos. Este es un proceso de cuantificación del impacto ambiental completo del diseño de un edificio. Se basa en todos los materiales utilizados en términos de su huella energética total, consumo de agua, gases de efecto invernadero y desechos generados durante todo su ciclo de vida.[23] El LCA es un requisito previo para reducir el impacto ambiental de un edificio. Sin embargo, en la práctica, rara vez se realiza; las empresas que lo intentan lo hacen con hojas de cálculo y cinta adhesiva, un proceso propenso a errores, que requiere mucho tiempo. Tally fue desarrollado por Kieran Timberlake, una empresa de arquitectura, con Autodesk y PE International, una consultora. Lograron automatizar el proceso de LCA, haciéndolo más rápido, confiable y rentable; lo venden como una aplicación complementaria para Revit, el software de modelado de información de construcción (BIM) de Autodesk. Emma Stewart, quien encabezó el desarrollo de software y servicios de sustentabilidad en Autodesk, explica:

En lugar de actuar como especialistas centrados en el diseño de un edificio, los arquitectos e ingenieros pueden usar Tally para ver el sistema completo, cómo interactúan los diferentes elementos de un edificio y afectan su desempeño ambiental durante su ciclo de vida. Esa visión sistémica les permite tomar decisiones de diseño óptimas y seleccionar materiales que reducirían el impacto ambiental general de los nuevos edificios.[24]

Los altos directivos de las empresas de Occidente necesitan reformular sus modelos mentales; no solo para servir a los consumidores mayores y conscientes del medio ambiente en las economías desarrolladas, sino también para satisfacer las necesidades de miles de millones de consumidores frugales en mercados emergentes como México, China, Brasil y África. Dos tercios de los consumidores de clase media del mundo viven en los Estados Unidos y Europa. Para 2030, casi dos tercios vivirán en Asia. La clase media de África, actualmente unos 350 millones de personas, es la de más rápido crecimiento en el mundo; tan solo el mercado de consumo de Nigeria alcanzará 1.4 billones de dólares para 2030. Los mercados emergentes están llenos de paradojas que pueden desconcertar a los gerentes de marketing e I+D occidentales más inteligentes. Por ejemplo, aunque los consumidores de clase media en India y África ganan mucho menos que sus contrapartes occidentales, tienen aspiraciones igualmente altas para ellos y sus hijos. Quieren productos de alta calidad, pero esperan que sean asequibles.

Los mercados emergentes, como México, sufren otras deficiencias diferentes. Según el Consejo Nacional de Evaluación de la Política de Desarrollo Social (Coneval), el 43% de los ciudadanos vive en condiciones de pobreza; 20 millones no tienen acceso adecuado a una educación buena y asequible; 35 millones no tienen acceso a servicios de salud; 66 millones no tienen seguro médico, y más de 20 millones no pueden permitirse comprar una vivienda básica. Existen situaciones similares en Perú, Colombia, Bolivia, etc. Sin embargo, estos mercados también cuentan con redes de comunicaciones móviles de clase mundial, lo que les permite superar a las naciones desarrolladas en la adopción de teléfonos móviles.

China, por ejemplo, ya cuenta con una penetración de teléfonos inteligentes del 92%; México, del 70%. Las empresas occidentales pueden sentirse intimidadas por los mercados emergentes, pero no pueden ignorar las oportunidades. Para competir y ganar, tendrán que desaprender gran parte de sus prácticas de I+D, fabricación, ventas y marketing, y reconstruirlas en torno a la frugalidad. Algunas empresas en México como Coppel, Femsa, Cemex, Kavak, Bimbo, Banco Azteca, Iluméxico, Ben & Frank, ya lo han entendido y han diseñado servicios o productos frugales para mercados específicos en economías emergentes. En particular, los gerentes occidentales deben adoptar una mentalidad frugal. Si pueden aprender a desarrollar y comercializar productos asequibles, de alta calidad, para miles de millones de consumidores exigentes, en economías impredecibles y con recursos limitados, pueden aplicar esa mentalidad en cualquier parte del mundo.

Como se mencionó en el capítulo 1, esta mentalidad frugal es lo que inspiró a Carlos Ghosn, el director general de Renault-Nissan, a enviar a Gérard Detourbet, el experimentado ingeniero que codirigió con gran éxito el desarrollo de los vehículos básicos de estas marcas —como el Logan de seis mil dólares— a la ciudad de Chennai, en el sur de la India. En el Renault Nissan Technology and Business Center India (RNTBCI), su equipo desarrolló desde cero la plataforma CMF-A, una arquitectura modular compartida entre las dos marcas, con el fin de construir una amplia gama de vehículos de bajo y ultrabajo costo para ambas. Estos están dirigidos a compradores primerizos, en India y otros mercados emergentes, que representarán, de acuerdo con sus cálculos, el 60% de las ventas mundiales de automóviles y el 66% de las ganancias totales de la industria automotriz mundial.[25] Los vehículos fabricados con CMF-A ofrecen una asequibilidad extrema respaldada por alto rendimiento y confiabilidad. Como señala Ghosn: "Los consumidores emergentes quieren autos reales, no *rickshaws* modificados o versiones más baratas de autos de otros países. Quieren autos que sean modernos, robustos y deseables; productos que están orgullosos de poseer".[26]

Renault y Nissan reconocieron desde el principio que no podían cumplir con los altos estándares de los consumidores de los mercados emergentes vendiendo versiones simplificadas y obsoletas de vehículos diseñados en Francia o Japón. En cambio, Detourbet decidió inventar desde cero el CMF-A, agregando muchos componentes innovadores, como un motor de bajo consumo de combustible y un chasis robusto para automóviles simples, elegantes y confiables que satisfagan las necesidades de transporte únicas de los conductores de mercados emergentes. El ingeniero francés reconoce que varias ideas innovadoras, usadas en el desarrollo de CMF-A, en Chennai, provienen de los ingenieros indios audazmente inventivos y de los proveedores locales, quienes confían en el ingenio frugal para encontrar formas inteligentes de generar más valor con menos recursos. El exdirector general de RNTBCI, Karim Mikkiche, quien ahora dirige la ingeniería y las pruebas asistidas por computadora de Renault-Nissan en todo el mundo, señala: "Cuando pones una limitación a los recursos, eliminas la limitación a la creatividad. Nada está prohibido. Como no tienes nada que perder, desafías audazmente el *statu quo*. Así es como se llega a la innovación disruptiva".[27]

En 2015, Renault presentó el primer automóvil construido con CMF-A: Kwid, un automóvil compacto de gama de entrada, con un precio de 150 000 rupias. En 2016, Nissan hizo lo mismo al lanzar Datsun Redi-Go, un *crossover* de gama de entrada también construido con CMF-A y con el mismo precio inicial. A ambos autos les fue bastante bien en el competitivo mercado indio. Tal éxito podría atraer a más gerentes de Renault y Nissan de Estados Unidos, Europa y Japón para un curso intensivo sobre innovación frugal en el RNTBCI. Como señala Mikkiche: "Una vez que uno aborda las contradicciones del complejo mercado indio, puede utilizar la mentalidad frugal y flexible adquirida aquí para satisfacer a los clientes en cualquier parte del mundo".[28] De hecho, el diseño de la plataforma CMF-A, el desarrollo de Kwid y Redi-go, la producción del motor del automóvil y la caja de cambios le costaron a Renault-Nissan solo 400 millones de euros; según Detourbert, tres veces menos que lo que hubiera costado en Europa.

Al igual que Renault-Nissan, IBM está intentando reinventar su modelo de negocio y los modelos mentales de sus altos directivos, cambiando gradualmente su enfoque de innovación hacia las economías emergentes de Asia y África. El entonces jefe de investigación y tecnología, John Kelly, le preguntó a Robert Morris si estaría interesado en mudarse a Asia para administrar los Laboratorios de Investigación Global de la empresa desde un punto de vista fuera de los Estados Unidos. Morris, quien había dirigido el Laboratorio de Investigación de IBM en Aladen, California, y posteriormente [el área de] la investigación de servicios, aprovechó la oportunidad y se mudó con su familia a Shanghái. Desde su nueva base, Morris se hizo cargo de los laboratorios en India, China, Brasil, África, Australia y Japón. Siempre busca expandirse geográficamente. Él cuenta:

> Durante los primeros cien años de su existencia, los principales clientes de IBM se encontraban en Estados Unidos, Europa y Japón. Dentro de veinte años, la mayoría de los clientes de IBM estarán ubicados en Asia y África. Nuestro objetivo es impulsar

nuestras capacidades de I+D y liderazgo, y expandir rápidamente nuestros ecosistemas de socios en los mercados emergentes para capitalizar esas enormes oportunidades de crecimiento.[29]

Morris ve a Asia y África no solo como mercados emergentes, sino como *fuentes* emergentes de innovación; muestran cómo innovar más rápido, mejor y más barato utilizando los principios de la innovación frugal. Los científicos e ingenieros de IBM en China innovan y completan sus proyectos de I+D a gran velocidad.

Por su parte, Coppel y Walmart Centroamérica han entendido las necesidades locales, y han desarrollado y lanzado soluciones lo suficientemente buenas que luego mejoran continuamente, en función de los aportes adicionales del mercado. Utilizan un ciclo iterativo de lanzamiento, prueba y mejora, con el que reducen drásticamente el tiempo de comercialización y ganan una ventaja al ser los primeros en actuar.[30]

Los innovadores chinos también se destacan en *jiejian chuangxin* (innovación que ahorra recursos); están encontrando formas ingeniosas de minimizar costos y reutilizar materiales o tecnologías. El equipo de I+D de IBM está utilizando estas técnicas de innovación rápidas, que ahorran recursos para abordar un problema masivo en China: la contaminación del aire. La iniciativa Green Horizons, en la que IBM está trabajando con el gobierno chino, tiene como objetivo predecir los flujos de contaminantes y calcular rápidamente el impacto del cierre de una fuente, como una central eléctrica que quema carbón. Por ejemplo, al aprovechar el poder de procesamiento de la supercomputación, los científicos de IBM pueden crear mapas visuales que muestren el origen y la dispersión de los contaminantes en Beijing, con 72 horas de anticipación, con una resolución a nivel de calle. (Esperemos que ciudades indias como Nueva Delhi, la capital más grande y contaminada del mundo, pronto adopten una solución similar para mejorar el bienestar de sus ciudadanos). En India, los investigadores de IBM descubrieron que la mayoría de los bancos no tiene almacenes de datos centralizados, por lo que desarrollaron análisis de borde, que extraen todos los datos de los puntos finales en los flujos de transacciones y los utilizan para crear modelos de riesgo.

Morris está aún más entusiasmado con el potencial de innovación de África que IBM, al que considera un continente superestratégico que está a la vanguardia. Más de 20 millones de kenianos ahora usan M-Pesa, un servicio de transferencia de dinero basado en dispositivos móviles cuyos usuarios no necesitan una cuenta bancaria (de hecho, muchos kenianos pueden decidir que nunca la necesitarán). Más del 50% del PIB de Kenia fluye a través de M-Pesa. Charles Graeber, un colaborador de *Bloomberg Business Week*, pasó diez días en Kenia sin efectivo ni tarjeta de débito o crédito, confiando únicamente en su teléfono para pagar taxis, comida, alojamiento e incluso safaris. Él concluyó: "Me siento como un hombre de las cavernas al que le acaban de entregar un encendedor Bic".[31] Cada vez más, M-Pesa se está convirtiendo en la fuente de otros disruptivos modelos comerciales en energía, educación y atención médica. En la misma línea M-Kopa, una solución de iluminación solar, permite a los kenianos arrendar equipo solar y realizar micropagos utilizando M-Pesa. Cuando se han pagado todas las cuotas, los consumidores son dueños del producto y reciben electricidad limpia y gratuita. M-Pesa y M-Kopa personifican *kanju*, la actitud africana de ingeniárselas, que hace el mejor uso de lo que la gente ya tiene: interconectividad móvil y abundante luz solar.[32]

Los investigadores del laboratorio de IBM en Nairobi usan *kanju* para mejorar la congestión del tráfico de la ciudad, que se encuentra entre las peores del mundo y le cuesta a la ciudad seiscientos mil dólares por día en pérdidas de productividad.

Adaptaron una solución inteligente, *Twende Twende* ("vamos" en suajili), ideada por sus colegas japoneses, que optimiza los flujos de tráfico al predecir los puntos de congestión y ofrecer a los conductores rutas alternativas que se envían como SMS. En lugar de depender de costosos sensores en las carreteras, como en las capitales occidentales, esta solución frugal utiliza procesamiento de imágenes y análisis avanzados para detectar las condiciones del tráfico desde una pequeña cantidad de cámaras web de baja resolución instaladas en las carreteras de Nairobi. Como explicó Osamuyimen Stewart, cofundador de IBM Research Africa: "IBM no podía venir a África con un gran arsenal tecnológico y pedir a los gobiernos locales que invirtieran miles de millones de dólares en las costosas soluciones que vendemos en Occidente. Necesitamos pensar con los pies en la tierra e inventar desde cero soluciones frugales adaptadas al entorno africano".[33]

IBM Research Africa cuenta con equipos de I+D que están desarrollando soluciones de vanguardia para abordar los siete mayores desafíos de África: agricultura, agua, energía, educación, atención médica, inclusión financiera y movilidad. No sorprende que los proyectos de I+D de IBM África se centren en gran medida en la inclusión social y la sustentabilidad medioambiental, porque incorporan Ubuntu, una filosofía africana clásica que dice que nadie existe de forma aislada y que todo está interconectado y es interdependiente en nuestro planeta. En México se tiene la palabra *mexicanada*, que describe un invento que ha construido un mexicano para improvisar una solución a un problema local. Viajando por México es fácil observar cómo los lugareños improvisan y usan pocos recursos para resolver sus problemas cuando hay escasez. Este concepto ha sido adoptado por algunas empresas, como Clip, una *start-up* de rápido crecimiento, que descubrió que las tiendas pequeñas y los vendedores ambulantes no tienen acceso a las máquinas de pago con tarjeta de crédito, porque no tienen servicios bancarios o porque las tarifas son demasiado altas. Por eso, han desarrollado una máquina que se puede utilizar de una manera más fácil y económica, democratizando el crédito y los pagos de todo tipo en cada tienda de la esquina. Miles de pequeñas empresas en México han prosperado porque ahora pueden competir con otros jugadores más grandes, utilizando esta tecnología inteligente, pero asequible y simple, que está revolucionando el sistema bancario mexicano. Clip se ha convertido en el primer unicornio de pagos de México, con una valoración cercana a los 2 000 millones de dólares.

Los directivos occidentales no necesitan viajar a México, Chennai, Shanghái o Nairobi para conocer la mentalidad frugal de los innovadores de los mercados emergentes. Pueden aprender a practicar estos principios de frugalidad en nuevos centros académicos y consorcios industriales de Estados Unidos y Europa. Entre ellos figuran el Centro Tata de Tecnología y Diseño del MIT; el Centro de Innovación Frugal de la Universidad de Santa Clara; el Centro de Innovación Frugal de la Universidad Tecnológica de Hamburgo; el Centro Leiden-Delft-Erasmus de Innovación Frugal, en África; en los Países Bajos, el Instituto de Gestión Tecnológica de la Universidad de St. Gallen; la Cátedra Industrial de Ingeniería e Innovaciones Frugales de Agro-ParisTech, de París; el Instituto de Innovación Médica Global del Imperial College de Londres; o la Sociedad Nórdica de Innovación Frugal de Finlandia.

El porqué: la base de la gestión del cambio

El *porqué* constituye la base del sistema de gestión de cambio, ya que aborda dos preguntas fundamentales que los empleados están obligados a plantearse: "¿Por qué deberíamos cambiar el modelo de negocio de nuestra empresa para hacerlo más frugal?". Y, lo que es más importante, "¿Por qué debería cambiar yo personalmente, o empezar a pensar y actuar de forma frugal?". Si las empresas no pueden responder plenamente a estas preguntas, no podrán convencer a sus empleados para que adopten y utilicen las herramientas antes mencionadas.

Liderar desde arriba

Los directivos de las empresas deben responder a los porqués de la siguiente manera: "Si todos nosotros, como empresa, no empezamos a cambiar ahora, mañana no estaremos en el negocio". Esto es lo que Paul Polman dijo de forma rotunda, en 2010, un año después de convertirse en director general de Unilever. Al esbozar los detalles del Plan de Vida Sostenible de Unilever, pidió a sus 170 000 empleados que ayudaran a duplicar los ingresos de la empresa y, al mismo tiempo, a reducir a la mitad su huella medioambiental para 2020. Polman justificó su plan, primero, en términos puramente empresariales. Por un lado, argumentó, para 2020 Unilever necesitaría llegar a 2 000 millones de clientes más —misma cantidad a la que ya servían en todo el mundo—, muchos de los cuales serían consumidores de bajos ingresos de mercados emergentes. Por otro lado, para producir y suministrar bienes a estos 4 000 millones de consumidores, Unilever necesitaría acceder a recursos naturales cada vez más costosos y escasos, como el agua, las tierras agrícolas y la energía. La empresa consideró que no tenía más remedio que encontrar soluciones frugales para ofrecer más valor a más personas, utilizando menos recursos.

Polman destacó entonces dos beneficios intangibles: una mayor fidelidad a la marca, por parte de unos consumidores cada vez más conscientes del medio ambiente, y un mayor interés entre los empleados más jóvenes, quienes quieren trabajar

para empresas socialmente responsables. Estaba transmitiendo
a sus empleados el hecho de que solo la frugalidad garantizaría
la viabilidad de la empresa a largo plazo. Estaba replanteando
do la sustentabilidad (tradicionalmente vista como un problema costoso de resolver) como una gran oportunidad que Unilever no podía desaprovechar.

Pero quería más. Dijo a los empleados que su empresa tenía la obligación moral de abordar los acuciantes problemas
sociales y medioambientales del mundo; que debía liderar el
sector, elevando el estándar de sustentabilidad. "Nuestro propósito es tener un modelo de negocio sustentable que se ponga
al servicio del bien común", afirmó Polman.[34] Él estaba posicio-
nando el Plan de Vida Sostenible de Unilever como una causa
noble a la que merece la pena servir. También confesó que no
tenía todas las respuestas sobre cómo alcanzar los objetivos de
2020 y que, en cualquier caso, no podría hacerlo solo. Esta humildad resultó atractiva para los empleados de Unilever, que
reconocieron que todos tendrían que desempeñar un papel a
la hora de integrar la frugalidad en sus puestos de trabajo.
A lo largo de sus diez años como director general, que termi-
naron en 2018, Polman viajó por todo el mundo e impartió su
visión en cientos de reuniones, en las principales regiones de
Unilever, en cientos de discursos públicos y entrevistas en los
medios de comunicación.

Es importante convencer a los empleados, pero es igualmente importante (y posiblemente más difícil) convencer a
los accionistas y analistas de la necesidad del cambio. En algunos casos, a los miembros del Consejo de Administración
puede preocuparles que los accionistas castiguen a la empresa
por centrarse en productos frugales. Para dar un giro estratégico, los directores generales tendrán que enfrentarse a unos
y otros. Polman lo hizo de dos maneras. En primer lugar, ha
defendido la idea de invertir el enfoque tradicional que se

ha centrado en los accionistas y no en los clientes. Ha declarado públicamente:

> No creo que nuestro deber fiduciario sea dar prioridad a los accionistas. Digo lo contrario. Lo que creemos firmemente es que, si enfocamos nuestra empresa en mejorar la vida de los ciudadanos del mundo y aportamos soluciones sustentables genuinas, estaremos más en sintonía con los consumidores y la sociedad y, en última instancia, esto se traducirá en un buen rendimiento para los accionistas.[35]

Polman incluso declaró que los directores generales no pueden ser esclavos de los accionistas. "No trabajo solo para [los accionistas]. La esclavitud se abolió hace mucho tiempo", dijo provocativamente.[36]

En segundo lugar, prohibió los informes trimestrales al mercado de valores y cortejó activamente a los inversionistas a largo plazo frente a los fondos especulativos a corto plazo. Polman dijo: "Históricamente, demasiados directores generales se han limitado a responder a los accionistas en lugar de buscar activamente a los accionistas adecuados. La mayoría de los directores generales van a visitar a los accionistas que ya tienen; nosotros vamos a visitar a los que aún no tenemos".[37]

Hablando en un evento virtual global, Alan Jope, quien tomó el cargo de Polman, dijo referente al cumplimiento de los objetivos que se habían trazado para el 2020: "El Plan de Vida Sostenible de Unilever fue un cambio de juego para nuestro negocio. Algunas metas las hemos cumplido, otras las hemos perdido, pero somos un mejor negocio si lo intentamos. Ha requerido un inmenso ingenio, dedicación y colaboración para llegar a donde estamos ahora. Hemos avanzado bastante, pero aún queda mucho por hacer".[38]

Utilizar a los clientes para motivar a los empleados

Una forma muy eficaz de convencer a los empleados de la necesidad del cambio es mostrarles cómo están cambiando sus clientes. Nada es más persuasivo para los empleados que escuchar la voz del cliente exigiendo soluciones frugales. México, por ejemplo, como mercado emergente, tiene más de 70 millones de personas que pertenecen a la base de la pirámide. No son un objetivo para las empresas y no se les escucha. Pero tienen necesidades específicas y unos ingresos reducidos, lo que crea una demanda de productos mejores, más baratos y sostenibles. Las organizaciones y los empleados podrían estar muy motivados para ayudar a estas personas a satisfacer sus necesidades. Pongamos los casos de Clip, que motiva a sus colaboradores para "llevar un Clip a cada pequeña empresa" y Unima, que propone "diagnósticos para todos, en todas partes".

Por tanto, los líderes deben señalar los cambios en los valores y las necesidades de los clientes —tanto los actuales como los emergentes— como argumento central, a la hora de defender la cultura frugal dentro de la organización. A continuación, pueden pedir a los empleados que ayuden a cerrar la brecha percibida entre las expectativas frugales de los clientes, el modelo de negocio y las ofertas actuales de la empresa. Air Liquide es un proveedor líder mundial de gases, tecnologías y servicios para los sectores industrial y de salud que ha seguido este camino. La empresa goza de una sólida reputación en los mercados occidentales por sus soluciones técnicamente sofisticadas. Invierte cerca de 300 millones de euros anuales en innovación, y 3 800 empleados, en su mayoría científicos e ingenieros, contribuyen a sus proyectos de innovación en todo el mundo, presentando más de trecientas patentes cada año. La mayoría de sus directivos y mandos intermedios son ingenieros y científicos de formación. Los beneficios de esta empresa han sido buenos en los últimos años. Sin embargo, François Darchis, vicepresidente sénior de innovación (que incluye I+D y nuevos negocios) y miembro de su Comité Ejecutivo, recuerda a sus investigadores y directivos que deben cambiar a un modelo de negocio frugal, para satisfacer la necesidad de sus clientes de productos y servicios más sencillos, asequibles y sostenibles. Este es especialmente el caso de India y China, las bases de clientes de Air Liquide en rápido crecimiento. Los mercados emergentes ya representan más del 25% de los ingresos de la empresa; se espera que esta cifra se duplique en una década.

Darchis reflexionó que, aunque la compañía domina el arte de hacer más con más en los mercados desarrollados (es decir, crear soluciones sofisticadas y seguras que también pueden ser caras), sus competidores locales de India y China son expertos en hacer menos por menos (ofrecer productos o servicios de menor calidad, pero a precios competitivos). Para competir y triunfar en los mercados emergentes, Air Liquide debe aprender a *innovar más con menos*, mediante la combinación de calidad, seguridad y asequibilidad. Por este motivo, Darchis inauguró el Centro de Investigación y Tecnología de Shanghái (SRTC, por sus siglas en inglés), dedicado a diseñar soluciones técnicas frugales en ámbitos como la eficiencia energética, la gestión del agua, la refrigeración y congelación de alimentos, todo ello adaptado a las necesidades del mercado chino.

Darchis también prevé un gran cambio en las necesidades de los clientes del mundo desarrollado. En 2025, cuando miles de millones de activos industriales estén conectados a internet, Air Liquide tendrá que ampliar su modelo de negocio principal. Además de vender gases, debe empezar a ofrecer servicios de valor añadido, como análisis de datos, para ayudar a sus clientes empresariales a optimizar el rendimiento de sus activos industriales. Esto significa que tiene que desprenderse gradualmente de sus procesos empresariales y modelos mentales de la era industrial, además de aprender a innovar más rápido, mejor y más barato para satisfacer las necesidades con base en los datos de sus clientes, al igual que Google o Amazon.

Para ayudar en esta reinvención del modelo de negocio y transformación digital, o *autodisrupción ilustrada*, como dice Darchis, la empresa ha creado I-Lab [un laboratorio] para identificar oportunidades de alto valor impulsadas por dos grandes tendencias: la rápida urbanización y el calentamiento global. De tamaño modesto, este es intencionadamente multidisciplinario: está compuesto por sociólogos, artistas, arquitectos, diseñadores y emprendedores que trabajan en estrecha colaboración con los ingenieros e *intraemprendedores* de Air Liquide. Todo, con el fin de experimentar o probar nuevas ideas, y validarlas rápidamente; así, está fomentando una cultura de innovación frugal basada en la agilidad, la comprensión profunda de las necesidades de los clientes, sus patrones de uso y las asociaciones con *start-ups*.[39]

Darchis cree que, si tienen éxito, podría aplicar también en economías maduras las soluciones de gestión financiera y de la cadena de suministro, radicalmente innovadoras y frugales, que I-Lab está poniendo a prueba en la India y Marruecos. De este modo, no solo podría reforzar sus credenciales de empresa social en su país, sino también reinventar totalmente sus procesos de manufactura y sus redes logísticas en los mercados desarrollados.

I-Lab también colabora con emprendedores de todo el mundo, aprovechando el ecosistema global de Aliad, la rama de inversiones de riesgo de Air Liquide: actualmente lo hace con más de cien *start-ups* alrededor del planeta. En resumen, I-Lab ayuda a los empleados de su empresa a entender por qué esta debe cambiar su modelo de negocio para adaptarse a las nuevas realidades del mercado global, y les muestra cómo hacer posible ese cambio rápidamente. Darchis explica: "Les recuerdo continuamente a mis colegas líderes, e incluso a los miembros de nuestro Consejo de Administración, que el hecho de haber vivido 116 años no significa que uno sea inmortal... Para no dormirnos en los laureles, los líderes empresariales como yo deben crear continuamente restricciones dentro de su organización y mantener un sentido de urgencia".[40]

Uso de incentivos

Comunicar constantemente la necesidad de cambiar ahora, o perder mucho mañana, es crucial para lograr que los empleados se comprometan con el cambio. Pero esto no es suficiente. Los factores de motivación intrínsecos como "Estoy haciendo lo correcto" o "Estoy ayudando a salvar el planeta", por sí solos, no pueden sostener el cambio de mentalidad y comportamiento en toda la organización. También se necesitan factores de motivación extrínsecos, como recompensas e incentivos, para garantizar que los empleados permanezcan totalmente comprometidos con el proceso de cambio. Por lo tanto, los líderes deben establecer sistemas de incentivos en toda la organización, basados en los KPI, para reforzar el nuevo comportamiento frugal.

Como dice Jamie Lawrence, quien asesoró a Kingfisher en su estrategia comercial sostenible:

> Hay ochenta mil empleados en Kingfisher. El compromiso interno es una gran tarea. Cuando la gente está informada, hay una respuesta positiva. Crear una atmósfera tan positiva puede ser parte de la solución. Pero el verdadero desafío está afectando no solo a sus corazones, sino también a sus mentes. El gran desafío es cómo hacer que Net Positive forme parte de la descripción de puesto de todos.

Para lograr este objetivo, Kingfisher ha hecho que los objetivos netos positivos formen parte de las bonificaciones de los empleados. Las empresas deben crear recompensas para los mandos intermedios, a los que hay que incentivar para que apliquen la estrategia frugal a gran escala del director general en campo. Las empresas también pueden organizar retos de innovación frugal con recompensas atractivas para el equipo ganador. Fomentar una sana rivalidad entre las unidades de negocio y los equipos globales para *innovar más con menos* puede dar lugar a soluciones revolucionarias. Por ejemplo, una empresa de productos de alta rotación puede organizar un "Desafío 10x/10x", en el que pida a sus unidades de negocio y equipos regionales que identifiquen una necesidad del mercado, a la que deban responder diseñando una solución frugal que sea diez veces más barata y ecológica que las soluciones existentes que, sin embargo, aporte un valor diez veces mayor a los clientes. Para asegurarse de que el equipo ganador se la juegue, se le ofrecerá el 1% de regalías de las ventas del nuevo producto si tiene éxito comercial. Este incentivo tiene dos ventajas: en primer lugar, obligará a los participantes de la competencia a realizar una lluvia de ideas en equipos multidisciplinarios (I+D, cadena de suministro, ventas, marketing) para que no solo diseñen un producto frugal prometedor, sino que también desarrollen un modelo de negocio viable para comercializarlo con éxito; en segundo lugar, animará a los equipos a implicarse a fondo en el diseño, la manufactura, las ventas y el marketing de su producto frugal para maximizar su éxito comercial.

Conclusión

Para nosotros, latinoamericanos, el presente real no estaba en nuestros países: era el tiempo que vivían los otros, los ingleses, los franceses, los alemanes. El tiempo de Nueva York, París, Londres. Había que salir en la busca del tiempo y traerlo a nuestras tierras... De esa manera comenzó mi expulsión del presente.

OCTAVIO PAZ

Hoy, más que nunca, a causa de la pandemia, el mundo de los negocios está viviendo una revolución de la *innovación frugal*. En casi todos los sectores, unas cuantas empresas con visión de futuro defienden la búsqueda de innovar más, y mejor, con menos. Ya sea Renault-Nissan en automotriz, GE y Siemens en manufactura, Unilever en bienes de consumo, Aetna en salud, o Unima, Coppel, Banco Azteca, Algramo, Iluméxico o Cemex, en México y otros países latinoamericanos, estos pioneros de la innovación frugal están reescribiendo las reglas del juego; en algunos sectores, están cambiando el juego por completo. En México, por ejemplo, Clip está liderando un cambio en el sistema bancario, para permitir a las pequeñas empresas realizar procesos de pago más rápidos y baratos. Unima está rompiendo la cadena de valor de la industria farmacéutica para crear dispositivos médicos más asequibles. Tec Milenio ha iniciado una revolución en el sistema educativo y Cemex o Femsa han sido pioneros de la economía circular en la región.

La revolución de la innovación frugal en México y otros países de América Latina está liderada especialmente por jóvenes emprendedores, talentosos empresarios, y grandes empresas audaces que están abriendo camino a un modelo de negocio inclusivo y sustentable en sectores clave como la energía, la salud, la educación, la banca y los bienes de consumo. Al utilizar un enfoque de innovación frugal, también están cambiando la idea de que la innovación es costosa o que se basa en procesos grandes y complejos. En una región en la que la innovación no es una práctica habitual, pero es muy importante para resolver los retos sociales, económicos y medioambientales, especialmente en esta era pospandémica, estas empresas y emprendedores están inspirando a otras, locales e internacionales, a *innovar más con menos*.

Al ser pioneros, estos innovadores están consolidando su liderazgo y dejando atrás a sus competidores. Como Renault-Nissan, GE y Siemens, están dando forma y liderando mercados completamente nuevos de productos o servicios asequibles. Como Aetna, han reducido drásticamente los costos operativos en su cadena de valor. Y como Unilever, Marks and Spencer y el Grupo Tata, se han convertido en abanderados de la sustentabilidad. Además de cosechar beneficios financieros tangibles, estos precursores frugales están logrando ventajas intangibles en el aumento del reconocimiento de la marca, la lealtad de los clientes (entre los consumidores conscientes de los costos y de la ecología), un mayor compromiso de los empleados, el impacto social y la buena voluntad que su nueva forma de pensar ha engendrado.

Calculamos que alrededor del 5% de las empresas de las economías desarrolladas han avanzado en su camino hacia la innovación frugal; el 15% la ha adoptado en algunas partes de su organización, pero no en todas las áreas; y el 80% restante aún no ha formulado ninguna estrategia de coherente y completa para implementarla. El 80% de las empresas de Estados Unidos, Europa y Japón todavía no se ha embarcado en el viaje de la innovación frugal, o solo han dado unos pequeños pasos en esa dirección. No disponemos de datos sobre América Latina, pero dada nuestra situación actual, animamos a las empresas a tomar medidas y ser más frugales en sus esfuerzos de innovación. Deberían plantearse poner en marcha, sin demora, sus motores de innovación frugal por cuatro razones:

- Los productos y servicios frugales están pasando rápidamente de los nichos de mercado a la corriente dominante en las economías desarrolladas, ya que la disminución del poder adquisitivo empuja a millones de consumidores de clase media a cambiar los productos de primera calidad por otros con una buena relación calidad-precio. Christophe de Maistre, jefe de la División de Proyectos para Socios de Schneider Electric, predice que solo habrá dos clases de productos: la clase A, que comprenderá bienes o servicios costosos de gama alta para la minoría más adinerada, y la clase B, que comprenderá productos de buena calidad y asequibles para la mayoría con recursos escasos.
- La pandemia aumentó la brecha entre los más ricos y los más pobres, especialmente en América Latina. Esto creará una enorme demanda de servicios y productos mejores, pero más baratos y sostenibles desde el punto de vista

medioambiental, especialmente en los sectores de salud, energía, transporte, finanzas y bienes.

- Los reguladores estadounidenses, europeos y japoneses quieren que las empresas sean más inclusivas y sostenibles, que desarrollen productos o servicios más asequibles, accesibles y respetuosos con el medio ambiente. Los reguladores mexicanos o de otros países latinoamericanos están haciendo lo mismo, impulsados principalmente por las tendencias internacionales, la competencia, la presión local de los consumidores, los medios de comunicación y otras partes interesadas.

- Las empresas de todos los sectores pronto se enfrentarán a una plétora de competidores frugales cuyos productos, más baratos y con mejor relación calidad-precio, comenzarán a arrebatar grandes partes del mercado a los operadores tradicionales. Estos rivales frugales vienen de varias direcciones. Entre ellos se encuentran GAFA (Google, Apple, Facebook y Amazon); *start-ups* tecnológicas muy ágiles; empresas competitivas en costos de mercados emergentes, especialmente China; y grandes corporaciones de otros sectores (como Walmart, que se está expandiendo a los servicios financieros y de salud). Por tanto, las empresas de todos los sectores en los mercados desarrollados y emergentes no tienen más remedio que adoptar un enfoque frugal de la innovación lo antes posible.

El cambio no será fácil. Las empresas deben estar dispuestas y ser capaces de revisar todas las funciones, desde I+D hasta ventas y marketing; reorganizar la estructura de la empresa; replantearse las políticas de recursos humanos, así como de los incentivos; además, deben cambiar su modelo empresarial y mental, de hacer más por más o menos con menos, a *innovar más con menos*.

Esta transición será especialmente dolorosa para las empresas norteamericanas y latinoamericanas que aún no han apreciado, plenamente, cómo los cambios drásticos en las preferencias de los consumidores, las regulaciones, el panorama competitivo y la disminución de los recursos naturales están impulsando al mundo desarrollado hacia la frugalidad, de manera rápida e irrevocable (el 63% de los estadounidenses no tiene ahorros suficientes para cubrir una emergencia de quinientos dólares y el 60% de la población latinoamericana pertenece a la base de la pirámide que gana menos de doscientos dólares al mes). Un informe del Boston Consulting Group, publicado en MIT *Sloan Management Review,* muestra que las empresas estadounidenses están mucho menos dispuestas a crear un nuevo modelo de negocio más sustentable, en relación con sus competidoras europeas y asiáticas; parecen menos conscientes de las limitaciones de recursos del planeta y, por tanto, se sienten menos obligadas a aprender formas más frugales de hacer negocios. En cuanto a las empresas latinoamericanas, carecen de los recursos necesarios para llevar a cabo dicha transición.

No podemos culpar a los directores generales estadounidenses por su inacción, ya que ni sus consumidores ni los responsables políticos parecen presionarlos para que cambien. Las encuestas de opinión pública del Pew Research Center muestran que el cambio climático sigue estando muy por detrás del empleo, los impuestos, el terrorismo, la inmigración y la salud en lo que respecta a las prioridades de los votantes de esa nación.[1] Al igual que su expresidente Trump, los directores generales también creen que su país es el mejor del mundo y que no tiene nada que aprender de otros; según el Barómetro de Innovación de GE, casi dos tercios de estos directivos cree que es el campeón de la innovación en el mundo.[2] Pero si esta complacencia persiste, las compañías estadounidenses (y esa nación como tal) pronto se encontrarán en una enorme desventaja competitiva, especialmente en comparación con competidores europeos o asiáticos ágiles y frugales, como China e India.

Lo más importante en el camino hacia la innovación frugal no son los procesos, la estrategia o la estructura, sino el liderazgo. En última instancia, la innovación frugal tiene que ver con las personas; es el ingenio humano el que impulsa la innovación, no el código de software ni la robótica. Los líderes empresariales, acostumbrados a un estilo de gestión de mando y control jerárquico, sofocarán cualquier forma de innovación, frugal o no. Los altos directivos deben reconocer que no pueden gestionar la innovación frugal en una organización como si fuera un sistema predecible y mecánico. Por el contrario, deben pensar y actuar como jardineros, preparando y cuidando el terreno en su organización, sembrando las semillas frugales adecuadas y luego apartándose para permitir que florezca la innovación frugal, interviniendo para cuidar las plantas solo cuando sea necesario. Cuando se trata de liderar iniciativas de innovación frugal, al igual que en jardinería, menos es más. Este liderazgo frugal consiste en obtener un mayor valor de los empleados con el mínimo esfuerzo. Los líderes frugales, como Mark Bertolini (Aetna), N. Chandrasekaran (Grupo Tata), Joe Kaeser (Siemens), Paul Polman (Unilever), Emmanuel Faber (Danone), Eric Rowe (Marks and Spencer), Juan Fermín Rodríguez (Kingo) o Sylvia Dávila (Danone México) fomentan el cambio y hacen crecer sus organizaciones permitiendo que la creatividad surja de abajo hacia arriba.

Aplicar una estrategia de innovación frugal, en cualquier organización, puede resultar desalentador. No existe una fórmula mágica. Pero los líderes pueden utilizar las herramientas y técnicas descritas en este libro para establecer objetivos y prioridades de innovación frugal que se ajusten a la cultura y las necesidades específicas de su empresa. El sitio web frugalinnovationhub.com proporciona herramientas adicionales, estudios de caso y mejores prácticas para transformar su organización en una empresa frugal. También le permite unirse a una comunidad de personas con opiniones afines, con quienes puede colaborar e intercambiar ideas y soluciones, lo que permite avanzar más rápidamente en el viaje de la innovación frugal.

Para muchas empresas de Estados Unidos, Europa y Japón, acostumbradas a los laboratorios de I+D más avanzados del mundo y a los clientes más ricos, la noción de innovación frugal puede parecer un oxímoron: ¿cómo puede considerarse innovador algo frugal y cómo se puede innovar de manera frugal? En las economías desarrolladas, la frugalidad puede incluso interpretarse como un paso atrás: una noción antimoderna que puede obstaculizar el progreso social y el crecimiento económico. Sin embargo, la innovación frugal representa, en aspectos importantes, una vuelta a las raíces industriosas de las economías avanzadas, construidas sobre el trabajo duro y el uso prudente de los recursos. Como dijo Benjamin Franklin, uno de los padres fundadores de Estados Unidos y prolífico innovador: "El camino hacia la riqueza es tan sencillo como el camino hacia el mercado. Depende principalmente de dos palabras: industria y frugalidad, es decir, no malgastar ni tiempo ni dinero, sino hacer el mejor uso de ambos. Sin industria ni frugalidad nada sirve; con ellas, todo".

Mientras Estados Unidos, país rico y despilfarrador, puede haber olvidado estas raíces frugales y sabias, regiones en desarrollo como India y América Latina aún las recuerdan. La generación que vivió los años de la limitación de recursos sigue muy viva en estas regiones y dirige empresas dentro y fuera de ellas (dos autores de este libro crecieron en la India las frugales décadas de 1970 y 1980; los otros dos, en el México y el Chile golpeados por diversas crisis políticas y económicas, en las décadas de 1980 y 1990). El peligro es que este ADN se pierda, a medida que India y América Latina, en sus regiones más desarrolladas, empiecen a hacerse más ricas, y pierdan sus amarras. Este libro les ofrece un camino a seguir, contemporáneo y con visión de futuro, al tiempo que se basa en sus fortalezas tradicionales: un trayecto que puede traer prosperidad y crecimiento, pero que también es inclusivo y sostenible para el planeta.[3]

La buena noticia es que, en comparación con sus homólogos de los países desarrollados, los directores generales latinoamericanos son más conscientes de su responsabilidad social y medioambiental; están más dispuestos a aprovechar el poder de las empresas para hacer el bien. No es que estén más impulsados moralmente, sino que se han relacionado con la pobreza desde que son jóvenes. Aunque uno haya nacido en los hogares y barrios más ricos de Ciudad de México o Santiago de Chile, en América Latina, de una forma u otra, te relacionas con la escasez de recursos. Por ejemplo, las favelas están cerca de las partes urbanas y más ricas de las ciudades, o la mayoría de las poblaciones tiene raíces indígenas y mestizas, como es el caso de México. Los empresarios informales, impulsados por la necesidad, son también una importante fuerza económica para el crecimiento. Por eso, nosotros, latinoamericanos, como región en desarrollo, estamos en una posición excelente para aprovechar el nuevo paradigma de la innovación frugal y garantizar que el crecimiento económico vaya acompañado de un desarrollo cualitativo de toda la sociedad. Mediante la adopción de los seis principios expuestos en este libro, las empresas, los empresarios y los responsables políticos latinoamericanos pueden ayudar a sus países a construir una *economía frugal* líder en el mundo, que maximice el bienestar y el potencial de miles de millones de personas dentro de los límites planetarios. Para, quizá así, inspirados en las palabras del Premio Nobel mexicano Octavio Paz con las que iniciamos esta conclusión, podamos ser, por fin, protagonistas del tiempo, de nuestro hoy y nuestro futuro.

Nota de los autores

Los casos de Renault-Nissan, SNCF, Pearson y Siemens que aparecen en los capítulos 1, 2 y 8 se basan en los blogs que Navi y Jaideep escribieron para el sitio web *strategy+business*, publicado por PwC Strategy & Inc © 2013 PwC, y republicados aquí con su permiso. PwC se refiere a la red PwC o a una o más de sus empresas miembro, cada una de las cuales es una entidad jurídica independiente. Para más información, consulte: www.pwc.com/structure.

Agradecimientos

Agradecemos, primero que nada, a nuestros seres queridos, que siempre nos acompañaron en la ardua tarea de escribir un libro como este. También agradecemos a todos los protagonistas frugales que se expusieron en estas páginas, como grandes empresarios, emprendedores de *start-ups*, emprendedores informales, consumidores resilientes y ciudadanos comprometidos, quienes nos abrieron la puerta de sus experiencias para poder escribir este libro.

Notas

Capítulo 1. *Innovación frugal*:
una estrategia de crecimiento transformadora

1. M. Rosemain, M., "Renault 2013 Sales Gain on Surging Demand for Dacia Cars", *Bloomberg*, 21 de enero de 2014.
2. T. Piketty y A. Goldhammer, *Capital in the Twenty-first Century*, Belknap Press, 2013.
3. C. Cone, directora general de Carol Cone on Purpose y expresidenta mundial de Edelman Business + Social Purpose, entrevista con Navi Radjou.
4. Comisión europea, "Environment: New rules on e-waste to boost resource efficiency", comunicado de prensa.
5. S. Mainwaring, *We First: How Brands and Consumers Use Social Media to Build a Better World*, Palgrave Macmillan, 2011.
6. M. Hatch, *The Maker Movement Manifesto: Rules for Innovation in the New World of Crafters, Hackers, and Tinkerers*, McGraw-Hill, 2013.
7. J. Rifkin, *The Age of Access: The New Culture of Hypercapitalism, Where All of Life Is a Paid-for Experience*, J. P. Tarcher/Putnam, 2000.
8. R. Botsman y R. Rogers, *What's Mine Is Yours: The Rise of Collaborative Consumption*, HarperBusiness, 2010.
9. *Inventing new models at the crossroads of the social, business and public sectors to address societal challenges: European study*, Ashoka Centre.
10. V. Mulliez, miembro del consejo de administración de Auchan Holding, entrevista con Navi Radjou.
11. J. McQuivey, *Digital Disruption: Unleashing the Next Wave of Innovation*, Forrester Research, 2013.

Capítulo 2. Primer principio: comprometerse e iterar

1. C. Farr, "Q&A: Why Scott Cook sees Intuit as Silicon Valley's '30-year-old startup'", *Venture Beat*, 29 de marzo de 2013, en venturebeat.com/2013/03/29/qa-why-scott-cook-sees-intuit-as-silicon-valleys-30-year-old-startupstart-up/

2. B. D. Smith, "Fall in Love with the Problem, Not the Solution", *Linkedin*, 1.º de noviembre de 2012, en linkedin.com/pulse/20121101134612-1940438-fall-in-love-with-the-problem-not-the-solution/

3. "The History of Quicken", http://http-download.intuit.com/http.intuit/CMO/intuit/press_room/vpk_quicken_win/History_of_Quicken.doc

4. T. Peters, *Thriving on Chaos: Handbook for a Management Revolution*, HarperBusiness, 1987.

5. Strategy&, *The 2018 Global Innovation 1000: Proven Paths to Innovation Success* (informe en medios), en strategyand.pwc.com/gx/en/insights/innovation1000.html

6. K. Grogan, "Productivity of pharma R&D down 70%", en *PharmaTimes*.

7. J. Hewitt, J. Campbell y J. Cacciotti, *Beyond the Shadow of a Drought*, Oliver Wyman.

8. Strategy&, *op. cit.*

9. Unilever, "Shampoo refill stations prove popular with Mexican consumers", *Unilever*, 4 de marzo de 2020, en unilever.com/news/news-search/2020/shampoo-refill-stations-prove-popular-with-mexican-consumers/

10. Strategy&, *op. cit.*

11. El estudio de caso sobre el trabajo de Fujitsu con los agricultores de Sawa Orchards, en Wakayama (Japón), se basa en entrevistas realizadas por los autores a varios altos ejecutivos de Fujitsu, en Estados Unidos y Japón.

12. *Vision Document*, Elcoma Vision 2020, en elcomaindia.com/wp-content/uploads/ELCOMA-Vision-2020.pdf

13. De *retail* a banco, un viaje de innovación. Entrevista con Cristian Granados, 2022.

14. E. Ries, *The Lean Start-up: How Today's Entrepreneurs Use Continuous Innovation to Create Radically Successful Businesses*, Crown Business, 2011.

15. B. Comstock, "We've learned these four lessons from *start-ups*, and we're using them to transform GE".

Capítulo 3. Segundo principio: flexibilizar sus recursos

1. N. Anandand, J-L. Barsoux, *Quest: Leading Global Transformations*, IMD International.

2. B. L. Trout, director del Centro Novartis-MIT para la Manufactura Continua, entrevista con Navi Radjou.

3. E. Dougherty, "New drug manufacturing tools change pharma chemistry", *Novartis*, 13 de agosto de 2018, en novartis.com/stories/new-

drug-manufacturing-tools-change-pharma-chemistry, 13 de agosto de 2018.

4. bbc News, "raf jets fly with 3D printed parts", bbc News, 5 de enero de 2014, en bbc.com/news/uk-25613828

5. J. Dugan, "Caterpillar to Expand Manufacturing and Increase Employment in the United States with New Hydraulic Excavator Facility in Victoria, Texas", comunicado de prensa de Caterpillar, 12 de agosto de 2010.

6. H. Wong, A. Potter y M. Naim, "Evaluation of postponement in the soluble coffee supply chain: Estudio de caso", *International Journal of Production Economics*, vol. 131, núm. 1, mayo de 2011, pp. 355-364.

7. K. O'Marah, director de contenidos de scm World e investigador principal del Stanford Global Supply Chain Management Forum, entrevista con Navi Radjou.

8. Y. Morieux, "As work gets more complex, six rules to simplify", TEDx Talk.

9. kpmg, *Global Manufacturing Outlook: Competitive advantage*, en assets. kpmg.com/content/dam/kpmg/pdf/2013/07/Global-Manufactu ring-Outlook-O-201307.pdf

Capítulo 4. Tercer principio: crear soluciones sostenibles

1. C. Falls, "Tarkett joins the 'Circular Economy 100' program", *Cision*, 26 de febrero de 2013.

2. United Nations, "Global warming report an 'ear-splitting wake-up call' warns un chief", *un News*, 8 de octubre de 2018.

3. N. Avramova, "Climate change is already here, and heat waves are having the biggest effect, report says", cnn, 28 de noviembre de 2018.

4. Foro Económico Mundial, "Business Urges Governments to Step Up Fight Against Climate Change", World Economic Forum, 29 de noviembre de 2018.

5. "Fixing Capitalism: Paul Polman interview", Confederation of British Industry (cbi).

6. "A water warning", *The Economist*, 19 de noviembre de 2008.

7. R. Kanani, "Why ikea Thinks This Mega-Trend Will Define the Next 30 Years of Business", *Forbes*, 7 de febrero de 2014.

8. *Circular Economy in India: Rethinking Growth for Long-Term Prosperity*, Ellen McArthur Foundation, 2016.

9. M. Kobori, vicepresidente de sustentabilidad global de Levi Strauss & Co, entrevista con Navi Radjou.

10. H. Stephan, M. Rogers y P. Carroll, *Resource Revolution: How to Capture the Biggest Business Opportunity in a Century*, New Harvest, 2014.

11. E. Mazoyer, director general delegado, Bouygues Immobilier, entrevista con Navi Radjou.

12. M. Mathew, "Factory as a Forest: Reimagining Facilities as Ecosystems", sitio web de Interface.

Capítulo 5. Cuarto principio: moldear el comportamiento del cliente

1. D. Blanchard, director de I+D de Unilever, entrevista con Jaideep Prabhu.
2. E.F. Schumacher, *Small Is Beautiful: A Study of Economics as if People Mattered*, Harper & Row, 1973.
3. J. Ehrenfeld y A. J. Hoffman, *Flourishing: A Frank Conversation about Sustainability*, Stanford Business Books, 2013.
4. *Idem.*
5. Equipo de investigación Senseable City Lab del MIT, entrevista con Navi Radjo.
6. C. Ratti y K. Kloeckl, "Rise of the Asian Megacity", BBC, 20 de junio de 2011.
7. R. Cialdini, *Influence: The Psychology of Persuasion,* Edición Revisada, Harper Business, 2006.
8. P. Wilby, "MOOCs, and the man leading the UK's charge", *Guardian*, 18 de agosto de 2014.
9. M. Khan, G. Serafeim y A. Yoon, "Corporate Sustainability: First Evidence on Materiality", *The Accounting Review*, 11 de marzo de 2015.
10. "Impact investing can be next growth and job engine for India: Amit Bhatia, Global Steering Group", *Economic Times*, 5 de diciembre de 2018.

Capítulo 6. Quinto principio: cocrear valor con los *prosumidores*

1. E. von Hippel, *Democratizing Innovation*, MIT Press, 2006.
2. E. Dunn y M. Norton, *Happy Money: The Science of Smarter Spending*, Simon & Schuster, 2013.
3. M. Norton, D. Ariely y D. Mochon, "The IKEA effect: When labor leads to love", *Journal of Consumer Psychology*, vol. 22, 2012, pp. 453-60.
4. R. Coase, "The Nature of the Firm", *Economica*, Blackwell Publishing, vol. 4, núm. 16, 1937, pp. 386-405.
5. Casa Blanca, "Remarks by the President at the White House Maker Faire", Oficina del Secretario de Prensa.
6. J. Dutcher, "Massimo Banzi: How Arduino is Open-Sourcing Imagination", *DataScience@Berkeley*, 22 de abril de 2014.
7. F. Mazzella y A. Sundararajan, *Entering the Trust Age*, 2016.
8. Comisión Europea, "The Sharing Economy: Accessibility-Based Business Models for Peer-to-Peer Markets", *Business Innovation Observatory*, septiembre de 2013.
9. A. Cortese, *Locavesting: The Revolution in Local Investing and How to Profit from It*, John Wiley, 2011.
10. B. Nussbaum, *Creative Intelligence: Harnessing the Power to Create, Connect, and Inspire*, HarperBusiness, 2013.

Capítulo 7. Sexto principio: hacer amigos innovadores

1. R. Safian, "Generation Flux: Beth Comstock", *Fast Company*.
2. B. Comstock, exvicepresidente de GE, entrevista con Navi Radjou.

3. O. Groth, "Hacking Wicked Social Problems with Renaissance Thinkers and Gamers", *Huffington Post*.

4. T. Martin, "The (Un)examined Organization", *The Alpine Review*, núm. 2, 2014.

5. T. Martin, director general de Unboundary, intercambio de correos electrónicos con Navi Radjou.

6. "Four Disruption Themes for Business", The Altimeter Group.

7. Groth, *op. cit.*

8. Marks & Spencer's Plan A Report, 2014.

9. "A circular economy case study: Collaboration for a closed-loop value chain-Transferable learning points from the Realcar project", Instituto de Cambridge para el Liderazgo en Sustentabilidad, enero de 2016.

10. Informe del Instituto de Cambridge para el Liderazgo en Sustentabilidad, *op. cit.*

11. S. Mulcahy, jefe de la oficina de innovación de salesforce.com, entrevista con Navi Radjou.

12. N. Gertler, *Industrial Ecosystems: Developing Sustainable Industrial Structures*, tesis de maestría del MIT, Smart Communities Network, 1995.

13. M. Corkery and J. Silver-Greenberg, "Lenders Offer Low-Cost Services for the Unbanked", *New York Times Dealbook*, 22 de julio de 2014.

14. R. A. Fera, "American Express Spotlights the Issue of Financial Exclusion in Davis Guggenheim Doc 'Spent'", *Fast Company*.

15. J. Birol, empresario en serie y consultor estratégico, entrevista con Navi Radjou.

16. L. Wiseman, experto en liderazgo, clasificado en Thinkers50, entrevista con Navi Radjou.

17. "Pearson debuts new global accelerator class", *Pearson News*.

18. P. High, "How 174 Year Old Pearson Is Developing the Netflix of Education", *Forbes*, 20 de agosto de 2018.

19. B. Coughlin, director general de Ford Global Technologies, intercambio de correo electrónico con Navi Radjou.

20. N. Radjou, "Innovation Networks: Global Progress Report 2006", Forrester Report.

21. S. Vandebroek, antiguo director de tecnología de Xerox, entrevista con Navi Radjou.

22. "FastWorks: Reflecting on its Origin and Evolution", Lean Start-up Co., 8 de junio de 2018.

23. E. Musk, "All Our Patents Belong to You", Tesla Blog.

Capítulo 8. Fomento de una cultura frugal

1. J. Hall, "Sir Stuart Rose on the ethical spirit of Marks & Spencer", *Daily Telegraph*.

2. "M&S launches Plan A 2025-An ambitious, customer focused sustainability plan", sitio web de M&S.

3. M. Barber y S. Rizvi, *The Incomplete Guide to Delivering Learning Outcomes*, Pearson, 2013.

4. Obtuvimos la cita de Sir Michael Barber directamente de Pearson, a través de V. Vasanthakumar, antiguo asociado principal de la Oficina del Consejero Jefe de Educación de Pearson.

5. V. Vasanthakumar, antiguo asociado principal de la Oficina del Asesor Jefe de Educación de Pearson, entrevista con Jaideep Prabhu.

6. "2018 Efficacy Reports", sitio web de Pearson.

7. M. Datta, antiguo jefe de entrega del Plan A, propiedades mundiales de Marks and Spencer, entrevista con Jaideep Prabhu.

8. Marks and Spencer's Plan A Report, 2014.

9. E. Faber, director general de Danone, intercambio de correos electrónicos con Navi Radjou.

10. "Creating and sharing sustainable value", sitio web de Danone, febrero de 2019.

11. Kingfisher, "Net Positive Report", 2013-14.

12. *Idem.*

13. Marks & Spencer, *op. cit.*

14. "Plan A 2025 Commitments", sitio web de Marks & Spencer, febrero de 2019.

15. "Transformation Underway: Plan A Report 2018", en corporate.marksandspencer.com/annual-report-2018/mands_plan_a_2018.pdf

16. N. Radjou, J. Prabhu y S. Ahuja, *L'Innovation Jugaad: Redevenons Ingénieux !*, Diateino, 2013.

17. C. de Maistre, expresidente de Siemens para Europa sudoccidental y Francia, entrevista con Navi Radjou.

18. "coo Insights", Roland Berger Strategy Consultants, marzo de 2014.

19. E. Meier-Comte, antiguo consultor senior, Siemens Corporate Technology, entrevista con Navi Radjou.

20. "The Longevity Economy Generating economic growth and new opportunities for business", informe de AARP elaborado por Oxford Economics.

21. I. Hosking, investigador senior, Engineering Design Centre, Universidad de Cambridge, entrevista con Jaideep Prabhu.

22. "Nestlé's approach to packaging design aims to make its products easier to enjoy", *New Food*, 20 de enero de 2012, en newfoodmagazine.com/news/6714/nestles-approach-to-packaging-design-aims-to-make-its-products-easier-to-enjoy/

23. Life-cycle assessment, Wikipedia.

24. E. Stewart, exresponsable de Soluciones de Sustentabilidad de Autodesk, entrevista con Navi Radjou.

25. "The road to 2020 and beyond: What's driving the global automotive industry", McKinsey & Company.

26. Radjou, Prabhu y Ahuja, *op. cit.*

27. "Innovation for everyone", video producido por la alianza Renault-Nissan, YouTube.
28. *Idem.*
29. R. Morris, antiguo vicepresidente de Global Labs, IBM Research, entrevista con Navi Radjou.
30. P. J. Williamson y E. Yin, "Accelerated Innovation: The New Challenge from China", MIT *Sloan Management Review*, verano de 2014.
31. C. Graeber, "Ten Days in Kenya with No Cash, only a Phone", *Bloomberg Businessweek*.
32. D. Olopade, *The Bright Continent: Breaking Rules and Making Change in Modern Africa*, Houghton Mifflin Harcourt, 2014.
33. O. Stewart, cofundador y antiguo científico en jefe de IBM Research-Africa, intercambio de correos electrónicos con Navi Radjou.
34. M. Gunther, "Unilever's CEO has a green thumb", *Fortune*.
35. J. Cofino, "Unilever's Paul Polman: challenging the corporate status quo", *Guardian*.
36. A. Boynton, "Unilever's Paul Polman: CEOs Can't Be 'Slaves' To Shareholders", *Forbes*, 20.
37. *Idem.*
38. Unilever, "Unilever celebrates 10 years of the Sustainable Living Plan", *Unilever*, 6 de mayo de 2020, en unilever.com/news/press-and-media/press-releases/2020/unilever-celebrates-10-years-of-the-sustainable-living-plan/
39. O. Delabroy, vicepresidente de Transformación Digital y antiguo responsable de I+D, y G. Olocco, antiguo responsable de I-Lab, Air Liquide, entrevistas con Navi Radjou.
40. Radjou, Prabhu and Ahuja, *op. cit.*

Conclusión

1. K. Bialik, "State of the Union 2018: Americans' views on key issues facing the nation", *Pew Research Center*, 29 de enero de 2018.
2. 2018 GE Global Innovation Barometer, ge.com/reports/innovation-barometer-2018/
3. "Sustainable Development Goals: Blueprint for Action. UN Global Compact India-Accenture Strategy CEO Study 2018. Insights from Indian Business Leaders", Global Compact Network India.

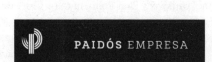